中国法院2023年度案例

国家法官学院　最高人民法院司法案例研究院 / 编

房屋买卖合同纠纷

中国法制出版社
CHINA LEGAL PUBLISHING HOUSE

《中国法院2023年度案例》通讯编辑名单

刘晓虹　北京市高级人民法院
王　凯　北京市高级人民法院
董　扬　天津市高级人民法院
童若涵　河北省高级人民法院
崔铮亮　山西省高级人民法院
杨智勇　内蒙古自治区高级人民法院
周文政　辽宁省高级人民法院
苏　浩　吉林省高级人民法院
王　妍　黑龙江省高级人民法院
牛晨光　上海市高级人民法院
缪　芳　江苏省高级人民法院
左一凡　江苏省高级人民法院
谷昔伟　江苏省南通市中级人民法院
宋婉龄　江苏省无锡市中级人民法院
杨　治　浙江省高级人民法院
李　波　浙江省高级人民法院
刘伟玲　安徽省高级人民法院
杨　宇　福建省高级人民法院
章光园　江西省高级人民法院
李　宁　山东省高级人民法院
张　琦　河南省高级人民法院
宋淼军　湖北省高级人民法院
黄　娅　湖北省宜昌市中级人民法院
唐　竞　湖南省高级人民法院
李　雪　广东省高级人民法院
邹尚忠　广西壮族自治区高级人民法院
韦丹萍　广西壮族自治区高级人民法院
李周伟　海南省高级人民法院
闫帅锋　重庆市高级人民法院
任　梦　四川省高级人民法院
杨俊杰　云南省高级人民法院
石　瑾　云南省昆明市中级人民法院
伍席芳　贵州省高级人民法院
余长智　贵州省贵阳市中级人民法院
王丽萍　西藏自治区高级人民法院
郑亚非　陕西省高级人民法院
张旦旦　甘肃省高级人民法院
王　晶　青海省高级人民法院
康　莹　宁夏回族自治区高级人民法院
石孝能　新疆维吾尔自治区高级人民法院
吉　雄　新疆维吾尔自治区高级人民法院生产建设兵团分院

序

法治是治国理政的基本方式，司法是法治体系的重要基石。党的二十大报告指出，要坚持走中国特色社会主义法治道路，建设中国特色社会主义法治体系、建设社会主义法治国家。加快建设公正高效权威的社会主义司法制度，努力让人民群众在每一个司法案件中感受到公平正义。人民法院始终坚持以习近平新时代中国特色社会主义思想为指导，深入学习贯彻习近平法治思想，围绕“公正与效率”这一主题，践行新时代能动司法理念，把加强司法案例研究作为加快建设公正高效权威社会主义司法制度，坚持为大局服务、为人民司法的重要途径，通过发布具有普遍指导意义的典型案例，统一法律适用，提高审判质效，提升司法公信力，努力让人民群众在每一个司法案件中感受到公平正义。

“中国法院年度案例系列”丛书，是国家法官学院和最高人民法院司法案例研究院精选全国各高级人民法院每年选送的优秀案例，深入挖掘典型案例内在价值编辑的实用精品丛书，旨在总结提炼典型案例的裁判规则和裁判方法，发挥司法规范、指导、评价、引领的重要作用，大力弘扬社会主义核心价值观，增强全民法治意识和法治素养，展现新时代我国司法领域新发展、新成就。

本丛书自2012年编辑出版以来，已连续出版12年，每年年初出版，受到读者广泛好评。本丛书出版之初有15个分册。近年来，为顺应审判执行实践需要，更加全面反映我国司法审判执行工作的发展进程，响应读者需求，2014年度新增金融纠纷、行政纠纷、刑事案例3个分册，2015年度将刑事案例调整为刑法总则案例、刑法分则案例2个分册，2016年度新增知识产权纠纷分册，2017年度新增执行案例分册，2018年度将刑事案例扩充为4个分册，2022年度将土地纠纷（含林地纠纷）分册改为土地纠纷（含环境资源案例）分册。在全国各级人民法院的大力支持下，丛书编委会现编辑出版《中国法院2023年度案例系列》丛书，共23个分册。

“中国法院年度案例系列”丛书以开放务实的态度、简洁明快的风格，追求“好读有用”，主要体现出以下特色：一是选编案例来源广泛、时效性强。

国家法官学院和最高人民法院司法案例研究院每年通过各高级人民法院汇集全国范围内上一年度审结生效的典型案例近万件，使该丛书有广泛的精选基础，可及时、定期提供全国范围内新近发生的多种类型的新型、疑难案例。二是由法官释理说法，全方位深度挖掘案例价值。大多数案例由主审法官撰写“法官后语”，深入阐释案例的裁判思路和相关考量，充分发挥典型案例在司法裁判、类案参考、法学研究、行为指引、宣示教育等方面的价值，力求引发读者的共鸣与思考，为读者提供借鉴和启迪。三是编排依次以案由和法律适用问题为序，方便读者检索。丛书充分体现“以读者为中心”的理念，每册内容主要根据案由分类编排，每个案例主要围绕法律适用问题，用一句话精要概括裁判规则、裁判思路或争议焦点，以其作为主标题，让读者能一目了然，迅速找到所检索的目标案例。四是注重裁判文书再加工，高度提炼案例内容。案例编写突出争议焦点以控制篇幅，剔除无关信息，尽可能在有限的篇幅内为读者提供更多与争议焦点、所查类案相关的有效、有益信息。

中国法制出版社始终全力支持“中国法院年度案例系列”丛书的出版，给了作者和编辑们极大的鼓励。2023年，这套丛书将继续提供数据库增值服务。购买本书，扫描前勒口二维码，即可在本年度免费查阅往年同类案例数据库。我们在此谨表谢忱，并希望通过共同努力，逐步完善，做得更好，真正探索出一条编辑案例书籍、挖掘案例价值的新路径，更好地服务司法审判高质量发展、服务法治社会建设、服务学习研究法律的读者。

“中国法院年度案例系列”丛书既是法官、检察官、律师等法律工作者的办案参考和司法人员培训的实用教材，也是社会大众学法用法的经典案例读本，同时是教学科研机构与人员从事案例研究的良好系列素材。当然，案例作者和编辑在编写、编审过程中也难以一步到位实现最初的愿望，客观上会存在各种不足甚至错误，欢迎读者批评指正。我们愿听取各方建议，不断拓宽深化司法案例研究领域，立足新发展阶段，推动实现中国特色司法案例事业的高质量发展。

国家法官学院

最高人民法院司法案例研究院

2023年5月

目　录

Contents

一、商品房预约合同纠纷

二、商品房预售合同纠纷

三、商品房销售合同纠纷

（一）合同的效力

（二）订立、变更与解除

（四）违约金与违约责任

（五）其　他

四、房屋委托代理销售合同纠纷

五、农村房屋买卖合同纠纷

六、房屋借贷与担保纠纷

七、其 他

一、商品房预约合同纠纷

1

商品房买卖中预约合同的正确认定与处理

——孙某诉某置业公司商品房预约合同案

【案件基本信息】

1. 裁判书字号

山东省淄博市中级人民法院（2021）鲁 03 民终 623 号民事判决书

2. 案由：商品房预约合同纠纷

3. 当事人

原告（被上诉人）：孙某

被告（上诉人）：某置业公司

【基本案情】

2020 年 7 月 3 日，原、被告签订购房认购书，约定原告认购房源、定金及房屋面积，并对客户信息、单价、总价等进行了约定。购房认购书同时约定，（1）经双方约定，客户签订本协议后应于 7 日内签订商品房买卖合同；（2）签订本协议 7 日内客户未签订商品房买卖合同，定金不退，房源不予保留；（3）签订购房合同时，全款客户应支付全部房款。同时由原告、被告方置业顾问、销售经理及财务人员均签字的合同签约单对房号、建筑面积、单价、房屋总价及付款方式等进行了约定。购房认购书签订当日，原告向被告支付定金2万元；2019年5月9日，原告向被告支付231136元（含储藏室定金1万元）；2019年6月2日，原告分两笔向被告支付53万元，其中第一笔转款49万元，第二笔转款4万元，上述款项共计781136元。之后原、被告双方未能签订商品房买卖合同。原告起诉要求被告返还购房款781136元并赔偿利息损失13669元［781136元×1.75%（一年存款利息）］。

关于双方未能签订正式的商品房买卖合同的原因，原告主张系因房屋面积、公摊比例及交房时间三个方面合同内容与之前销售人员介绍的不一致。被告对原告所述均不予认可，并主张正式的商品房预售合同约定的房屋面积与购房认购书的约定是一致的，系原告方原因不愿继续履行购房认购书约定的签订商品房买卖合同的义务，系原告违约在先。

【案件焦点】

涉案购房认购书的合同性质认定。

【法院裁判要旨】①

山东省淄博市张店区人民法院经审理认为：原、被告双方签订的购房认购书、合同签约单及储藏室定金协议，系双方当事人的真实意思表示，且内容不违反法律、行政法规的强制性规定，应认定为合法有效。根据《最高人民法院关于审理商品房买卖合同纠纷案件适用法律若干问题的解释》第五条的规定，将认购书认定为商品房买卖合同应具备两个条件：一是具备《商品房销售管理办法》第十六条第二款规定的商品房买卖合同的主要内容；二是出卖人已按约定收受购房款。原告虽已支付全部购房款，但购房认购书及合同签约单仅对所售商品房的房号、面积、定金、单价、总价及付款方式进行了约定，对房屋交付使用条件及日期、装饰、设备标准承诺、办理产权登记事宜、违约责任等重要条款均未明确约定，尚不具备商品房买卖合同的基本特征。同时结合购房认

① 本书【法院裁判要旨】适用的法律法规等条文均为案件裁判当时有效，下文不再对此进行提示。

购书中关于“客户签订本协议后应于7日内签订商品房买卖合同”的约定，表明双方当事人对于今后另行签订商品房买卖合同的意思表示是一致且明确的，因而应当认定涉案购房认购书系双方当事人为将来签订商品房买卖合同而签订的预约合同，本案应为商品房预约合同纠纷。对于双方未能签订商品房买卖合同的原因，原告主张系因房屋面积、公摊比例及交房时间三个方面合同内容与之前销售人员介绍的不一致，但未能提供证据予以证明，且原告明确表示即便合同条款可以协商，其也不想购买涉案房屋了，要求退房。同时原告亦未提供证据证明系因被告原因致使双方未能签订商品房买卖合同，依据《最高人民法院关于审理商品房买卖合同纠纷案件适用法律若干问题的解释》第四条的规定，原告应当按照双方签订的购房认购书关于“签订本协议7日内客户未签订商品房买卖合同，定金不退，房源不予保留”的约定以及储藏室定金协议关于“如乙方（原告）放弃认购储藏室，所交1万元定金不退还”的约定承担相应的法律后果，且被告占有原告除了上述定金之外的购房款，无法律和合同依据，应当予以返还。故对原告要求被告返还全部购房款781136元的诉讼请求部分支持。原告对其关于双方未能签订商品房买卖合同的原因系房屋面积、公摊比例及交房时间三个方面合同内容与之前销售人员介绍的不一致的主张，未能提供证据予以证明，且原告亦未能提供证据证明系因被告的原因致使双方未能签订商品房买卖合同，故原告要求被告赔偿利息损失13669元的诉讼请求，依据不足，不予支持。据此，一审法院判决如下：

某置业公司返还孙某购房款751136元并驳回孙某的其他诉讼请求。

某置业公司不服一审判决，提起上诉。

山东省淄博市中级人民法院经审理认为：关于购房认购书、合同签约单性质是否系商品房买卖合同的问题。因购房认购书及合同签约单仅对所售商品房的部分内容进行了约定，而对房屋交付使用条件及日期、装饰、设备标准承诺、办理产权登记事宜、违约责任等重要条款均未明确约定，因此不具备商品房买卖合同的基本特征。同时结合购房认购书中双方今后另行签订商品房买卖合同的表述，一审认定购房认购书、合同签约单系双方为将来签订商品房买卖合同而签订的预约合同而非正式的商品房买卖合同，符合本案事实，予以确认。综上，某置业公司的上诉请求不成立，应予驳回；一审判决认定事实清楚，适用法律正确，予以维持。据此，二审法院判决如下：

驳回上诉，维持原判。

【法官后语】[①]

本案主要涉及商品房销售合同纠纷案件中预约合同的正确认定与处理问题。市场交易活动中存在各种各样的预约合同，如认购书、订购书、预订书、意向书、允诺书、谅解备忘录、缔约纪要、临时协议等。对于此类预约，司法实践中应当正确区分其与本约合同的关系，厘清预约合同自身的法律效力及违约责任。

预约是相对于本约而言的一种特殊合同，史尚宽先生曾对预约作出经典界定："预约乃约定将来成立一定契约之契约"[②]，系指当事人约定将来签订合同的合同，预约签订后，当事人负有在一定期限内缔结本约之义务。预约合同是单独发生法律效力的独立合同，违反预约合同，当事人应当承担的是违约责任，而非缔约过失责任。预约合同是双方当事人在协商洽谈期间对未来事项的预先规划与约定，签订于本约成立之前。预约合同与本约合同之间既相互独立，又相互关联，签订预约合同的目的在于订立本约合同，预约合同的标的应是在一定期限内签订本约合同，履行预约合同的结果即为订立本约合同。司法实践中判断当事人之间系预约合同关系还是本约合同关系，不能仅根据协议名称或者单凭一份协议予以简单认定，而应当综合审查协议的内容以及当事人后续为签订新合同进行的磋商乃至履行行为等客观事实，从中分析与探寻当事人是否有在将来另行签订新合同的意思表示，并据此对双方当事人之间的法律关系作出准确的界定。《最高人民法院关于审理商品房买卖合同纠纷案件适用法律若干

① 本书【法官后语】对此类法律问题涉及的法律法规等内容进行了时效性更新，下文不再对此进行提示。

② 史尚宽：《债法总论》，中国政法大学出版社2000年版，第12页。

问题的解释》第五条规定，商品房的认购、订购、预订等协议具备《商品房销售管理办法》第十六条规定的商品房买卖合同的主要内容，并且出卖人已经按照约定收受购房款的，该协议应当认定为商品房买卖合同。据此，将认购书等预约合同认定为本约合同即商品房买卖合同，应具备两个条件：一是具备《商品房销售管理办法》第十六条规定的商品房买卖合同的主要内容；二是出卖人已按约定收受购房款。

本案中，原告虽已支付全部购房款，但购房认购书及合同签约单仅对所售商品房的房号、面积、定金、单价、总价及付款方式进行了约定，对房屋交付使用条件及日期、装饰、设备标准承诺、办理产权登记事宜、违约责任等重要条款均未明确约定，尚不具备商品房买卖合同的基本特征。同时双方当事人在购房认购书中约定“客户签订本协议后应于7日内签订商品房买卖合同”从而进一步明确双方要在将来订立一个新的商品房买卖合同，以最终明确双方之间的房屋买卖法律关系的具体内容，表明双方当事人对于今后另行签订商品房买卖合同的意思表示是一致且明确的，因而应当认定涉案购房认购书系双方当事人为将来签订商品房买卖合同而签订的预约合同。

《中华人民共和国民法典》第四百九十五条关于“当事人约定在将来一定期限内订立合同的认购书、订购书、预订书等，构成预约合同。当事人一方不履行预约合同约定的订立合同义务的，对方可以请求其承担预约合同的违约责任”的规定，确认了司法实践中预约合同独立的合同效力。合法有效的预约合同，对预约合同双方当事人均具有约束力，双方均应按照协议约定全面履行各自的义务，并本着诚实信用的原则积极磋商，以促成本约合同的订立。预约合同的违约责任形式可以包括继续履行，但可由人民法院强制缔结本约合同的法律依据并不充分，否则有违合同意思自治原则，亦不符合强制执行限于物或行为的给付而不包括意志给付的基本原理。《中华人民共和国民法典》第五条同时规定，“民事主体从事民事活动，应当遵循自愿原则，按照自己的意思设立、变更、终止民事法律关系”。据此，本约合同的订立应当建立在双方平等、自愿、协商一致的基础上，应系双方当事人合意的结果。本案购房认购书在性质上属于预约合同，其目的是双方在将来订立正式的商品房买卖合同。依据购房认购书的约定，本案双方当事人负有在将来的一定期限（7 日）内订立正式商品房买卖合同，将预约推进到本约的义务。现双方未按购房认购书的约定签订商品房买卖合同，且原告明确表示不想购买涉案房屋，要求退房，依据《最高人民法院关于审理商品房买卖合同纠纷案件适用法律若干问题的解释》第四条关于“出卖人通过认购、订购、预订等方式向买受人收受定金作为订立商品房买卖合同担保的，如果因当事人一方原因未能订立商品房买卖合同，应当按照法律关于定金的规定处理”的规定，原告应当按照双方签订的购房认购书关于“签订本协议 7 日内客户未签订商品房买卖合同，定金不退，房源不予保留”的约定承担相应的法律后果。综上，被告占有原告除了上述定金之外的购房款，无法律和合同依据，应当予以返还。

编写人：山东省淄博市张店区人民法院　刘晓辉

山东省淄博市中级人民法院　荣明潇

2

附条件合同中合同义务不能作为合同生效条件

——吴某珍、方某诉经济发展公司商品房预约合同案

【案件基本信息】

1. 裁判书字号

福建省厦门市中级人民法院（2021）闽 02 民终 3255 号民事判决书

2. 案由：商品房预约合同纠纷

3. 当事人

原告（上诉人）：吴某珍、方某

被告（被上诉人）：经济发展公司

【基本案情】

2019年8月24日，吴某珍、方某到经济发展公司销售的某小区项目的售楼处看房，后与经济发展公司的销售人员王某芳签订了一份《商品房买卖合同预定书》，约定出卖人即甲方为经济发展公司，买受人即乙方为吴某珍、方某，预定商品房为14号楼-19号楼7层×单元×室，房屋面积为277.67平方米，房屋单价为45738元，房屋总价为12700071元，乙方按按揭付款方式付款。合同第五条其他条款约定：(1) 甲、乙方双方签署本预定书之日，乙方必须向甲方交足100万元人民币作为购买上述商品房的定金。本预定书在乙方交付本款约定的定金时生效，并在双方签订正式《商品房买卖合同》后由甲方收回作废。(2) 乙方应在交付定金之日起65日内，即2019年10月30日前与甲方签订正式《商品房买卖合同》并支付约定的款项，如按揭付款需在《商品房买卖合同》并交付首付款时，提供齐全有效的银行按揭所需资料，并签署按揭协议。如乙方未能如期与甲方签订正式《商品房买卖合同》并交付约定的款项，甲方有权没收其已交定金。如甲方同意乙方继续履行本预定书，乙方须按实际逾期付款的期限支付应收款的银行同期贷款利息的四倍罚息给甲方。(3) 本预定书生效后，如甲方提出取消预定或者将预定商品房出售他人，应双倍返还乙方已交定金，本预定书效力终止；如乙方提出取消预定或者不按照约定的时间与甲方签订正式《商品房买卖合同》并向甲方支付约定的款项，乙方同意已交定金由甲方没收。备注条款约定：付款方式：①乙方应于2019年8月24日支付购房定金人民币50万元整；②乙方应于2019年8月25日前支付购房定金人民币50万元整；③乙方应于2019年9月3日前支付购房款人民币5350071元整；④余款人民币635万元整通过银行按揭方式支付。

前述预定书一式四联，均由经济发展公司持有，其中红色客户联中已经加盖了经济发展公司公章，其余各联仅有吴某珍、方某以及经济发展公司销售人员王某芳、销售主管何某的签字。讼争预定书签订当日，吴某珍向经济发展公司支付了50万元。前述款项支付后，吴某珍在当日晚上向何某发送微信“何总好！麻烦你合同先别交上去，星期一再决定，我老公不乐意，给你添麻烦了”，何某在次日语音回复“合同已经交上去了”。2019 年 9 月 6 日，吴某珍又向何某发送微信“我和方某要撤销购买×室房产的意愿，撤销我和方某在 2019 年 8 月 24 日单方面签署的《商品房买卖合同预定书》，你应当联系经济发展公司立即退还我预付的款项人民币 50 万元”，何某在当日回复“你付的是定金，按我们的契约精神是不能退的，当时也告知您了”。

【案件焦点】

案涉《商品房买卖合同预定书》的效力。

【法院裁判要旨】

福建省厦门市思明区法院经审理认为：吴某珍、方某与经济发展公司签订《商品房买卖合同预定书》，约定经济发展公司通过预定方式向吴某珍、方某收取定金作为订立商品房买卖合同的担保，双方形成商品房预约合同关系。

讼争《商品房买卖合同预定书》中第五条约定“1. 甲、乙方双方签署本预定书之日，乙方必须向甲方交足 100 万元人民币作为购买上述商品房的定金。本预定书在乙方交付本款约定的定金时生效，并在双方签订正式《商品房买卖合同》后由甲方收回作废”，双方又在合同备注条款将前述 100 万元定金的支付时间变更约定为于 2019 年 8 月 24 日支付 50 万元，于 2019 年 8 月 25 日前支付 50 万元。现吴某珍、方某以其尚未足额支付前述 100 万元定金为由主张讼争《商品房买卖合同预定书》尚未生效，依据不足。首先，双方当事人可以对合同生效条件进行约定，该条件是将来可能发生的合法事实；作为条件的事实必须是因其自然进程发生或不发生的，不能假之于任何一方当事人的影响，否则难免对另一方当事人产生不公平的结果。因此，条件的成就与不成就应以客观规律决定，当事人不得恶意促成或阻碍。其次，讼争《商品房买卖合同预定书》将吴某珍、方某支付定金的合同义务约定为合同的生效条件，但合同义务与合同生效条件之间是有严格区别的，二者不能混淆。支付约定的定金是吴某珍、方某应履行的合同义务，不符合前述作为条件的事实应属于因其自然进程发生或不发生的事实。此外，吴某珍、方某也已经依约支付了 50 万元定金，此后因其不愿再购买讼争商品房而未继续支付剩余50万元定金，也属于恶意阻碍约定条件成就的情形。

综上所述，应认定讼争《商品房买卖合同预定书》已经发生法律效力，吴某珍、方某签订该预定书后未依约支付款项，并于2019年9月6日明确提出不再购买讼争商品房，故本案系因吴某珍、方某原因未能订立商品房买卖合同，按照法律关于定金的规定处理，其无权要求退还已支付的定金。据此，福建省厦门市思明区人民法院依据《中华人民共和国合同法》第四十五条、第一百一十五条，《最高人民法院关于审理商品房买卖合同纠纷案件适用法律若干问题的解释》第四条及《中华人民共和国民事诉讼法》第六十四条第一款之规定，判决如下：

驳回吴某珍、方某的诉讼请求。

吴某珍、方某不服一审判决，提起上诉。

福建省厦门市中级人民法院同意一审法院裁判意见，判决如下：驳回上诉，维持原判。

【法官后语】

附条件合同中所附条件，是指合同的双方当事人在合同中约定的某种事实状态，并以其将来发生或者不发生作为合同生效或者不生效的限制条件，作为条件的事实应属于因其自然进程发生或不发生的事实。商品房预约合同中买受人支付定金（购房款）系买受人的特定义务，买受人是否依约履行该义务取决于买受人一方的主观意愿，不属于附条件合同中所附条件的事实。

本案中，吴某珍、方某以其尚未足额支付《商品房买卖合同预定书》约定的100万元定金为由主张该预定书尚未生效，依据不足。

本案中，《商品房买卖合同预定书》将吴某珍、方某支付定金（购房款）的合同义务约定为生效条件，吴某珍、方某未依约履行支付定金义务并主张合同尚未生效的理由无法成立。首先，双方当事人可以对合同生效条件进行约定，该条件是将来可能发生的合法事实；作为条件的事实必须是因其自然进程发生或不发生的，不能假之于任何一方当事人的影响，否则难免对另一方当事人产生不公平的结果。因此，条件的成就与不成就应以客观规律决定，当事人不得恶意促成或阻碍。其次，讼争《商品房买卖合同预定书》将吴某珍、方某支付定金的合同义务约定为合同的生效条件，但合同义务与合同生效条件之间是有严格区别的，二者不能混淆。支付约定的定金是吴某珍、方某应履行的合同义务，不符合前述作为条件的事实应属于因其自然进程发生或不发生的事实。此外，吴某珍、方某也已经依约支付了50万元定金，此后因其不愿再购买讼争商品房而未继续支付剩余的50万元定金，也属于恶意阻碍约定条件成就的情形。综上，应认定讼争《商品房买卖合同预定书》已经发生法律效力，吴某珍、方某无权要求退还定金。

编写人：福建省厦门市思明区人民法院　王瑛　马嘉慧

二、商品房预售合同纠纷

3

商品房预售合同纠纷中合同相对性原则的适用

——许某发、许某多诉度假村投资公司商品房预售合同案

【案件基本信息】

1. 裁判书字号

北京市第三中级人民法院（2021）京03民终12311号民事判决书

2. 案由：商品房预售合同纠纷

3. 当事人

原告（被上诉人）：许某发、许某多

被告（上诉人）：度假村投资公司

【基本案情】

许某发系李某燕之夫，许某多系许某发与李某燕之女，李某燕于2013年7月27日因病去世，李某燕之父李某鳌、之母李某英在李某燕去世前均已过世。李某燕曾与度假村投资公司签订《公寓合作建设合同书》，合同约定李某燕购买度假村投资公司开发的公寓项目第1幢第1层×号房屋，双方在合同中就房屋总价款、付款方式、交付条件、逾期交房责任等内容进行了具体约定。合同签订当日，李某燕交纳了全部购房款，度假村投资公司亦为李某燕出具了购房款

收据。依照合同约定，度假村投资公司应于2008年8月10日前向李某燕交付房屋，但度假村投资公司至今仍未按照合同约定向李某燕一方交付房屋。李某燕之夫许某发及其女许某多诉至法院，要求解除李某燕与度假村投资公司签订的《公寓合作建设合同书》，返还购房款。

【案件焦点】

被告度假村投资公司是否应当承担违约责任。

【法院裁判要旨】

北京市密云区人民法院经审理认为：依法成立的合同，受法律保护。本案中，李某燕与度假村投资公司签订了《公寓合作建设合同书》，合同约定李某燕购买度假村投资公司开发的公寓项目第1幢第1层×号房屋，双方在合同中就房屋总价款、付款方式、交付条件、逾期交房责任等内容进行了具体约定。该份《公寓合作建设合同书》系李某燕与度假村投资公司的真实意思表示，亦不违反法律、行政法规的强制性规定，合法有效，应受法律保护。合同签订当日，李某燕交纳了全部购房款，度假村投资公司亦为李某燕出具了购房款收据。依照合同约定，度假村投资公司应于2008年8月10日前向李某燕交付房屋，但度假村投资公司至今仍未按照合同约定向李某燕一方交付房屋。当事人协商一致，可以解除合同。李某燕已于2013年去世，李某燕之父母均早于李某燕去世，现李某燕之夫许某发及其女许某多诉至法院，要求解除李某燕与度假村投资公司签订的《公寓合作建设合同书》，度假村投资公司表示同意解除合同，本院对此不持异议。本案起诉状副本已于2021年5月14日向度假村投资公司送达，故李某燕与度假村投资公司签订的《公寓合作建设合同书》已于2021年5月14日解除。合同解除后，尚未履行的，终止履行；已经履行的，根据履行情况和合同性质，当事人可以要求恢复原状、采取其他补救措施，并有权要求赔偿损失。许某发、许某多要求度假村投资公司退还原告购房款593225元并赔偿利息损失的请求，并不违反法律规定，本院予以支持。

当事人对自己提出的主张，有责任提供证据。度假村投资公司提出对李某燕支付购房款收据的真实性存有异议，且表示该公司并未收到过李某燕支付的购房款，不同意退还李某燕购房款及赔偿利息损失。因《公寓合作建设合同书》合同落款处有度假村投资公司的合同专用章及李某燕的签字，度假村投资公司为李某燕出具的收据中载明了李某燕所购房屋的坐落位置、房屋价款等信息并加盖了度假村投资公司的财务专用章。且经本院释明，度假村投资公司及许某发、许某多均不申请对《公寓合作建设合同书》及收据上度假村投资公司之公章进行真实性鉴定，故对度假村投资公司不同意退还购房款及赔偿利息损失之辩解意见，本院不予采纳。依法成立的合同，仅对当事人具有法律约束力。度假村投资公司提出公寓项目系张某华设立的庄园公司独立核算之项目，相关债权债务应由庄园公司及张某华承担。为证明其主张，度假村投资公司虽向本院提交了（2019）京0118民初2743号民事判决书及度假村投资公司与庄园公司于2008年9月28日签订的《公寓合作项目结算协议目录》，但从时间上看，李某燕与度假村投资公司签订的《公寓合作建设合同书》是在2007年11月14日签订，早于度假村投资公司与庄园公司签订的《公寓合作项目结算协议目录》；从合同相对性原则上讲，李某燕与度假村投资公司签订的《公寓合作建设合同书》仅在李某燕与度假村投资公司之间产生法律约束力。且二原告又已明确表示不同意追加庄园公司及张某华为本案被告及第三人，故度假村投资公司所提应由庄园公司及张某华承担相关责任之辩解意见，本院不予采纳。如度假村投资公司与庄园公司及张某华因本案产生其他争议，双方可依照双方之间的协议约定另行诉讼解决，本案不予涉及。

北京市密云区人民法院依据《中华人民共和国民法典》第四百六十五条、第五百六十二条、第五百六十五条、第五百六十六条，《最高人民法院关于适用〈中华人民共和国民法典〉时间效力的若干规定》第一条，《中华人民共和国民事诉讼法》第六十四条第一款之规定，判决如下：

一、李某燕与度假村投资公司于2007年11月14日签订的《公寓合作建设合同书》已于2021年5月14日解除；

二、度假村投资公司于本判决生效之日起十日内返还许某发、许某多购房款59.3225万元；

三、度假村投资公司于本判决生效之日起十日内支付许某发、许某多利息损失（利息以593225元为基数，自2008年8月11日起至2019年8月19日止，按照中国人民银行同期贷款利率计息；自2019年8月20日起至购房款退清之日止，按照全国银行间同业拆借中心贷款市场报价利率计息）。

度假村投资公司不服一审判决，提起上诉。

北京市第二中级人民法院同意一审法院裁判意见，判决如下：驳回上诉，维持原判。

【法官后语】

合同相对性原则是合同法的基本原则，是指“合同主要在特定的合同当事人之间发生法律约束力，只有合同当事人一方能基于合同向合同对方提出请求或提起诉讼，而不能向与其无合同关系的第三人提出请求，也不能擅自为第三人设定合同上的义务，合同债权也主要受合同法的保护”。合同的相对性原则包含了非常丰富和复杂的内容，并且广泛体现于合同中的各项制度之中，一般将其概括为以下三个方面：

一、主体相对性

主体的相对性，即指合同关系只能发生在特定的主体之间，只有合同当事人一方能够向合同的另一方当事人基于合同提出请求或提起诉讼。

二、内容相对性

内容的相对性，即指除法律、合同另有规定以外，只有合同当事人才能享有合同规定的权利，并承担该合同规定的义务，当事人以外的任何第三人不能主张合同上的权利，更不负担合同中规定的义务。从合同内容的相对性可以引申出几个具体规则。一是合同赋予当事人享有的权利，原则上并不及于第三人，合同规定由当事人承担的义务，一般也不能对第三人产生拘束力。二是合同当事人无权为他人设定合同上的义务。三是合同权利与义务主要对合同当事人产生约束力，法律的特殊规定即为合同相对性原则的例外。

三、责任相对性

责任的相对性，即指违约责任只能在特定的合同关系当事人之间发生，合同关系以外的人不负违约责任，合同当事人也不对其承担违约责任。违反合同责任的相对性内容包含三个方面：第一，违约当事人应对因自己的过错造成的违约后果承担违约责任，而不能将责任推卸给他人。第二，在因第三人的行为造成债务不能履行的情况下，债务人仍应向债权人承担违约责任。债务人在承担违约责任后，有权向第三人追偿，债务人为第三人的行为负责，既是合同相对性原则的体现，也是保护债权人利益所必需的。第三，债务人只能向债权人承担违约责任，而不应向国家或第三人承担违约责任。

具体到本案中，本案的难点在于被告度假村投资公司是否应该承担违约责任，其与案外人庄园公司签订的《公寓合作项目结算协议目录》能否突破合同的相对性，使案外人庄园公司承担违约责任。

从合同主体的相对性角度分析，本案案涉合同主体为李某燕及度假村投资公司，双方签订《公寓合作建设合同书》。该份《公寓合作建设合同书》系李某燕与度假村投资公司的真实意思表示，亦不违反法律、行政法规的强制性规定，合法有效，应受法律保护。李某燕已于2013年去世，李某燕之父母均早于李某燕去世，现李某燕之夫许某发及其女许某多诉至法院，合同的主体毫无争议。

从合同内容的相对性角度分析，双方签订《公寓合作建设合同书》，约定了李某燕购买度假村投资公司开发的公寓项目第1幢第1层×号房屋，且双方在合同中就房屋总价款、付款方式、交付条件、逾期交房责任等内容都进行了具体约定。合同双方权利义务明晰，违约责任的承担不涉及第三方。合同内容的相对性十分明确。

从责任相对性角度分析，度假村投资公司提交的（2019）京0118民初2743号民事判决书及度假村投资公司与庄园公司于2008年9月28日签订的《公寓合作项目结算协议目录》，确认了张某华及其设立的庄园公司负责对红酒庄园项目独立核算，由张某华、庄园公司对外承担相关责任。但从时间上看，李某燕与度假村投资公司签订的《公寓合作建设合同书》是在2007年11月14日签订，早于度假村投资公司与庄园公司签订的《公寓合作项目结算协议目录》。从合同责任相对性上讲，李某燕与度假村投资公司签订的《公寓合作建设合同书》仅在李某燕与度假村投资公司之间产生法律约束力，其与案外人庄园公司的约定无法突破合同的相对性。

编写人：北京市密云区人民法院　王红

4

开发商在销售合同之外就有关商品房重要房屋信息所作出的具体明确的说明和允诺应当视为合同内容

——刘某生诉置业公司商品房预售合同案

【案件基本信息】

1. 裁判书字号

江苏省南京市中级人民法院（2022）苏01民终806号民事判决书

2. 案由：商品房预售合同纠纷

3. 当事人

原告（被上诉人）：刘某生

被告（上诉人）：置业公司

第三人：某银行城北支行

【基本案情】

被告系江苏省南京市鼓楼区某处商业地块的开发商。被告为销售需要，通过宣传资料等方式宣称该处地块除少数住宅底商不能经营餐饮外，其他商铺均可以经营餐饮业态。

2019年4月，被告的销售人员向原告推荐了该地块两处商铺，一处为面积较大且价格相对便宜的底层商铺，另一处是位于二楼面积较小、价格较高却可经营餐饮店的商铺（以下简称案涉商铺）。原告与销售人员确认案涉商铺可以经营餐饮店，并现场查看商铺内设置有烟道、隔油池等经营餐饮店所需设施后，与被告签订了《商品房预售合同》，约定除首付款外，原告通过部分商业贷款的方式购买案涉商铺。

《商品房预售合同》附件《补充协议》中约定，签约之前买卖双方任何一方通过口头、书面、实物及其他形式（包括但不限于口头讲解、广告、楼书、示范单位、沙盘、模型等）所表达和提供信息都不再作为合同内容。该《补充协议》还约定，本项目商业用房不得用于从事餐饮等可能有噪声、废气或异味等扰民的生产、经营、服务项目。《补充协议》最后一条约定，本合同及本补充协议是买受人的真实意思表示。在订立本合同与本补充协议时，买受人已经阅读了全部条款内容，对其中约定的权利、义务均理解清楚，完全同意受其约束。

上述《补充协议》所有条款中除最后一条使用加黑字体外，其他条款内容均为普通打印字体、字体较小、行距较密，且未作醒目提示标志。

2019年5月，原告、被告与第三人（贷款人）签订《个人购房担保借款合同》及《南京市房地产抵押合同》，约定原告为购买案涉商铺向贷款人借款97万元等。

后因案涉商铺无法通过环境影响评价，不能用于经营餐饮店，原告拒绝收房及办理产权过户。原、被告遂产生纠纷，原告为此诉至法院，请求判令：1. 解除原、被告签订的《商品房预售合同》；2. 解除原、被告与第三人签订的《个人购房担保借款合同》和《南京市房地产抵押合同（预购商品房贷款抵押）》；3. 被告返还原告购房首付款及利息损失；4. 被告赔偿原告已付按揭贷款本息及自起诉之日起至判决生效之日止原告已向第三人支付的按揭贷款本息；5. 被告向第三人支付尚未偿还的贷款本息包括可能存在的逾期利息、罚息和复利。

被告答辩认为，原、被告签订的《商品房预售合同》及《补充协议》明确约定了销售人员口头讲解内容不能视为合同内容，并且载明了案涉商铺不能用于经营餐饮。因此，原告的诉讼请求，不符合合同约定，请求法院予以驳回。

【案件焦点】

1. 被告销售人员告知原告案涉商铺可用于经营餐饮这一房屋信息是否应视为合同内容；2. 如应视为合同内容，被告现出售的案涉商铺不能用于经营餐饮，是否构成违约，原告据此要求解除合同，是否符合合同约定及法律规定；3. 原告基于被告违约解除合同所主张的其他各项诉求是否能够支持。

【法院裁判要旨】

江苏省南京市鼓楼区人民法院经审理认为：关于第一个争议焦点，销售人员明确陈述案涉商铺可以用于经营餐饮的内容是否应视为合同内容。

首先，被告的销售人员明确告知原告案涉商铺可以用于经营餐饮，原告在确认此房屋信息以及实地查看后，最终选定购买了案涉商铺。据此，一审法院认为，从案涉商铺买卖合同签订的过程来看，原告对于案涉商铺能够用于经营餐饮具有特殊要求，并已多次询问。被告的销售人员所作说明、案涉商铺的内置、案涉商铺所在楼盘的宣传资料等事实已足以使原告对案涉商铺可以用于经营餐饮产生合理信赖。此外，能够用于经营餐饮的商铺的单价高于其他不能用于经营餐饮的商铺。因此，被告的销售人员关于案涉商铺用途所作的说明和允诺对案涉商铺买卖合同的订立及房屋价格的确定具有重大影响，构成要约。原告对此予以承诺，故案涉商铺可以用于经营餐饮的房屋用途应视为合同内容。

其次，案涉商铺买卖合同中虽然在《补充协议》约定了销售人员口头讲解不视为合同内容，以及案涉商铺不能用于经营餐饮，但对于此重大合同事项的变更以及明显不合理免除或者减轻被告责任的条款，被告提供的文本字体较小、较密且未以明确醒目的方式提示原告注意，亦未在订立合同签订时明确告知原告案涉商铺因环境影响评价手续问题已不能用于经营餐饮。《补充协议》最后一条仅是对所有合同内容笼统地约定买受人已阅读合同内容，不能视为被告已履行了合理的提示或说明义务。据此，一审法院认为，因被告未履行提示或说明义务，致使原告没有注意与其有重大利害关系的条款，故前述《补充协议》条款对原告无合同约束力。

关于第二个争议焦点，被告销售的案涉商铺不能经营餐饮是否构成违约。如前所述，被告向原告销售的案涉商铺可用于经营餐饮系合同重要内容，现被告无法履行该合同义务，致使原告购买案涉商铺的目的无法实现，构成根本违约。原告据此要求解除案涉商铺买卖合同符合合同约定及法律规定，应当予以支持。

关于第三个争议焦点，买卖合同解除后，原告的其他各项诉求能否支持的问题。

首先，因商品房买卖合同被解除，致使商品房担保贷款合同的目的无法实现，当事人请求解除商品房担保贷款合同的，应予以支持。本案中，因案涉商铺买卖合同解除，致使案涉商铺担保借款合同及抵押合同的目的无法实现，故原告要求解除案涉商铺的《个人购房担保借款合同》及《南京市房地产抵押合同》的诉讼请求，符合法律规定，应当予以支持。

其次，商品房买卖合同解除后，商品房担保贷款合同也被解除的，出卖人应当将收受的购房贷款和购房款的本金及利息分别返还担保权人和买受人。本案中，被告应将原告已实际支付的购房款返还原告，并赔偿原告因此产生的损失。故被告应向原告返还首付款 976974.03 元及利息（以 976974.03 元为基数，自 2019 年 4 月 18 日起计算至被告实际支付之日止，2019 年 8 月 19 日前按中国人民银行同期同类贷款基准利率，2019 年 8 月 20 日起按照全国银行间同业拆借中心公布的贷款市场报价利率标准计算），并向原告支付 2019 年 5 月 14 日起至本判决生效之日止原告已向第三人偿还的贷款本息（以第三人于本判决生效当月出具的还款明细清单为准）。又因第三人已将贷款全额发放至被告，故原告尚未向第三人偿还的贷款本金应由被告继续向第三人偿还。被告应向第三人偿还原告自本判决生效之日起就《个人购房担保借款合同》剩余的贷款。另，被告清偿上述贷款后，第三人应及时办理案涉房屋上抵押预告登记的涤除手续。

此外，原告所诉要求被告偿还可能存在的逾期利息、罚息和复利，因目前案涉商铺的贷款本息系由原告正常偿还，尚未发生逾期利息、罚息和复利，故对于原告的该项诉求不予支持。

综上，江苏省南京市鼓楼区人民法院依照《中华人民共和国合同法》第六十条、第九十四条第四项、第九十七条、第一百零七条、第一百一十三条第一款，《最高人民法院关于审理商品房买卖合同纠纷案件适用法律若干问题的解释》第三条、第二十四条、第二十五条第二款，《最高人民法院关于适用〈中华人民共和国民法典〉时间效力的若干规定》第一条第二款，《中华人民共和国民事诉讼法》第六十四条及《最高人民法院关于适用〈中华人民共和国民事诉讼法〉的解释》第九十条之规定，判决如下：

一、解除原告刘某生与被告置业公司于2019年4月17日签订的《商品房预售合同》；

二、解除原告刘某生与被告置业公司、第三人某银行城北支行于2019年5月13日签订的《个人购房担保借款合同》和《南京市房地产抵押合同（预购商品房贷款抵押）》；

三、被告置业公司于本判决生效之日起五日内向原告刘某生返还购房款976974.03元，并支付利息损失（以976974.03元为基数，自2019年4月18日起至被告实际支付之日止，其中2019年8月19日前按照中国人民银行同期同类贷款基准利率，2019年8月20日起按照全国银行间同业拆借中心公布的贷款市场报价利率标准计算）；

四、被告置业公司于本判决生效之日起五日内向原告刘某生赔偿自2019年5月14日起至本判决生效之日止，原告刘某生已向第三人某银行城北支行偿还的贷款本息（以第三人某银行城北支行于本判决生效当月出具的还款明细清单为准）；

五、被告置业公司于本判决生效之日起五日内向第三人某银行城北支行偿还原告刘某生自本判决生效之日起就《个人购房担保借款合同》项下剩余的贷款；自被告置业公司清偿上述贷款之日起七日内，第三人某银行城北支行办理××室上的抵押预告登记涤除手续；

六、驳回原告刘某生的其他诉讼请求。

被告置业公司不服，提起上诉。

江苏省南京市中级人民法院经审理认为：商品房的销售广告和宣传资料为要约邀请，但是出卖人就商品房开发计划范围内的房屋及相关设施所作的说明和允诺具体确定，并对商品房买卖合同的订立以及房屋价格的确定有重大影响的，构成要约。该说明和允诺即使未载入商品房买卖合同，亦应当为合同内容，当事人违反的，应当承担违约责任。上诉人主张合同磋商过程中，其销售人员所表达和提供的信息不能作为确定双方权利义务的依据，而应以实际订立的书面合同为准，对此本院认为，被上诉人在与上诉人订立合同前多次询问上诉人公司的销售人员案涉房屋是否能够用于经营餐饮，均得到肯定的答复，且案涉房屋的价格高于上诉人售卖的其他不能用于经营餐饮的房屋，故案涉房屋能够用于经营餐饮即使未载入双方签订的预售合同及补充协议，也应当视为合同内容。现上诉人无法履行该合同义务，已致使被上诉人合同目的无法实现，故一审判决双方合同解除，由上诉人承担相应的责任，并无不当。综上，被告的上诉请求不成立。江苏省南京市中级人民法院依照《中华人民共和国民事诉讼法》第一百七十七条第一款第一项之规定，判决如下：

驳回上诉，维持原判。

【法官后语】

开发商对商品房屋销售公布的宣传材料以及其销售人员的现场宣讲是商品房销售的常用促销手段。而开发商往往为了规避风险，在合同文本中列明“宣传材料及销售人员口头讲解不作为合同内容”等格式条款。但实践中，购房人恰恰是依据宣传材料、销售人员的讲解，产生购房意向、签订商品房买卖合同。待实际交付使用时，若房屋的现状与宣传、广告等内容差距较大，则会导致买卖双方产生纠纷。

针对此类纠纷，《最高人民法院关于审理商品房买卖合同纠纷案件适用法律若干问题的解释》第三条明确规定，商品房的销售广告和宣传资料为要约邀请，但是出卖人就商品房开发规划范围内的房屋及相关设施所作的说明和允诺具体确定，并对商品房买卖合同的订立以及房屋价格的确定有重大影响的，构成要约。该说明和允诺即使未载入商品房买卖合同，亦应当为合同内容，当事人违反的，应当承担违约责任。

但是如开发商在与买受人签订最终的商品房买卖合同时，变更了前述说明和允诺，并在合同或补充协议中予以载明，而买受人在接收房屋时，发现房屋现状与宣传内容不一致，认为开发商违约，遂即要求解除合同。此时，开发商往往以合同中已经明确约定了变更后的内容为由进行抗辩。对于此类纠纷，司法实践中如何处理，须从以下三点着手：

一、买受人是否具有特殊或个性化的购房需求

即买受人对于其所购房屋的用途、结构以及相关设施具有特定的心理需求。例如，本案中的原告，其欲购买能够经营餐饮店的商铺，这就是其特定的购房需求。又如，某些购房人对于其所购房屋周边的绿化环境、医疗、交通、教育等附属设施具有特定要求，认为房屋附近的这些附属设施对于房屋能够产生隐性价值。此外，实践中，较为常见的还有买受人对于房屋开发商的品牌，甚至小区物业公司品牌以及物业状况等具有特定要求。

二、何种情形下，开发商的宣传资料、销售人员的口头讲解内容即便未列入书面合同，亦应视为要约

根据前述司法解释，具体而言，是指开发商的宣传及销售人员的口头讲解涉及房屋的用途，如可用于经营餐饮、歌厅；涉及房屋的内部设施、结构，如房屋内是否存在不合理的隔断、是否南北通透；涉及房屋周边的附属设施，如小区配备医疗、健身、教育设施或机构；等等。开发商的宣传资料、销售人员的口头讲解对于前述或类似重大房屋信息事项所作出的具体明确的说明和允诺，并对具有特定心理需求或特定购房目的的购房人的购房需求或房屋价格产生重大影响的，即便该说明和允诺未列入合同内容，如买受人承诺的，则亦应当视为双方的真实意思表示。

三、如前述说明和允诺发生重大变更，并在合同中予以载明，买卖双方为此产生争议时，应当如何处理

关于此项，应当分情形处理：

1. 对于买受人知道或应当知道前述说明合同允诺在签订合同时发生重大变更，其仍然签署买卖合同的，则视为买卖双方协商变更了合同内容，变更后的合同内容对双方均具有约束力。例如，开发商在合同签订前通过向买受人明示，或有关房屋的重要信息已经公布等情形。

2. 在签订合同过程中，开发商未告知或未有效告知买受人前述说明和允诺发生重大变更，且其无证据证明买受人知道或应当知道该变更内容时，该说明和允诺的变更只能视为系开发商单方变更合同内容，如买受人不予追认，则该变更内容对于买受人不发生合同约束力。具体而言：

《中华人民共和国民法典》第四百九十六条第二款规定，采用格式条款订立合同的，提供格式条款的一方应当遵循公平原则确定当事人之间的权利和义务，并采取合理的方式提示对方注意免除或者减轻其责任等与对方有重大利害关系的条款，按照对方的要求，对该条款予以说明。提供格式条款的一方未履行提示或者说明义务，致使对方没有注意或者理解与其有重大利害关系的条款的，对方可以主张该条款不成为合同的内容。在商品房买卖合同司法实践中，比较常见的是，开发商仅在其提供的格式合同文本中笼统地列出“买受人已阅读全部合同内容，完全同意受其约束”等类似条款，而未就与买受人购房利益具有重大影响的合同条款单独作出提醒，则仅有类似条款的约定内容，不能认定为开发商尽到了合理的提示或说明义务。

综上，商品房买卖是一项与百姓民生息息相关的重大民事行为，交易双方应秉持诚信原则，减少纠纷，促进交易顺利进行，尤其是处于优势地位的商品房开发商，更应当规范自身的诚信销售行为，积极履行告知和提示义务，以维护正常的商品房交易秩序。

编写人：江苏省南京市鼓楼区人民法院　周磊

5

格式条款的效力认定问题

——何某先诉房地产开发公司商品房预售合同案

【案件基本信息】

1. 裁判书字号

广东省惠州市中级人民法院（2021）粤 13 民终 4425 号民事判决书

2. 案由：商品房预售合同纠纷

3. 当事人

原告（上诉人）：何某先

被告（被上诉人）：房地产开发公司

【基本案情】

2017 年 4 月 28 日，原告与被告签订《商品房买卖合同（预售）》，该合同第十一条约定，被告应当在 2020 年 6 月 30 日前向原告交付案涉房产，如若逾期未交付则应当承担违约责任。《商品房买卖合同（预售）》之附件十一《补充协议》第三条第十项约定，出卖人未按照买卖合同第十一条约定的时间将本房屋交付买受人的，逾期不得超过 60 日，自买卖合同第十一条约定的交付期限届满之次日起至实际交付之日止，出卖人按日计算向买受人支付已付房价款万分之五的违约金，合同继续履行。逾期超过 60 日后，买受人有权解除合同；买受人要求继续履行合同的，合同继续履行，自买卖合同第十一条约定的交付期限届满之次日起至实际交付之日止，出卖人按日计算向买受人支付已付房价款万分之二的违约金，但违约金的总金额最多不得超过买受人累计已付款的 10%。但是，因不可抗力、遭遇异常天气［高温 37℃ 以上（含）、24 小时内降雨达到50毫米以上（含）、风力达到7级以上（含）]、异常地质状况、市政规划变化、市政配套的批准或安装以及其他非出卖人所能控制的事件、非出卖人过错造成出卖人逾期交付本房屋的，或者本合同其他条款有特别约定免责的情形的，出卖人无须承担逾期交付责任。合同签订后，原告已付清购房款给被告。2020年3月18日，被告通过快递方式告知原告逾期交房免责。2020年11月27日，案涉房屋竣工验收备案。2020年11月27日，被告按原告合同中提供的地址邮寄入伙通知书给原告，收到邮件后，原告未办理案涉房屋收楼手续，提起本案诉讼。

一审法院另查明，惠州市惠阳区气象台于2020年11月30日出具的《气象证明》载明2017年4月15日至2020年6月30日期间，异常天气共93天。

【案件焦点】

1. 涉案《补充协议》第三条第十项的约定是否有效；2. 能够依法予以扣除的房地产开发公司逾期交房天数是多少。

【法院裁判要旨】

广东省惠州市惠阳区人民法院经审理认为：案涉合同虽为格式合同，但违约天数超出60日后，被告并没有排除原告提出解除合同等主要权利的行使，原告作为完全行为能力人，签订合同时未对这一条款提出异议，可认定双方就该合同条款达成了共识，属双方的真实意思表示。在台风、雨天、高温等异常天气施工作业增加了施工人员的安全隐患，既不符合建筑安全生产管理的相关规定，也不符合保护职工劳动安全的相关规定。因此，案涉合同约定将台风、雨天、高温等异常天气不可归责于被告的情形作为工期顺延的原因合法且合理，该约定并未加重原告的合同责任，应认定为有效。根据案涉合同附件十一补充协议第三条第十项约定，只要有异常天气情形存在，被告即可据此扣减相应逾期交房天数。根据2020年11月30日出具的《气象证明》显示符合上述异常天气天数有97日，可从逾期交房天数中予以扣除。至于因市政规划变化等事由耽误工期52天，依据不足，不予采纳。根据政府部门相关文件可知，2020年2

月3日至2020年4月21日是企业逐步复工复产期间，在此期间企业尚谈不上正常运转，酌定扣减被告迟延履行交房天数为87日。综上所述，被告因遭遇异常天气等原因导致逾期交房可扣减天数共184日（97日+87日）。自合同约定的交付之日起至实际交房之日止计算的被告逾期交房天数共计152日，该天数少于被告可以合理扣除的逾期交房天数，故被告不需承担逾期交房的违约责任，也无须向原告支付逾期交房违约金。

广东省惠州市惠阳区人民法院依照《中华人民共和国合同法》第六十条、第一百零七条、第一百一十四条，《中华人民共和国民事诉讼法》第六十四条、第一百四十二条的规定，一审法院判决如下：

驳回原告何某先的全部诉讼请求。

何某先不服一审判决，提起上诉。

广东省惠州市中级人民法院经审理认为：涉案《补充协议》第三条第十项是对涉案《商品房买卖合同（预售）》第十一条的补充约定，第十一条约定的是出卖人逾期交房超过60日的，买受人有权解除合同，第十项在此基础上，另外赋予买受人在选择不解除合同的情形下，享有请求出卖人支付逾期交房违约金的权利。由此可见，该项约定不仅没有排除买受人的主要权利，而且赋予买受人更全面的权利救济途径，因此一审法院认定其合法有效，并无不当。至于该项约定中的后半段“但是，因不可抗力、遭遇异常天气［高温37℃以上（含）、24小时内降雨达到50毫米以上（含）、风力达到7级以上（含）］、异常地质状况、市政规划变化、市政配套的批准或安装以及其他非出卖人所能控制的事件、非出卖人过错造成出卖人逾期交付本房屋的，或者本合同其他条款有特别约定免责的情形的，出卖人无须承担逾期交付责任”，与前半段关于出卖人按日计算向买受人支付已付房价款万分之二的违约金的约定构成完整的一项，按照普通人可以尽到的注意义务，上诉人已认可前半段约定，亦应能够注意到并且理解后半段约定，其在签署上述协议时并未提出异议，可以认定双方就该条款达成了共识，属于双方的真实意思表示，被上诉人因上述情形而导致逾期交房的，上诉人予以谅解，被上诉人可予以扣减相应逾期交房天数。上诉人现主张该条款无效，于法无据，不予支持。关于因遭遇异常天气而扣除的天数问题，依据公平原则对涉案《补充协议》第三条第十项条款的理解是，被上诉人在遭遇异常天气而导致停工时可据此予以免责。《气象证明》中载明的异常天气可以证实被上诉人因此而导致过停工，但不足以证实停止施工 97 天，故一审法院据此扣除 97 天有所不当，二审法院结合近年来惠州地区遭遇的气象灾害等情况进行综合考量，酌情予以扣减 40 天。关于扣减的天数问题。被上诉人停止施工天数为 40 天。一审法院认定的 87 天有所不当，应予以纠正。关于因土地盘整而扣除的天数问题。根据片区规划和市政道路建设需要，政府按程序收回了项目被城市道路占用部分土地，政府部门于 2020 年 9 月 30 日进行了规划许可批前公示，因有相关权益人提出意见故于 2020 年 10 月再次进行公示。由此可见，涉案项目于 2020 年 9 月 6 日竣工验收之后，在用地盘整事项于 2020 年 11 月 5 日完成规划许可批前公示之前，是无法进行竣工验收备案的。该事项属于上述条款中约定的因市政规划变化等非出卖人所能控制的事件，因此而造成被上诉人逾期交付房屋的天数 60 天，可据实予以扣除。综上所述，被上诉人因异常天气和土地盘整情况可扣减天数共 140 天（40 天+40 天+60 天）。则本案实际逾期交房天数应自合同约定的交付之日起至实际交房之日止即 154 天，再扣除上述 140 天，为 14 天。

广东省惠州市中级人民法院依照《中华人民共和国民事诉讼法》第一百七十二条第一款第二项之规定，判决如下：

一、撤销广东省惠州市惠阳区人民法院作出的（2021）粤 1303 民初 1221 号民事判决；

二、房地产开发公司应于本判决发生法律效力之日起十日内向何某先支付逾期交房的违约金 5535.99 元；

三、驳回何某先的其他诉讼请求。

【法官后语】

本案的争议焦点是《补充协议》第三条第十项是否属于格式条款，开发商是否就该条款向购房者尽到了提示和说明义务，能否成为合同内容；如果成为合同内容，其效力如何认定。以下将遵循以上逻辑层次进行分析。

首先，该条款是否属于格式条款。在商品房的交易实践之中，除《商品房买卖合同》外，开发商通常会提供内容更为翔实的补充协议给购房者签署。从签署补充协议的本意来看，是为了对在《商品房买卖合同》中未约定或约定不明确的事项进行明确，以便于更为全面地确定双方的权利义务，避免不必要的纠纷。但是由于开发商处于相对优势地位，因此往往未就补充协议与购房者进行协商，而购房者面对补充协议时，只能选择签署或者不签署（不购房），而无法进行磋商。因此，在司法实践中，出现了大量的购房者请求确认补充协议中某条款为无效的格式条款的纠纷，本案即属此类型的诉讼。民法典中对于格式条款的定义是当事人为了重复使用而预先拟定，并在订立合同时未与对方协商的条款。由此可见，法律对于格式条款的要件规定为：（1）提供者预先拟定；（2）以重复使用为目的；（3）订立合同时未与对方协商。回归至本案中，涉案《补充协议》第三条第十项是开发商预先拟定的，以重复使用为目的，未有证据证明在订立时与对方进行协商，因此该条款属于格式条款。

其次，该格式条款是否成为合同内容。购房者以开发商未尽提示和说明义务为由主张不成为合同内容，对此一审法院未作具体阐述，二审法院认为该条款是由两段组成的，前半段是约定出卖人逾期交房的，按日计算向买受人支付已付房价款万分之二的违约金，后半段是约定出卖人逾期交房可予以免责的情形“因不可抗力、遭遇异常天气［高温37℃以上（含）、24小时内降雨达到50毫米以上（含）、风力达到7级以上（含）］、异常地质状况、市政规划变化、市政配套的批准或安装以及其他非出卖人所能控制的事件、非出卖人过错造成出卖人逾期交付本房屋的，或者本合同其他条款有特别约定免责的情形的，出卖人无须承担逾期交付责任”。两段构成完整的一项，按照普通人可以尽到的注意义务，购房者既然已认可前半段约定，亦应能够注意到并且理解后半段约定，因此购房者以前半段的约定为依据提起诉讼后又主张开发商在签署合同时未对后半段进行提示和说明义务，不符合常理。因此对于购房者主张后半段约定不成为合同内容的观点，依法不予支持。

最后，如何认定《补充协议》第三条第十项的效力。按照《中华人民共和国民法典》第四百九十七条“有下列情形之一的，该格式条款无效：（一）具有本法第一编第六章第三节和本法第五百零六条规定的无效情形；（二）提供格式条款一方不合理地免除或者减轻其责任、加重对方责任、限制对方主要权利；（三）提供格式条款一方排除对方主要权利”之规定，由于该条款不具有本法第一编第六章第三节和本法第五百零六条规定的无效情形，也不属于加重对方责任、限制对方主要权利或者排除对方主要权利的条款，则本案重点就是审查开发商是否通过该条款不合理地免除或者减轻了其责任。一审法院认为只要有异常天气情形存在，开发商即可据此扣减相应逾期交房天数，对此二审法院则认为，依据公平原则对上述条款的理解是，开发商在遭遇异常天气而导致停工时才可据此予以免责。《气象证明》中载明的异常天气可以证实开发商因此而导致过停工，但不足以证实停止施工97天，故一审法院据此扣除97天有所不当，二审法院结合近年来惠州地区遭遇的气象灾害等情况进行综合考量，酌情予以扣减40天。较之一审法院，二审法院的认定更为公平合理，也遵循了《中华人民共和国民法典》的规定。因不可抗力，依法可从逾期交房天数中予以扣减。对于扣减天数的截止日，一审法院酌情扣减至2020年4月30日，二审法院扣减至政府批准复工复产之日，更具有客观性。

格式条款本身存在通过简化缔约过程，节省交易双方协商的时间，有利于提高交易的效率，但是在司法实践中由于商品房买卖合同补充协议中的格式条款被认定为无效的案例不在少数，影响了其功能的发挥。因此开发商在拟定相关补充协议时应当遵循公平原则确定双方的权利义务，譬如在逾期交房、逾期付款违约金比率的约定上应保持一致，对逾期交房免责情形的约定应当客观合理等。

编写人：广东省惠州市中级人民法院　胡江

6

对同一违约行为约定多重违约金的格式条款效力认定

——置业公司诉陈某、于某商品房预售合同案

【案件基本信息】

1. 裁判书字号

北京市第三中级人民法院（2021）京03民终13121号民事判决书

2. 案由：商品房预售合同纠纷

3. 当事人

原告（反诉被告、被上诉人）：置业公司

被告（反诉原告、上诉人）：陈某、于某

【基本案情】

2014年4月18日，置业公司与陈某签订《北京市商品房预售合同》（以下简称《预售合同》），约定陈某以商业按揭贷款的方式向置业公司购买某房屋（以下简称案涉房屋），总价款1848747元。

《预售合同》约定：若买受人未按期向贷款银行还贷，致使出卖人代其向贷款银行偿还到期贷款本息及违约金的，买受人应向出卖人支付全部代偿款及代垫期间的利息（按中国人民银行同期贷款利率计算），并按日支付全部款项万分之五的违约金。若买受人未按期还贷致使贷款银行宣布贷款提前到期、解除借款合同的，出卖人有权解除《预售合同》及附件。因买受人原因致使《预售合同》解除的，买受人还应自房屋交付之日起向出卖人按月支付合同总价款1%的房屋使用费，并支付解除合同违约金（房屋总价款的15%）、迟延腾退赔偿金（每日按房屋总价款的万分之二计算）。合同签订后，陈某向置业公司支

付了首付款，于2018年2月12日收房。

根据（2018）京0106民初37905号民事判决书，陈某、于某应偿还贷款银行借款本金753417.99元并支付利息与罚息，置业公司对陈某、于某的还款义务承担连带保证责任，其承担连带保证责任后，有权向陈某、于某追偿。该判决生效后，置业公司代替陈某、于某向贷款银行给付贷款本息896382.99元。

置业公司起诉，要求陈某、于某：（1）解除《预售合同》；（2）协助办理房屋的网上签约注销手续；（3）腾退房屋、恢复原状，支付自2020年11月15日起至实际腾退之日止的延迟腾退赔偿金（以总房款为基数，按每日万分之二计算）；（4）按总房款1%每月的标准支付自2018年2月至实际腾退房屋之日止的房屋使用费；（5）支付合同解除违约金277312.05元；（6）支付交易税费101818.81元；（7）支付代偿款913588.99元，并按全国银行间同业拆借中心公布的贷款市场报价利率支付自2020年5月9日至实际支付之日的利息；（8）以913588.99元为基数，按每日万分之五支付2020年5月9日起至实际还款之日止的违约金；（9）承担诉讼费、保全费。

陈某、于某反诉要求置业公司：（1）返还首付款928747元、贷款92万元、面差款2504元；（2）支付延迟交房违约金23200元；（3）返还代收契税55533.95元。

【案件焦点】

《预售合同》中对买受人的同一违约行为约定了多重违约金，其中关于房屋使用费的约定是否属于格式条款及其效力认定。

【法院裁判要旨】

北京市顺义区人民法院经审理认为：《预售合同》系双方的真实意思表示，不违反法律规定，应为合法有效。因陈某、于某未按期向银行偿还到期贷款本息，致使案涉合同解除，其应向置业公司返还房屋并支付房屋占有使用费，且应按合同约定支付未能按期向贷款银行偿还贷款本息导致的违约金、解除合同违约金以及延迟腾退赔偿金，以上均属违约金范畴，法院考虑置业公司的实际损失综合对违约金数额予以调整。

北京市顺义区人民法院依照《中华人民共和国民法典》第五百六十二条、第五百七十七条、第五百八十五条之规定，判决如下：

一、确认置业公司与陈某、于某于 2014 年 4 月 18 日签订的《预售合同》于 2021 年 1 月 27 日解除；

二、陈某、于某于判决生效之日起十日内协助置业公司办理某房屋的网上签约注销手续；

三、陈某、于某判决生效之日起十五日内向置业公司腾退某房屋并恢复原状；

四、陈某、于某于判决生效之日起七日内向置业公司给付自 2018 年 2 月 12 日起至实际腾退之日止的占有使用费（按每月 18487.47 元标准计算）；

五、陈某、于某于判决生效之日起七日内向置业公司给付解除合同违约金、未能按期向贷款银行偿还贷款本息导致的违约金、延迟腾退赔偿金共计 30 万元；

六、置业公司于判决生效之日起七日内向陈某、于某给付购房款 905810.74 元（已扣除置业公司垫付的 913588.99 元及利息 31851.27 元）；

七、置业公司于判决生效之日起七日内向陈某、于某给付契税 55533.95 元；

八、驳回置业公司的其他诉讼请求；

九、驳回陈某、于某的其他反诉请求。

陈某、于某不服一审判决，提起上诉。

北京市第三中级人民法院经审理认为：关于房屋使用费的条款系置业公司为了重复使用而预先拟定，未与买受人协商，且其在合同订立时未就该条款向买受人履行提示或说明义务。该条款约定的费用支付标准，远高于案涉房屋市场租赁价格，不合理地加重了买受人的责任。置业公司在买受人收房前已收到全部购房款，在《预售合同》解除前买受人基于该合同有权占有使用案涉房屋，故约定自房屋交付之日起计算房屋使用费有失妥当。买受人主张上述合同条款属于格式条款且不应据此认定占有使用费，法院予以支持。一审判决陈某、于某向置业公司给付合同解除违约金、未按期向银行偿还贷款本息导致的违约金、延迟腾退赔偿金共 30 万元并无不当，二审法院不再调整。北京市第三中级人民法院依照《中华人民共和国民法典》第四百九十六条、第四百九十七条，

《中华人民共和国民事诉讼法》第一百七十条第一款第二项之规定，判决如下：

一、维持北京市顺义区人民法院（2021）京0113民初1517号民事判决第一项、第二项、第三项、第五项、第六项、第七项；

二、撤销北京市顺义区人民法院（2021）京0113民初1517号民事判决第四项、第八项、第九项；

三、驳回置业公司的其他诉讼请求；

四、驳回陈某、于某的其他反诉请求。

【法官后语】

部分房地产开发企业在商品房预售中，通过与买受人另行签订补充协议，设置免除或减轻自身责任、加重买受人责任的格式条款，追求自身利益的最大化，尤为常见的系对买受人的同一违约行为约定多重违约金。双方发生争议后，买受人通常主张该条款对其不发生效力或无效，对此有必要予以探讨。

一、格式条款的合同订入

为抑制格式条款可能产生的不公平后果，《中华人民共和国民法典》要求格式条款提供方应遵循公平原则确定双方的权利义务，并对与对方有重大利害关系的条款履行主动提示和被动说明的义务。《中华人民共和国民法典》虽未对“有重大利害关系”作出更详细的规定，但将“免除或者减轻其责任”作为情形之一进行列举，因此“有重大利害关系”的其他情形应当与“免除或者减轻其责任”的程度相当。《中华人民共和国民法典》第四百九十七条第二项将“免除或者减轻其责任、加重对方责任、限制对方主要权利”并列，根据体系化解释，“加重对方责任、限制对方主要权利”应属于与非格式条款提供方“有重大利害关系”的情形。

对买受人的同一违约行为约定多重违约金的格式条款，属于加重非格式条款提供方的责任，其系与买受人存在重大利害关系的条款，格式条款提供方应当采取合理方式提示买受人注意，按照买受人的要求对该条款予以说明。若其未履行该项义务导致买受人未注意或理解该约定条款的，当事人对合同未达成合意，产生买受人可主张该条款不成为合同内容的法律后果，无需对此未订入合同的条款进行效力判断。

二、格式条款的内容控制

格式条款的内容控制，是指依据一定的标准，对已经订入合同的格式条款进行审查，以确定其法律效力。[①] 对已经订入合同的格式条款的效力进行判断，除审查其是否存在民事法律行为无效的一般情形外，更为重要的是适用《中华人民共和国民法典》第四百九十七条第二项、第三项规定的格式条款的内容控制规则。对买受人的同一违约行为约定多重违约金的格式条款虽属于“加重对方责任”，但其并非当然无效。《中华人民共和国民法典》在原《中华人民共和国合同法》的基础上对“免除或者减轻其责任、加重对方责任、限制对方主要权利”增加了“不合理”的定语限制。因此，决定其效力的关键在于合理性审查，即该条款免除或者减轻其责任、加重对方责任、限制对方主要权利是否不合理。[②] 对此“合理性”，应结合格式条款的约定和合同性质，衡量双方当事人给付与对待给付之间的等值性，判断该条款的约定是否导致双方当事人权利义务关系过于失衡、是否违背了格式条款提供方公平确定双方权利义务关系的原则。

本案中，出卖人设置的格式条款约定因买受人原因致使合同解除的，买受人在承担多重违约金外，需另行支付自房屋交付之日起的使用费，而对出卖人占有购房款期间的利息未约定返还，双方给付与对待给付之间不具有等值性。买受人在合同解除前基于该合同有权占有使用房屋，而该条款约定自房屋交付之日起计算房屋使用费，有失妥当，且约定的房屋使用费的标准远高于案涉房屋的市场租赁价格。综上，关于房屋使用费的格式条款导致双方权利义务关系过于失衡、违背了格式条款提供方公平确定双方权利义务关系的原则，系属格式条款提供方不合理地加重对方责任，该条款无效。

编写人：北京市第三中级人民法院　巴晶焱

北京市朝阳区人民法院　石艳明

---

① 内容控制是《德国民法典》关于“一般交易条件”（格式条款）效力规制的称谓。参见苏号朋：《格式合同条款研究》，中国人民大学出版社2004年版，第249页。

② 参见林徽、黄兴：《商品房买卖合同补充协议的效力》，载《人民司法》2020年第32期。

7

非消费者购房人不享有对抗抵押权的物权期待权

——陈某怡诉发展公司、房地产开发公司商品房预售合同案

【案件基本信息】

1. 裁判书字号

广东省广州市中级人民法院（2021）粤01民终26620号民事判决书

2. 案由：商品房预售合同纠纷

3. 当事人

原告（被上诉人）：陈某怡

被告（上诉人）：发展公司

被告（被上诉人）：房地产开发公司

第三人（上诉人）：某银行五羊支行

【基本案情】

2018年11月1日，房地产开发公司（卖方、甲方）与陈某怡（买方、乙方）签订《协议书》，约定乙方向甲方购买位于花都区某小区D区某房。该商品房的总价款为人民币6122280元。鉴于广州实行限购令政策，乙方由于自身的原因暂时不能签订房管局规定的网签合同版本及办理备案手续，不能办理房地产权证。

上述合同签订后，陈某怡于2018年11月13日至2020年9月9日分9期向房地产开发公司支付购房款6122280元，于2020年9月9日向房地产开发公司支付维修资金39285元。房地产开发公司于2020年10月18日将涉案房屋（毛坯状态）交付给陈某怡实际使用。

广州市荔湾区不动产登记中心于 2021 年 2 月 26 日出具《购房资格证明》，载明截至 2021 年 2 月 26 日，陈某怡具备本市住房限购区域内购买 1 套住房的资格。诉讼中，陈某怡确认其在 2018 年 11 月 1 日与房地产开发公司签订涉案的《协议书》时属于在读大学生，尚不具备广州市住房限购区域内住房购房资格。涉案房屋多笔购房款系通过父母陈某华、母亲洪某芳名下银行账户支付，陈某怡的父亲陈某华名下在广州市有一处住宅房产。

另查明，涉案房屋即位于广州市花都区已办理初始登记，登记的权利人为房地产开发公司，登记时间为 2018 年 7 月 23 日。

2017 年 7 月 17 日，某银行五羊支行向房地产开发公司提供贷款 3 亿元，贷款期限自 2017 年 7 月 25 日起至 2020 年 7 月 25 日止。同日，房地产开发公司与某银行五羊支行签订《抵押合同》，抵押物为房产在建工程，所附抵押物清单中载明的抵押房产包含涉案房屋。2019 年 4 月 28 日，涉案房屋办理了抵押登记，抵押权人为某银行五羊支行（登记的抵押设立时间为 2017 年 7 月 25 日）。2020 年 7 月 17 日，房地产开发公司与某银行五羊支行签订《展期合同》，约定《固定资产贷款合同》的债务到期日 2020 年 7 月 25 日展期后到期日为 2021 年 5 月 21 日。

2018 年 6 月 21 日，房地产开发公司（甲方、借款人）与发展公司（贷款人、乙方）签订了《借款合同》，约定乙方向甲方提供借款本金 3.35 亿元。同日，发展公司（抵押权人、甲方）与房地产开发公司（抵押人、乙方）并签订了《抵押合同》，抵押物详见《抵押物清单》，《抵押物清单》中载明了包含涉案房屋在内的 279 套房产。2019 年 9 月 20 日，涉案房屋办理了抵押登记，抵押权人为发展公司（登记的抵押设立时间为 2018 年 6 月 26 日）。

【案件焦点】

陈某怡是否属于消费者购房人，享有对抗抵押权的物权期待权。

【法院裁判要旨】

广东省广州市白云区人民法院经审理认为：参照《最高人民法院关于建设

工程价款优先受偿权问题的批复》（法释〔2002〕16号）中关于“人民法院在审理房地产纠纷案件和办理执行案件中，应当依照《中华人民共和国合同法》第二百八十六条的规定，认定建筑工程的承包人的优先受偿权优于抵押权和其他债权”以及“消费者交付购买商品房的全部或大部分款项后，承包人就该商品房享有的工程价款优先受偿权不得对抗买受人”的规定，认定本案被告发展公司、第三人某银行五羊支行作为抵押权人对案涉房屋的优先受偿权不能对抗原告对案涉房屋的物权期待权，原告现主张登记产权人即被告房地产开发公司和抵押权人即被告发展公司、第三人某银行五羊支行办理案涉房屋的抵押登记涂销手续合理有据，本院对此予以支持。

虽然原告与被告房地产开发公司签订购房协议时尚未取得购房资格，但其为此受到的影响在于办理产权过户手续的限制。因原告现已取得购房资格证明，购房合同履行的限制因素业已消除。因此，在案涉房屋涂销抵押后，被告房地产开发公司应当协助原告办理案涉房屋的产权登记手续，本院对原告该项诉讼请求亦予以认定支持。

广东省广州市白云区人民法院判决如下：

一、在本判决生效之日起三十日内，房地产开发公司与发展公司、某银行五羊支行为陈某怡办理广州市花都区案涉房屋的涂销抵押手续；

二、房地产开发公司在本判决第一项确定的涂销抵押义务完成后三十日内协助陈某怡办理广州市花都区案涉房屋的产权登记手续。

发展公司、某银行五羊支行不服一审判决，提起上诉。

广东省广州市中级人民法院经审理认为：首先，陈某怡与房地产开发公司签订涉案房屋《协议书》《认购书》时尚未成年，现仍系在读大学生，无证据显示陈某怡本人有足够的经济能力支付涉案房屋的购房款，从购房款的实际支付情况反映，多笔购房款系由其父母支付，故可以合理推定涉案房屋系由陈某怡家庭购房。其次，根据广州市的规定，本市户籍居民家庭继续执行限购2套住房（含新建商品住房和二手住房）的政策。同时，《协议书》约定“鉴于广州实行限购政策，乙方因自身原因暂时不能签订广州市房管局规定的网签合同版本及办理备案手续”，可以认定在购买涉案房屋时陈某怡家庭成员名下已有其他住房，现陈某怡父亲名下仍有一套建筑面积为71.7893平方米的住宅房产，可以满足一般家庭的居住需要，故陈某怡家庭并非为满足基本居住需要而购置涉案房屋。最后，涉案房屋建筑面积为508.39平方米，房价款为6122280元，已超出满足基本居住需要的范畴。综上，结合案涉房屋产权类型、购房的初衷目的、出资的情况以及陈某怡家庭的居住现状，一审法院认定陈某怡属于消费者购房人不妥，本院予以纠正。案涉房屋已经被房地产开发公司抵押给发展公司、某银行五羊支行，在抵押合同未被认定为无效的情况下，发展公司、某银行五羊支行对案涉房屋的抵押权应予承认并保护。陈某怡并非消费者购房人，其对涉案房屋并不享有足以对抗抵押权的物权期待权，故陈某怡诉请要求发展公司、某银行五羊支行办理涉案房屋的抵押登记涂销手续，并要求房地产开发公司在涂销抵押后办理产权登记手续，缺乏法律依据，本院不予支持。陈某怡可按照其与房地产开发公司的合同关系另行主张权利。

发展公司、某银行五羊支行不服提起上诉。

广东省广州市中级人民法院经审理认为：同意一审法院裁判意见，判决如下：

一、撤销广州市白云区人民法院（2021）粤0111民初23707号民事判决；

二、驳回陈某怡的全部诉讼请求。

【法官后语】

房地产开发涉及建筑承包方、购房者、银行等众多利益主体，当房地产企业破产时，如何平衡众多关联方的利益，一直是司法审判的重点。

《最高人民法院关于人民法院办理执行异议和复议案件若干问题的规定》第二十九条规定：“金钱债权执行中，买受人对登记在被执行的房地产开发企业名下的商品房提出异议，符合下列情形且其权利能够排除执行的，人民法院应予支持：（一）在人民法院查封之前已签订合法有效的书面买卖合同；（二）所购商品房系用于居住且买受人名下无其他用于居住的房屋；（三）已支付的价款超过合同约定总价款的百分之五十。”从房屋买受人享有的权利性质看，原本属于债权，基于生存利益至上的考虑，予以优先保护，将其定性上升为物权期待权，可以对抗抵押权，突破债权的平等性原则。正因为属于例外情形，必须严格把握适用条件，避免扩大范围，动摇抵押权具有优先性的基本原则。

本案源于购房者和抵押权人即资金提供方之间就涉案房屋物权争夺产生的纠纷，引发对消费者购房人认定问题。

《中华人民共和国消费者权益保护法》规定“消费者”是指“为生活消费需要购买、使用商品或者接受服务”的主体。顾名思义，购房消费者是指为生活消费或者生存需要购买商品房的消费者。具体到房地产市场，需要满足三个条件：（一）消费者购房人一般为自然人。如果以公司名义购买，则需要进一步审查是否为公司内部个人居住需要。（二）购买用于居住。居住是保证生存权的体现，也是优先保障消费者购买人权利的目的，如果为了投资，显然不属于消费者购买人。（三）买受人名下无其他用于居住的房屋。《全国法院民商事审判工作会议纪要》对此作了进一步的解释，即在案涉房屋同一设区的市或者县级市范围内商品房消费者名下没有用于居住的房屋。商品房消费者名下虽然已有一套房屋，但购买的房屋在面积上仍然属于满足基本居住需要的。

实务中，对“买受人名下无其他用于居住的房屋”如何理解容易产生分歧。

一、“买受人”的范围认定

对此有两种观点，一种观点认为买受人应仅限于房屋名义上的购买人；另一种观点认为应将买受人、实行夫妻共同财产制的配偶一方及未成年子女一并考虑。本案一审法院认为名义购买人陈某怡的条件符合《最高人民法院关于人民法院办理执行异议和复议案件若干问题的规定》第二十九条规定，取得物权期待权，优于抵押权，可以排除执行，但二审法院结合名义购买人陈某怡大学生的身份、购房资金源于父母以及父母持有房屋的情况，从严适用，认定陈某怡及其父母整体为“买受人”，在其父亲已有一套房屋的情况下，不再具有对抗抵押权的物权期待权。笔者认为将“买受人”范围扩大解释到成年子女所在家庭成员值得商榷，子女在刚成年后虽在物质上仍短暂依赖原家庭，但在生活上已独立，具有完全行为能力，且在高房价背景下购房往往需要几代人的支持，不能因此就将成年子女购房行为捆绑在父母名下，对成年子女发展来说有违公平。

二、“无其他用于居住的房屋”解释为“同一设区的市或者县级市范围内商品房消费者名下没有用于居住的房屋”是否过于机械

如果购房人在经常居住地已有一套以上住房，其在该地之外的设区的市或者县级市购买的房屋不能排除用于投资、经营的可能性，因此，不宜一律将其认定为满足基本居住需要的房屋，应具体审查购房人名下房屋的整体状况。

三、房屋买受人是否包括“二手房”购买人

消费者购房人概念最初源于《最高人民法院关于建设工程价款优先受偿权问题的批复》，消费者交付购买商品房享有的工程价款优先受偿权不得对抗买受人。消费者购房人的概念相对应的是房地产企业，基于法律适用的历史解释，二手房并无适用的余地，二手房购房人的权利不应当优先于抵押权人，除非抵押权人同意出卖人转让涉案房屋。

综上，房屋市场开发买卖涉及的标的大，涉及各方切身利益，司法适用中必须明确审判思路，统一裁判尺度，稳定房地产市场参与者预期，避免产生不必要的法律风险和纠纷。

编写人：广东省广州市白云区人民法院　朱东军　朱清雨

三、商品房销售合同纠纷

（一）合同的效力

8

无权处分合同的效力认定

——陈某诉邹甲等房屋买卖合同案

【案件基本信息】

1. 裁判书字号

广西壮族自治区桂林市中级人民法院（2021）桂03民终3604号民事判决书

2. 案由：房屋买卖合同纠纷

3. 当事人

原告（上诉人）：陈某

被告（上诉人）：邹甲、邹某清

被告（被上诉人）：邹某伊

第三人：房地产经纪公司

【基本案情】

2020年5月26日，邹甲作为甲方（卖方）、陈某作为乙方（买方）、房地产经纪公司作为丙方（居间方）签订《二手房买卖合同》，约定邹甲将某学区房出售给陈某，合同载明不动产共有权人为邹甲、邹某清、邹乙，邹某清、邹乙全权委托邹甲代为签订合同。合同约定双方于2021年6月1日前到相关房产交易所交件，交易违约金为10万元。合同签订后陈某向邹甲支付定金即首期房款并向房地产经纪公司支付购房中介费。邹甲按合同约定时间将案涉房屋清空并将钥匙交付陈某，但直到2021年6月1日邹甲也未能为陈某办理房屋过户手续。

2021年5月17日，邹某清与陈某电话联络沟通纠纷解决事宜，2021年5月31日，邹甲通知陈某：合同签订后房屋涉及诉讼并产生新的共有人，且该共有人不同意出售该房屋，导致合同无法履行，故双方合同终止，双方互不承担违约责任。随后邹甲向陈某退回其已支付的款项。2021年7月5日，陈某向邹甲发送解除合同通知书，表示合同解除是由于甲方违约行为导致，故甲方承担违约责任。同时，陈某将案涉房屋钥匙交还房地产经纪公司。

案涉房屋原属邹甲、邹某清、邹乙三人共有。邹乙去世后，2020年6月24日，邹某伊通过公证继承案涉房屋邹乙的遗产份额，至此案涉房屋的共有权人变更为邹甲、邹某清、邹某伊。因案外人刘某荣、张某恒于2020年7月21日起诉邹某清，请求分割被继承人刘某（已故，生前系邹某清丈夫）的遗产，其中涉及本案案涉房屋中属于邹某清的份额是否有刘某的份额及相应遗产分割问题，法院经审理后判决刘某荣、张某恒继承案涉房屋九分之一的份额。在本案的审理过程中，经询问，邹某清、邹某伊均表示不同意出售案涉房屋，案外人刘某荣、张某恒表示对邹甲出售案涉房屋不知情也不同意。陈某认为邹甲、邹某清、邹某伊的违约行为导致合同解除，其购买学区房目的落空，要求其支付违约金10万元及损失的中介费。邹甲、邹某清、邹某伊不同意陈某的全部诉讼请求。

【案件焦点】

1. 本案二手房买卖合同效力问题及邹甲、邹某清、邹某伊的责任问题；

2. 陈某主张的违约金及中介费问题。

【法院裁判要旨】

广西壮族自治区桂林市秀峰区人民法院经审理认为：涉案房屋的共有人邹某伊以及刘某荣、张某恒均明确表示不同意出售案涉房屋。邹甲作为出卖人处分权之欠缺不能导致合同无效，在合同不存在其他法定无效情形的情况下，无权处分的买卖合同应认定为有效，但因无权处分合同的履行涉及其他共有人的权利，且其他共有人不同意处分，故涉案房屋买卖合同因邹甲未取得处分权致使房屋所有权不能转移，陈某作为买受人可以解除合同并请求出卖人邹甲承担违约责任。

关于邹某清的责任问题。邹某清虽未在该房屋买卖合同上签字，但其之后与陈某商谈纠纷解决等行为表明其同意并积极按照案涉买卖合同履行相关合同义务。上述行为已经表明其对上述买卖合同进行了追认。现案涉房屋买卖合同因未取得全部处分权致使房屋所有权不能转移而无法完成，邹某清应当与邹甲共同对原告承担违约责任。

关于邹某伊的责任问题。陈某所提供的相关公证书仅能证明邹某伊继承其父亲邹乙在案涉房屋份额的事实，不能直接证实其同意出售其所享有的案涉房屋份额，邹某伊未在房屋买卖合同上签字，也表明其不同意出售案涉房屋。陈某亦未能提供证据证明其同意出售案涉房屋或者履行了案涉房屋买卖合同的义务或者接受相对人履行（如实际接收了购房款），故其主张邹某伊承担责任的诉讼请求因举证不能，不应予以支持。

双方在合同中约定的违约金为 10 万元。邹甲、邹某清提出违约金约定过高并请求法院予以降低。本案陈某的损失，包括实际损失及合同履行后可以获得的利益。本案陈某所支付的中介费 11500 元即属于因合同解除导致的实际损失，邹甲已退还原告中介费 1250 元，故陈某的中介费损失为 10250 元。关于可得利益损失，此系保护守约方的履行利益。陈某提出其系为孩子小学读书而购买案涉房屋作为学区房，现因为邹甲、邹某清违约而导致合同不得不解除，其因此丧失学区房资格，该损失确为陈某的可得利益损失，但该损失无法具体量化，酌情判令陈某的可得利息损失为 2 万元，因双方违约金约定过高，经调整邹甲、邹某清赔偿陈某违约金共计 30250 元。

综上，广西壮族自治区桂林市秀峰区人民法院依照《中华人民共和国民法典》第五百零三条、第五百八十四条、第五百八十五条、第五百九十七条之规定，判决如下：

一、邹甲、邹某清赔偿陈某违约金 30250 元；

二、驳回陈某的其他诉讼请求。

陈某、邹甲、邹某清不服一审判决，提出上诉。

广西壮族自治区桂林市中级人民法院经审理同意一审法院裁判意见，依照《中华人民共和国民事诉讼法》第一百六十九条、第一百七十条第一款第一项之规定，判决如下：

驳回上诉，维持原判。

【法官后语】

一、关于无权处分合同的效力问题

原《中华人民共和国合同法》第五十一条规定："无处分权的人处分他人财产，经权利人追认或者无处分权的人订立合同后取得处分权的，该合同有效。"该规定仅明确了无权处分合同在权利人进行追认或无权处分人订立合同后取得处分权的情况下，该合同的效力问题，但实践中发生争议的大多为权利人未进行追认或无权处分人在合同签订后未取得处分权，此种情况下无权处分合同效力问题主要存在"合同无效说""效力未定说""完全有效说"三种观点。不同观点对于买卖合同当事人及标的物所有权人之间的权利义务关系具有较大影响，从审判实践中的情况看，无权处分不影响合同效力已经成为司法实践中的主流认识。

但关于该问题，《中华人民共和国民法典》第五百九十七条第一款规定为："因出卖人未取得处分权致使标的物所有权不能转移的，买受人可以解除合同并请求出卖人承担违约责任。"因合同解除以及承担违约责任是立足于合同生效基础之上的，所以该规定将无权处分合同的效力由效力待定修改为有效。此修改保护了与无权处分人签订合同的相对人的合法权益，若合同无效，守约方无法依据合同约定向无权处分人主张违约责任，修改后的法律规定明确了处分权欠缺不必然导致合同无效，在无权处分导致标的物所有权不能转移的情况下，守约方可以解除合同并要求违约方承担违约责任，从而比较周到地保护了善意买受人的权益。

《最高人民法院关于适用〈中华人民共和国民法典〉时间效力的若干规定》第八条规定："民法典施行前成立的合同，适用当时的法律、司法解释的规定合同无效而适用民法典的规定合同有效的，适用民法典的相关规定。"就本案而言，本案合同的成立时间为2020年5月26日，而《中华人民共和国民法典》已不再将无权处分作为合同无效的法定事由，故本案应适用《中华人民共和国民法典》的相关规定。

邹甲虽未取得涉案房屋处分权，该房屋其他共有权人亦未对该合同进行追认，涉案房屋买卖合同仍为有效合同，但因无权处分行为导致合同无法过户，陈某作为守约方有权解除合同并要求邹甲承担违约责任。邹某清虽在本案诉讼过程中表示不同意出售房屋，但其此前积极与陈某协商解决纠纷等行为可表示其对该合同进行了追认，故邹某清应与邹甲共同承担违约责任。

二、关于违约金的问题

本案中，邹甲、邹某清、邹某伊主张约定的违约金过高请求予以适当减少，根据合同的履行状态、当事人的过错程度及违约造成的损失等因素，法院对违约金数额进行了适当的调整。陈某在订立合同时明知案涉房屋存在其他共有权人，但并未对邹甲的处分权进行核实，直接与邹甲签订合同，存在一定的过错，可以减少相应的损失赔偿额。关于学区房的问题，双方合同中并未对此进行明确约定，况且即使办理了过户并非就当然取得了小孩就读相应小学的资格，还存在其他资格审查的因素，因此，把该问题作为预期利益损失考虑没有事实和法律依据。

编写人：广西壮族自治区桂林市秀峰区人民法院　黄强　谢晓艺

9

房屋出卖人与先买受人签订购房合同但未办理房屋过户登记的情况下，将房屋另行出卖并过户给后买受人，恶意串通损害他人合法利益的，该房屋买卖合同无效

——胡某某诉曾某等房屋买卖合同案

【案件基本信息】

1. 裁判书字号

湖北省武汉市青山区人民法院（2021）鄂0107民初3727号民事判决书

2. 案由：房屋买卖合同纠纷

3. 当事人

原告：胡某某

被告：曾某、肖某某、李某

【基本案情】

肖某某、曾某系母女关系。2016年7月2日，买受人胡某某与该母女签订《房屋买卖协议》，购买位于武汉市某小区的还建房一套，房屋总价款为42万元。买受人胡某某陆续通过现金交付、银行转账的方式向曾某支付了部分购房款，金额累计41万元。因该房屋系还建房尚不能更名且无两证，同年10月15日，出卖人曾某向胡某某出具收条，载明“今收到胡某某购房款4万元整，总共房款42万元整，已付41万元，余款1万元办理房产证时一次性付清”。母女二人在收款后将案涉房屋交付胡某某，胡某某出资对该房屋进行装修并迁入居住、使用。

2020年年底，案涉房屋所在的小区还建房已具备办理房屋权证条件，胡某某遂向曾某催办产权登记及过户事宜。2021年3月4日，肖某某经申报取得房屋不动产登记证，但此后二人拒绝配合原告胡某某办理房屋过户手续。胡某某为主张合同权利，故于2021年3月31日将肖某某、曾某诉至法院请求判令其二人继续履行合同并承担违约责任。在案件受理过程中，法院依法向肖某某、曾某送达该案诉状，二人于2021年4月15日应诉，旋即于当月19日与李某签订房屋买卖合同，并将案涉房屋所有权变更登记至李某名下。胡某某在查证房屋现已登记在李某名下后，为维护并实现其购房债权，遂诉至法院。

诉讼中，经法院当庭质询，李某陈述其因购房需求迫切，在与曾某并不熟识的情况下主动联系购房，且在未实地登门核实房屋情况下即与之签约，房屋过户后再分期支付购房款。法院多次传唤肖某某和曾某到庭接受质询，其均以“年老患病，行动不便，已委托律师代理诉讼”为由拒不到庭。

【案件焦点】

本案中先后订立的两份房屋买卖合同是否有效。

【法院裁判要旨】

湖北省武汉市青山区人民法院经审理认为：根据《中华人民共和国民法典》第二百一十五条、第五百零二条的规定，依法成立的合同，自成立时生效。当事人之间订立有关设立、变更、转让和消灭不动产物权的合同，除法律另有规定或者当事人另有约定外，自合同成立时生效；未办理物权登记的，不影响合同效力。本案中，胡某某早在2016年7月即已与肖某某、曾某就案涉房屋达成交易合意，签署购房协议并按约定支付了购房款，购房后对案涉房屋进行了装修并实际居住使用至今，虽尚未办理该房屋所有权变更登记，但该交易事实真实、有效，不违反法律规定。双方签订的购房协议中也明确约定，待案涉房屋符合办理房产证手续时，曾某需配合胡某某办理相应过户手续。在胡某某了解到案涉房屋具备办证条件时，曾向曾某催办产权登记及过户事宜，但遭到肖某某和曾某的拒绝。非因胡某某的原因导致房屋产权未能及时过户至胡某某名下。故胡某某与肖某某、曾某针对案涉房屋所达成的买卖合同关系合法、有效，原告基于购房事实所享有的合同权益受法律保护。

反观，肖某某与李某签订房屋买卖合同时的主观心态和客观状况。肖某某和曾某母女在案件审理过程中，在极短的时间内自行将房屋过户至李某名下，意图规避对原告所负合同义务的履行。后买受人李某在未实地了解房屋现状情况下即签订购房合同、未实际支付房款对价即办理过户登记，从这些有悖于房屋交易常情常理的情形可以推定其目的及动机并非善意。根据《中华人民共和国民法典》第一百四十六条规定，行为人与相对人以虚假的意思表示实施的民事法律行为无效。第一百五十四条规定，行为人与相对人恶意串通，损害他人合法权益的民事法律行为无效。无效的民事法律行为自始没有法律约束力。肖某某与李某签订的房屋买卖合同自始无效，该案涉房屋办理的所有权变更登记不能作为李某主张该房屋合法有效的依据。

湖北省武汉市青山区人民法院依照《中华人民共和国民法典》第一百四十六条、第一百五十四条、第一百七十二条、第二百一十五条、第五百零二条，《最高人民法院关于适用〈中华人民共和国民法典〉时间效力的若干规定》第一条以及《中华人民共和国民事诉讼法》第一百四十二条的规定，判决如下：

一、被告肖某某与被告李某就位于武汉市某小区房屋所签署的《协议书》《存量房买卖合同》及针对该房屋的所有权转让行为无效；

二、被告肖某某、曾某、李某于本判决生效后十日内配合原告胡某某办理武汉市某小区房屋过户手续，将该房屋所有权变更登记至原告胡某某名下。

判决后，双方当事人均未上诉，本判决现已生效。

【法官后语】

近年来，随着房价不断攀升，房地产交易市场违约现象层出不穷，部分房屋出卖人在与买受人签约后旋即后悔，而将房屋以高价卖给第三人并立即过户，导致先买受人的合同不能继续履行，损害其合法权益。本案中，案涉房屋究竟归属于哪一方，李某与卖方是否属于恶意串通，即成为本案的争议焦点。

恶意串通行为，又称恶意通谋行为，是指在买卖活动中，双方以损害他人利益为目的，弄虚作假的违法行为。恶意串通包含两个方面：一是恶意串通需要有双方损害第三人利益的恶意；二是恶意串通的双方事先要有通谋。但恶意串通是当事人的主观心理状态，审判实践中难以通过直接证据予以证实，或存在取证难度较大的困难。当事人为掩盖自己损害他人利益的目的，而故意捏造事实、掩盖真相，审判者则需要依据当事人的外在表现、行为习惯，结合生活、审判经验，根据盖然性原则综合予以判定。一般来说，卖房者将自有房屋“一房二卖”的行为本身就存在恶意，关键在于后买受人是否存在恶意，从以下三个方面结合本案加以分析：

一、考察后买受人与出卖方是否有特殊关系

一般来说，恶意串通行为大多数存在于亲戚、朋友、熟人之间，除亲戚关系较好认定外，朋友和熟人关系认定起来较为困难。当事人为了达到自己的目的，也会刻意隐瞒双方之间的关系，这也令裁判者更加难以判断。但本案是一个特例，李某自述与肖某某、曾某母女并不熟识，只因自己购房需求迫切而找到其二人签约购房。再结合三人的种种行为，不熟识的人之间可以做到未付全款即过户、未实地看房即签约，实属反常，更加确信三人系恶意串通，以实际行动拒绝履约。

二、合同订立时的具体情况

后买受人对拟购房屋是否尽到必要的注意义务。按照常理，购房对于大多数人来说都是生活中的一项重大事项，在二手房买卖交易中，购房者在与出卖人签订合同之前，通常会实地走访或上门查看房屋的位置、结构、权属、房屋内装修情况，尤其是对房屋内是否有承租人的情况进行详细了解，确保所购房屋无瑕疵、无纠纷。反观本案中，李某未实地上门看房即与肖某某、曾某母女二人签约，在肖某某告知其案涉房屋内有租房的情况下仍旧未实际上门查看，自述其向社区了解案涉房屋为空置现状后也未向肖某某核实清楚，前后矛盾。李某的购房行为也与房屋交易习惯有悖，可以推知其并非善意购房人。

三、合同的履行情况，后买受人是否支付了合理对价

是否办理产权变更登记，是否要求出卖人办理房屋交付手续等。购房者一

般应考察合同约定的房屋价格是否符合同时期同区位房价的平均水平，若购房价格明显低于市场价格，则可以直接推定双方存在恶意，若未明显低于市场价格，还需进一步审查后买受人是否履行了支付房款的义务，应结合银行转账或取款证明等其他证据和交易习惯综合判定，若有必要，还需要买受人提供购房相应时间段的银行账户明细以查明其资金往来情况。从本案中来看，李某在资金尚未筹措到位的情况下便向肖某某提出迫切的购房需求，在仅支付首付款的情况下，肖某某即将案涉房屋过户至李某名下，同时约定李某可分期付款直至案涉房屋款项偿清为止，上述情况均与常理相悖。同时，李某在庭审中对于首付款的来源也含混不清，自述其向他人筹借购房款但无法提供借据或转款记录；其提供向肖某某的转款记录以证明购房的合法性，但对法官要求其提供与肖某某在买卖房屋期间的资金往来却断然拒绝，其行为不免令人生疑。也让审判者更加确信其主观心理状态为恶意。

本案中，肖某某、曾某母女二人将房屋出卖给胡某某后，在房地产市场价格暴涨后，意图通过恶意串通第三人转移房屋所有权的方式，拒绝履行与胡某某的合同义务，损害胡某某的合法权益。这种行为严重损害了公众之间的信赖感，还损害了公平交易者的合法权益，扰乱了正常的市场交易秩序，产生了不良的社会示范效果。总而言之，市场交易主体，都应当遵循诚信原则，守信履约，相互信任，形成良好的互信互利信用链条，让诚信成为交易市场的“硬通货”！

编写人：湖北省武汉市青山区人民法院　刘洋　陈蓓丽

10

约定最低服务期限的购房合同合法有效

——工业公司诉汤某志房屋买卖合同案

【案件基本信息】

1. 裁判书字号

北京市第一中级人民法院（2021）京 01 民终 3104 号民事判决书

2. 案由：房屋买卖合同纠纷

3. 当事人

原告（被上诉人）：工业公司

被告（上诉人）：汤某志

【基本案情】

汤某志于 2012 年 2 月 1 日入职工业公司。

2016 年 5 月 10 日，汤某志与工业公司签署《工业公司总部房屋买卖合同书》（以下简称《房屋买卖合同》），约定工业公司将位于朝阳区的房屋（以下简称涉案房屋）出售给汤某志。买卖合同第十一条约定，汤某志承诺必须在工业公司服务十年以上，未满十年离开时应交还所购住房并返还购房款。汤某志于 2012 年 2 月入职工业公司。2019 年 2 月 27 日，汤某志递交书面《辞职申请》，表示因个人原因，申请辞职。汤某志服务未满 10 年应当退还涉案房屋或者按照市场同地段同品质商品房价格计价交购房款。然而，虽经多次催告，汤某志至今仍未腾退交回涉案房屋亦不同意支付差价款。故工业公司起诉要求判令汤某志将涉案房屋腾空并交付工业公司，支付房屋占有使用费。

【案件焦点】

1. 双方之间的腾房纠纷是否属于人民法院主管范围；2. 汤某志是否应予腾退涉案房屋。

【法院裁判要旨】

北京市朝阳区人民法院经审理认为：本案首先应当确定是否属于人民法院主管范围。汤某志主张本案属于《最高人民法院关于房地产案件受理问题的通知》第三条规定的“……因单位内部建房、分房等而引起的占房、腾房等房地产纠纷，均不属于人民法院主管工作的范围，当事人为此而提起的诉讼，人民法院应依法不予受理或驳回起诉，可告知其找有关部门申请解决”。对此一审法院认为，本案发生在住房制度改革之后，工业公司根据相关的政策将房屋出售给汤某志，双方已就涉案房屋签订买卖合同，汤某志已支付对价，双方已不具备主体地位上的不平等性，故本案属于平等主体之间的民事法律关系，应属人民法院主管范围。

依法成立的合同对当事人具有约束力，当事人应当按照约定全面履行自己的义务。双方就涉案房屋签订的买卖合同是双方的真实意思表示，内容不违反法律、行政法规的强制性规定，合法有效，双方均应按照合同约定履行各自义务。

当事人对合同条款的理解有分歧的，应当按照合同所使用的词句、合同的有关条款、合同的目的、交易习惯以及诚实信用原则，确定该条款的真实意思。本案中，双方争议的焦点在于对《房屋买卖合同》第十一条的理解与适用，该条约定：“乙方承诺必须在甲方服务十年以上，未满十年离开集团公司时应交还所购住房并返还购房款，不退还所购住房的按市场同地段同品质商品房价格计价交购房款（组织行为除外）。或者因乙方原因而致甲方与乙方的劳动关系终止的，乙方应自与甲方的劳动关系终止之日起 3 日内向甲方支付购买价与届时市场价之价差，而无论届时乙方是否已将该房转售第三人。乙方因违反《劳动合同》、法律、法规或甲方规章制度，而被甲方解除劳动关系的，按照本条第一款约定履行。如因甲方原因导致乙方在甲方的服务期不满十年，或者乙方在此期间按照国家规定办理退休，则不需要甲方支付上述款项。”但双方在买卖合同中并未就组织行为予以明确界定，故应综合汤某志的关系、“组织行为”的文义、约定该条款的目的、交易习惯及诚实信用原则等方面，运用文义解释、目的解释等解释方法予以确定。汤某志在服务期满之前申请辞职系出于汤某志个人原因，汤某志以其离职应适用组织行为例外约定的抗辩意见没有事实和法律依据，一审法院不予采纳。汤某志未在工业公司服务满十年，按照买卖合同的约定应当退还涉案房屋。但汤某志至今仍未腾退涉案房屋，汤某志应当向工业公司支付自本判决生效之日起至实际腾退涉案房屋之日止的房屋占有使用费。就房屋占有使用费的标准，一审法院参照工业公司提交的涉案房屋市场租金情况确定为每月 5000 元。

北京市朝阳区人民法院依照《中华人民共和国合同法》第六十条、第一百二十五条,《中华人民共和国民事诉讼法》第六十四条的规定，判决如下：

一、被告汤某志于本判决生效之日起七日内将位于北京市朝阳区的房屋腾退并交还原告工业公司；

二、被告汤某志于本判决生效之日起七日内向原告工业公司支付房屋占有使用费（自本判决生效之日起按照每月 5000 元的标准计算至实际腾退并交还上述房屋之日止）；

三、驳回原告工业公司的其他诉讼请求。

汤某志不服一审判决，提出上诉。

北京市第一中级人民法院同意一审法院裁判意见。北京市第一中级人民法院依照《中华人民共和国民事诉讼法》第一百七十条第一款第一项之规定，判决如下：

驳回上诉，维持原判。

【法官后语】

本案是职工在最低服务期限辞职触发腾房条款而引起的纠纷。实践中，一些城市的用人单位为了吸引并留住人才，会以福利购房、办理落户等激励手段与职工签订协议，类似协议中通常会有最低服务期限等限制性条款以保障用人单位的利益，通常情形下，双方作为平等主体基于真实意思表示签订的协议，在不违反法律、行政法规强制性规定的前提下均为有效，双方均应遵守并履行。

首先，本案要明确双方之间是否成立平等主体间的房屋买卖合同关系，这涉及人民法院民事案件主管的问题。汤某志虽然是以职工的身份从工业公司处购买房屋，但双方之间的《房屋买卖合同》是双方作为平等主体签订的，双方在房屋交易过程中并不存在地位不平等的管理或隶属关系，因此本案属于《中华人民共和国民事诉讼法》第三条规定的“人民法院受理公民之间、法人之间、其他组织之间以及他们相互之间因财产关系和人身关系提起的民事诉讼，适用本法的规定”，故应当由人民法院主管。

其次，本案汤某志抗辩的主要意见是其行为属于《房屋买卖合同》第十一条中的“组织行为”，因而不符合腾退房屋的条件。而这就涉及《房屋买卖合同》第十一条的理解与适用的问题，即合同的解释问题。合同解释的目的是通过阐明合同条款的含义，以探求当事人的真意，从而明确当事人的权利义务，正确认定案件事实。合同解释是以文义解释为基础，按照主客观相结合，以体系解释、目的解释为方法，参考交易习惯，符合诚实信用原则予以认定。本案中，从《房屋买卖合同》第十一条的约定来看，该约定文义表示清晰明确，即购房者在最低服务期限内自行离职的应当腾退所购住房或补偿差价，符合工业公司内部的职工福利购房规定，符合福利购房的交易惯例，也不违反诚实信用原则，不违反法律、行政法规的强制性规定，合法有效。

再次，从劳动者权益保护的角度出发，劳动自由原则是劳动法的基本原则，而服务期限是对劳动者劳动自由原则的限制。基于保护劳动者辞职自由的原则，服务期的约定在劳动法领域受到严格限制，即在用人单位为劳动者提供了特殊待遇的情况下，经双方协商一致才能约定服务期限。而本案中，双方并未在劳动合同中约定最低服务期限，而是通过购房合同中的反向约定作为职工福利购房的约束性条款，从而实现用人单位的利益保护。该约定亦不违反劳动自由的原则，汤某志完全可以选择不购买该房屋。故该约定是双方作为平等交易主体的真实意思表示，亦不违反法律的强制性规定，因而作为购房者应当予以遵守。

最后，该案判决的意义在于明确了类案裁判的规则，为用人单位和职工提供了可供参考的判例。现实中，用人单位为了吸引留住人才，会通过福利购房、办理户口等激励形式与职工签订协议，类似协议中通常也会有限制性条款保障用人单位的利益，通常情形下，双方作为平等主体基于真实意思表示签订的协议，在不违反法律、行政法规强制性规定的前提下均为有效，双方均应遵守并履行。

编写人：北京市朝阳区人民法院　禹雷

（二）订立、变更与解除

11

“无理由退房”背后当事人合同解除权的行使

——胡某某诉置业公司房屋买卖合同案

【案件基本信息】

1. 裁判书字号

河南省郑州市中原区人民法院（2021）豫0102民初5143号民事判决书

2. 案由：房屋买卖合同纠纷

3. 当事人

原告：胡某某

被告：置业公司

第三人：某银行郑州分行

【基本案情】

2020 年 8 月 31 日，胡某某与置业公司签订《商品房买卖合同》及《某〈商品房买卖合同〉补充协议》，约定胡某某购买置业公司开发房屋一套。合同签订后，胡某某依约向置业公司支付首期购房款 459733 元，余款 107 万元通过某银行郑州分行办理银行按揭贷款付清，并于 2021 年 1 月 27 日向某银行郑州分行提前归还本金 15 万元。2021 年 2 月，胡某某得知所购商品房小区东南侧相距约 600 米处的围挡范围内，存在大型墓地，此前置业公司一直宣传称该处规划为绿地公园。胡某某为此向置业公司提出退房请求，置业公司拒绝办理退房手续并退还胡某某所缴纳的房款。胡某某陈述其主张解除合同的依据有两个方面，其一，根据被告置业公司的股权结构及其对外宣传销售时使用的相关字样的事实，可以认定置业公司有关“无理由退房”的承诺对被告具有约束力，即原告享有合同解除权；其二，被告对涉案房屋所在项目附近存在墓地的情况应为明知，但在销售过程中未向原告披露该信息，故意隐瞒与订立合同有关的重要事实，违背诚信原则。胡某某诉至法院要求：（1）解除胡某某与置业公司于 2020 年 8 月 31 日签订的《商品房买卖合同》及补充协议；（2）解除胡某某与某银行郑州分行签订的《个人购房借款合同》；（3）置业公司向胡某某返还购房款 459733 元、维修基金 6559 元及胡某某已向某银行郑州分行归还的贷款本金及利息（具体金额以某银行郑州分行系统显示数据为准）；（4）置业公司向胡某某支付利息 13378.23 元（以 459733 元为本金计算，按一年期贷款市场报价利率的四倍从 2020 年 8 月 31 日暂计至 2021 年 4 月 6 日）；（5）置业公司办理前述《商品房买卖合同》的网签退签及合同注销备案手续；（6）本案诉讼费用由置业公司承担。

【案件焦点】

原告是否可依据约定解除权和法定解除权要求解除案涉商品房买卖合同。

【法院裁判要旨】

河南省郑州市中原区人民法院经审理认为：胡某某举证并陈述的置业公司

官网发布的新闻截图打印件显示："签署《商品房买卖合同》及《无理由退房协议书》之日起至办理入住手续前的任何时间内均可无理由退房。"置业公司举证《某项目购房特别提示（住宅）》亦明确载明："参与无理由退房的产品买受人有权选择是否签署《无理由退房协议书》。如未签署《无理由退房协议书》则默认为放弃无理由退房，并承诺不再追究出卖人任何责任。"上述内容通过加粗印刷字体提示原告注意，同时要求原告在知悉并同意接受的情况下抄录并签名确认。胡某某称上述内容系格式条款，置业公司未履行提示或说明义务。胡某某该陈述与其抄录内容并签名确认的事实不符，本院不予采纳。胡某某在知悉参与无理由退房需要签订《无理由退房协议书》的情况下，未举证证明其与置业公司签署《无理由退房协议书》。且从合同履行角度，涉案商品房买卖合同已办理合同信息登记备案，并办理预售商品房抵押权预告登记，以贷款方式支付完毕剩余购房款。在此情形下，胡某某以置业公司"无理由退房"为由主张解除合同，既缺少事实和法律依据，亦有违商事合同行为的稳定性，不利于维护正常市场交易秩序，故本院不予支持。关于胡某某主张置业公司在其购房过程中故意隐瞒大型墓地建设是否构成胡某某享有合同法定解除权的问题，本案中，胡某某除陈述外未向法庭举证依法或依约应由置业公司公示的涉案房屋周边"不利因素"的具体范围及相应的法律或合同依据，即胡某某本案陈述置业公司故意隐瞒应由其公示的涉案大型墓地举证不成立。胡某某以此为由要求解除合同亦缺少《中华人民共和国民法典》第五百六十三条合同法定解除条件的有效举证，本院不予支持。

河南省郑州市中原区人民法院依照《中华人民共和国民事诉讼法》第六十四条之规定，判决如下：

驳回原告胡某某的诉讼请求。

判决后，双方当事人均未上诉，本判决现已生效。

【法官后语】

"无理由退房"的实质是合同主体对合同解除权的行使，包括解除权的发生事由、行使条件等多方面问题，同时也影响着商事合同行为的稳定性及正常市场交易秩序。《中华人民共和国民法典》规定了约定解除、协商解除、法定解除三种解除权。本案胡某某分别依据约定解除权和法定解除权要求解除案涉商品房买卖合同。

首先，约定解除权是指当事人双方在合同中约定，在合同成立以后，没有履行或没有完全履行之前，由当事人一方在某种解除合同条件成就时享有解除权，并可以通过行使合同解除权，使合同关系消灭。《中华人民共和国民法典》第五百六十二条第二款规定："当事人可以约定一方解除合同的事由。解除合同的事由发生时，解除权人可以解除合同。"可知，约定解除权是指双方在合同中约定一方解除合同的条件，行使约定解除权需以合同或协议为基础。本案中，胡某某在知悉参与无理由退房需要签订《无理由退房协议书》的情况下，未举证证明其与置业公司签署《无理由退房协议书》。故胡某某与置业公司之间并没有当然地形成"无理由退房"的约定解除权，胡某某以置业公司"无理由退房"为由主张解除合同，既缺少事实和法律依据，亦有违商事合同行为的稳定性。

其次，法定解除权的适用条件主要有四种情况：

一、不可抗力

在因不可抗力导致当事人约定合同的目的无法实现时才能解除合同。这个目的需要结合合同的具体情况及当事人的期望来判断，可以是经济目的，也可以是精神目的。

二、预期违约

包含两种情形：履行期满前当事人明确表示不履行义务，或者以行为表示不履行义务。前者为明示违约，后者为默示违约，针对预期违约，权利方可以在履行期满前使用法定解除权解除合同，也可以在期满后要求违约方承担违约责任。

三、迟延履行

迟延履行针对的必须是主要义务而非次要义务，另外，催告后尚不能直接解除合同，还需给违约方留有一定的合理期间，合理期间根据合同的性质来确定。

四、根本违约

即违约方的违约行为致使合同目的无法实现，合同继续履行已无意义。本案中，胡某某作为购房人，对涉及自身重大利益的房屋买卖事项应当持谨慎注意义务，对房屋开发规划范围内外环境进行查勘和了解，以确定是否购买案涉房屋。且案涉楼盘开发用地是否紧邻墓地，并非判断案涉商品房能否出售的法定标准，也非开发商法定披露事项。故原告胡某某以置业公司故意隐瞒应由被告公示的涉案大型墓地为由要求解除合同，缺少《中华人民共和国民法典》第五百六十三条合同法定解除条件的有效举证。故原告关于本案法定解除权举证不成立。

编写人：河南省郑州市中原区人民法院　申阳　王桦楠

12

约定解除条件成就时合同并非必然解除

——唐某荣、腾某英诉房地产公司商品房销售合同案

【案件基本信息】

1. 裁判书字号

云南省昆明市中级人民法院（2020）云 01 民终 11891 号民事判决书

2. 案由：商品房销售合同纠纷

3. 当事人

原告（上诉人）：唐某荣、滕某英

被告（被上诉人）：房地产公司

【基本案情】

2015 年 10 月 10 日，唐某荣、滕某英（乙方）与房地产公司（甲方）签订

《商品房购销合同》及合同补充协议，约定乙方向甲方购买由甲方开发的G59号商业用房，面积为11平方米，单价23690.45元/平方米，总价260595元，合同还约定了产权登记、逾期办证的违约责任等权利义务。合同签订后，唐某荣、滕某英按约向房地产公司支付了购房款并于2018年6月11日办理了涉案房屋的接房手续。同时，唐某荣、滕某英接房后将所购的商铺进行装修后投入使用并出租，现涉案商铺已由唐某荣、滕某英从承租人处收回。2020年6月18日，房地产公司向唐某荣、滕某英退还了涉案房屋的办证工本费550元及代办费600元。唐某荣、滕某英主张因房地产公司至今仍未如约至产权登记机关提交办理产权登记的相关手续，要求退还已付款，并按中国人民银行公布的同期活期存款利率付给利息。房地产公司不同意唐某荣、滕某英的全部诉讼请求。

【案件焦点】

1. 涉案合同约定的解除条件是否成就；2. 涉案合同应否解除。

【法院裁判要旨】

云南省昆明市呈贡区人民法院经审理认为：第一，关于涉案合同约定的解除条件是否成就的问题，本院认为，原、被告签订《商品房购销合同》及补充协议合法有效，对双方均具有法律约束力。根据合同第十二条的约定，被告应在原告接房之日，即2018年6月11日起180个工作日内向产权登记机关提交办理产权登记的相关手续，逾期超过180个工作日的，原告有权解除合同。被告至今未向产权登记机关提交办理产权登记的相关手续，已经达到合同约定的解除条件，故本案合同约定的解除条件已经成就。被告抗辩在完成土地征转用手续后才具备办理产权登记相关手续的条件，涉案土地于2019年6月13日才完成换证，提交办理产权登记相关手续的起算时间应为2019年6月14日。对此，本院认为，完成土地换证手续系开发商应尽的义务，其与买受人签订合同时应当预见完成提交相关手续的期限及相应后果，政府部门完成土地征转用手续的期限不能免除开发商对买受人应承担的义务，故本院对该抗辩意见不予采纳。至于被告抗辩已将办证所需登记费退还给原告，不具备追究违约责任的前提，因本案被告未能按期向产权登记机关提交办理产权登记相关手续的原因并非原告退回或未缴纳登记费，即使办证需要缴纳该费用，可由原告直接向产权登记机关提交或被告通知原告补交，被告不能证明系原告的原因导致不能办证，其主张逾期提交办证资料不构成违约理由不能成立，本院对该辩解亦不予采纳。

第二，关于涉案合同应否解除的问题，本院认为，合同约定的解除条件成就时，守约方以此为由请求解除合同的，应当审查违约方的违约程度是否显著轻微，是否影响守约方合同目的实现，根据诚实信用原则，确定合同应否解除。本案原告以被告逾期办证为由主张解除合同，虽然合同约定的解除条件成就，但合同不应解除，理由如下：(1）根据庭审查明的事实，被告已经将涉案房屋交付给原告占有、使用、收益，原告作为买受人的主要合同目的已经实现，现涉案商铺已经具备办理不动产登记的条件，正在办理产权登记，并不存在原告合同目的不能实现的情形。(2）被告虽逾期向产权登记机关提交办理产权登记的相关手续，但逾期并非其主观恶意或重大过错造成，且本案没有证据证实被告存在其他重大违约行为，在原告主要合同目的已经实现的情况下，应认定被告属轻微违约。(3）原告已实际接房，且对涉案商铺进行了装修并出租给案外人使用，若解除合同，会导致不必要的矛盾和损失，也不利于维护交易安全和稳定。综上，由于被告的违约程度轻微，不会导致原告合同目的不能实现，为维护交易的安全和稳定，对于原告要求解除合同的诉讼请求，本院不予支持。

云南省昆明市呈贡区人民法院根据《中华人民共和国合同法》第八条、第六十条，《中华人民共和国民事诉讼法》第六十四条、第一百一十八条之规定，判决如下：

驳回唐某荣、滕某英的全部诉讼请求。

唐某荣、滕某英不服一审判决，提出上诉。

云南省昆明市中级人民法院经审理认为：根据双方签订的《商品房购销合同》约定，房地产公司应于接房之日起 180 个工作日内向产权登记机关提交办理产权登记的相关手续，如因房地产公司未在承诺时间内提交办理产权登记手续，逾期超过 180 个工作日的，则唐某荣、滕某英有权要求解除合同。房地产公司对其取得的单独土地使用权证划分区块进行分期开发，以该地块后一期开发商通知办理交接的最后期限日作为提交办理产权登记手续的起始计算日。唐某荣、滕某英于2018年6月11日办理了涉案房屋的接房手续，并于2020年6月18日以房地产公司收取不合理费用为由要求退还了缴纳的代办费。根据双方合同约定，唐某荣、滕某英委托办理不动产登记的条件之一为缴清办理房屋所有权证的相关费用，从房地产公司处退得代办费用后，房地产公司代为办理所有权证登记的条件不能成就，不满足双方合同约定的解除权行使条件。同时，唐某荣、滕某英在2018年6月接房后，对房屋进行了装修并出租使用，实现了所有权项下占有、使用、收益的权能。并查明涉案地块部分业主已于2020年3月取得房屋不动产权证，故唐某荣、滕某英认为其合同目的不能实现进而要求解除合同的诉讼请求缺乏事实依据，从保护交易安全、稳定的角度看，合同不应解除。故判决如下：

驳回上诉，维持原判。

【法官后语】

合同是市场化资源配置的主要方式，合同纠纷也是民商事纠纷的主要类型。近年来，随着广大人民群众法律意识和经济水平的不断提升，商品房的购买力也随之不断提升，基于自身法律意识的变化和其他因素的影响，部分群众受“现金为王”的思想影响，将房地产开发商在履行合同时的瑕疵作为违约条件解除合同诉至法院的案件不断增多。

《中华人民共和国民法典》第五百六十三条、第五百六十四条对合同的约定解除和法定解除情形进行了明确规定。本着合同应当严守的原则，在合同执行的过程中，并非发生的任何给付瑕疵都可以使合同解除正当化。只有当所发生的瑕疵达到一定的“程度”，或者说达到一定的“分量”，也就是达到通常所称的“根本违约”之时，合同的债权人才可以解除合同。具体言之，就是合同债权人的利益因给付障碍而受到严重妨害，以致本着诚实信用原则，已经不再能够要求另一方当事人继续恪守合同，始准许该另一方当事人摆脱合同的约束即解除合同。根本违约作为合同解除的法律难点，随之衍生出一个具有核心意义的问题，即究竟什么样的违约可以构成“根本违约”。

具体来讲，就是如何将根本违约加以具体化从而使其在法律适用上具有可操作性。在出现给付障碍的情况下，受到侵害的一方当事人往往不能够准确地知道自己是否真正享有合同的解除权，原因是自己根本无从确定所出现的给付障碍是否已经达到根本违约所要求的“根本性”界限，这种不确定性情形在法律实践中多有发生，并不鲜见。在确认是否构成根本违约之时，实践中应当特别考虑：(1) 违约是否从实质上剥夺了受损害方当事人根据合同有权期待的利益；(2) 违约是否系有意或者疏忽所致；(3) 违约是否使受害方有理由相信不能够信赖另一方当事人的未来履行。

就本案而言，唐某荣、滕某英已实际接房，其对于房屋的占有、使用、收益等主要合同目的已经实现，且对涉案房屋进行装修并出租给案外人使用，且具备办理不动产权登记的条件并正在办理产权登记中，并不存在唐某荣、滕某英合同目的不能实现的情形，故被告逾期办理产权登记的违约行为应认定为“轻微违约”而非“根本违约”，且若解除合同，会导致合同双方以及案外人不必要的矛盾和损失，不利于维护交易安全和稳定。法官根据现有双方证据和法庭抗辩情况，确认本案合同约定已经成就的解除条件并未导致合同目的不能实现，唐某荣、滕某英主张的诉讼请求不应得到支持。

综上，根本违约作为合同解除的法律连结点，不是一种过程性质的手段，而是一个“实质性”的特征标志，即表现为“内容性”的特征性标志。无论根本违约得到多么广泛的适用，其作为实质性合同解除手段，终归不能够独立运行，仅起到一个补充和辅助的作用，而非具有主导性质的特点和意义，它仅适用于不交付、不付款、不受领等情形，而不适用于瑕疵给付的情形，以此防止合同当事人将本身并不显著的违约行为进一步地提升到根本违约的高度，从而将之作为合同解除的重大理由。

编写人：云南省昆明市呈贡区人民法院　刘小峰

13

非集体经济组织成员之间出让农村房屋后，以合同无效为由要求返还房屋的，不予支持

——佟某明诉刘某光房屋买卖合同案

【案件基本信息】

1. 裁判书字号

北京市第三中级人民法院（2021）京 03 民再 62 号民事判决书

2. 案由：房屋买卖合同纠纷

3. 当事人

原告（上诉人、再审申请人）：佟某明

被告（被上诉人、再审被申请人）：刘某光

第三人：A 村村民委员会

【基本案情】

2002 年 9 月 30 日，A 村村民委员会将涉案房屋通过签订《协议书》的形式出售给了佟某明，《协议书》载明涉案房屋为机务站房 8 间，使用权和财产权永远归个人所有。

2006 年 6 月 16 日，佟某明与刘某光签订《房屋买卖转让合同及契约》（以下简称《转让合同》）、《转让协议书》，将涉案房屋转让与刘某光，转让金 22 万元，约定交易后刘某光享有该地址房产的所有权、享有本村村民的同等待遇。《转让协议书》上载“本次转让与出售得到了本村村委会的承认和确认”，见证人处加盖了 A 村村民委员会公章，并有时任村委会书记、主任及村委委员的签名。签订上述协议后，佟某明将涉案房屋交付给刘某光，并收到刘某光支付的

购房款 22 万元。

另查明，佟某明、刘某光均系城镇户籍，非集体经济组织成员。

关于涉案房屋所在土地的性质，A 村村民委员会表示，涉案房屋系村集体财产，原系机务站，前去镇土地规划科调查房屋部分属于林业用地，房前院落为一般农用地，不属于宅基地，但不能提供相应书面证据，村委会是为增加集体收入卖给佟某明。佟某明将涉案房屋卖与刘某光的行为经村委会允许，转让协议应属有效，且村委会无意收回涉案房屋。佟某明主张该土地属于宅基地，理由为涉案房屋有门牌号，即代表一户，亦未提供证据。刘某光称涉案房屋目前处于半闲置状态，由其使用。

佟某明诉至法院要求：（1）确认佟某明、刘某光之间签订的《转让合同》《转让协议书》无效；（2）刘某光返还涉案房屋及院落。

2018 年 12 月 6 日，北京市通州区人民法院作出（2018）京 0112 民初 8115 号民事裁定书，裁定驳回起诉；佟某明不服一审裁定提起上诉，2019 年 1 月 24 日，北京市第三中级人民法院作出（2019）京 03 民终 1167 号民事裁定书，裁定驳回上诉，维持原裁定；佟某明不服上诉裁定提起申请再审，2019 年 12 月 24 日，北京市高级人民法院作出（2019）京民申 2682 号裁定书，裁定指令北京市第三中级人民法院再审本案；2020 年 4 月 26 日，北京市第三中级人民法院作出（2020）京 03 民再 42 号裁定书，裁定撤销一、二审民事裁定书，指令北京市通州区人民法院进行审理；2020 年 12 月 30 日，北京市通州区人民法院作出（2020）京 0112 民再 10 号判决书，判决驳回佟某明的全部诉讼请求；佟某明不服一审判决提起上诉，2021 年 6 月 29 日，北京市第三中级人民法院作出（2021）京 03 民再 62 号民事判决，判决撤销（2020）京 0112 民再 10 号民事判决；确认佟某明与刘某光签订的《转让合同》《转让协议书》无效；驳回佟某明的其他诉讼请求。

【案件焦点】

1. 佟某明以非集体经济组织成员身份出卖农村房屋，是否具备主张合同无效的权利基础；2. 非集体经济组织成员之间出让农村房屋后，能否以合同无效为由主张返还房屋。

【法院裁判要旨】

北京市通州区人民法院经审理认为：佟某明与刘某光均非涉案房屋所在村集体经济组织成员，佟某明自身不具有权利请求基础，裁定驳回起诉。

佟某明不服一审裁定提起上诉，北京市第三中级人民法院同意一审法院裁判意见，驳回上诉。

佟某明不服上诉裁定提起申请再审。

北京市高级人民法院经审理认为：佟某明与刘某光均虽不具有涉诉房屋所在村集体经济组织成员的身份，但佟某明与刘某光为《转让合同》和《转让协议书》签约主体。根据合同的相对性原则，佟某明有权请求法院确认上述合同是否有效，法院应对此进行实体审理，裁定指令北京市第三中级人民法院再审。后北京市第三中级人民法院裁定撤销一、二审民事裁定书，指令北京市通州区人民法院进行审理。

北京市通州区人民法院再审程序认为：佟某明主张涉案房屋占用的土地为集体土地，只能在农村集体组织成员之间转让，佟某明与刘某光之间关于涉案房屋转让所订立的合同应认定为无效。依照土地管理法的规定，集体土地分为农用地、建设用地和未利用地，现行法律限定在集体组织成员之间转让的地上建筑物，一般是指建造于农民宅基地上的房屋，并没有限制建设于集体土地上的所有房屋均不能转让，根据A村村民委员会所述涉案房屋所占用集体土地并非宅基地。佟某明既然认为转让涉案房屋违法，却从第三人处购买并出售于刘某光，且在出售涉案房产十余年后主张合同无效，属于恶意抗辩行为。判决驳回佟某明的诉讼请求。

佟某明不服一审判决提起上诉。

北京市第三中级人民法院经审理认为：涉案房屋原为机务站，虽然对涉案房屋土地性质有异议，可以确认该土地为村集体所有，非工业、商业等经营性用途。佟某明购买涉案房屋时系城镇户籍人口，向刘某光出售的房屋不是商品房，也不是在集体经济组织成员之间买卖农村房屋，违反了土地管理有关规定，扰乱了国家对于房产上市交易调控管理的公共秩序，应属无效。佟某明主张对涉案房屋享有权利的基础是认为其与村委会之间的合同合法有效，并坚持该合同效力问题不是本案审理范围，所以不予确认。根据审理情况，有理由质疑二者之间合同的效力。在合同效力未确认的情况下，目前不能确定佟某明是有权主张返还涉案房屋及院落的合法权利人，缺少要求返还的权利基础，不予支持返还房屋的诉求。涉案院落及房屋保持现有状态，待最终有权处分的权利人依法妥善处理。此外，佟某明在当时法律明确规定“农民集体所有的土地的使用权不得出让、转让或者出租用于非农业建设”的情况下，购买并出售涉案房屋牟利，属违法行为，存在过错且主观故意，双方未主张损失及责任，本案对此不予处理，可另行解决。

北京市第三中级人民法院判决如下：

一、撤销北京市通州区人民法院（2020）京 0112 民再 10 号民事判决；

二、确认佟某明与刘某光签订的《转让合同》《转让协议书》无效；

三、驳回佟某明的其他诉讼请求。

【法官后语】

集体土地流转与农村房屋转让现象逐步增多，目前该类案件大多是因本村村民将房屋转让给非集体经济组织成员，而被判定无效，本案的特殊之处在于出卖人也并非集体经济组织成员，其前置物权行为违法后是否还有权主张买卖合同无效，继而在合同确认无效后，是否发生返还财产的法律后果，本案将进一步探讨。

一、集体土地非宅基地上房屋买卖合同的效力问题

集体土地非宅基地上房屋买卖合同效力认定应综合考虑该土地的所属性质与流转限制。法律虽并未明确界定农村房屋买卖合同的效力，但在司法实践中，非同一集体经济组织成员间转让宅基地上房屋的买卖合同原则上是无效的，原因是房屋的转让必然导致宅基地的转移，而宅基地兼顾人身附属性和社会保障功能，只允许在集体经济组织成员之间转让。《中华人民共和国土地管理法》第十条规定，农民集体所有的土地依法属于村农民集体所有的，由村集体经济

组织或者村民委员会经营、管理，其中允许出让的土地需为已登记的集体经营性建设用地。本案中案涉房屋所在地虽不属于宅基地，但也不具备工业和商业等经营性用途，不属于法律允许流转的土地性质范围，可以认定为该土地的使用权也只能在本集体经济组织成员内部享有、流转，根据房地一体原则，佟某明与刘某光签订转让合同，侵犯了集体经济组织对土地的合法权益应属无效。

二、前置物权行为的合法性不是主张房屋买卖合同无效的必要前提

佟某明主张转让协议无效系合同纠纷，属于债权法律关系，而佟某明是否合法获得该房屋及院落的使用权是物权纠纷，二者分属不同的法律关系。前置物权行为确认违法会影响后续债权行为的效力，但并非作为主张确认合同无效的必要前提。合同一方当事人有权主张合同无效，法院在审查时只要符合法定情形之一就应当予以确认，本案中，佟某明主张合同无效的理由是买受人为非集体经济组织成员，符合法定条件应属无效。虽然有充分理由怀疑佟某明的前置物权行为具有违法性，但村委会并未要求确认该行为无效，佟某明作为买受人也不会主张无效，如果仍以前置物权行为合法作为主张合同无效的前提，会导致案涉房屋及院落长期处于非法占有状态，不利于维护农村集体经济健康稳定发展。

三、确认合同无效后并不必然产生房屋返还的法律后果

农村房屋买卖合同确认无效后，非集体经济组织成员是否返还房屋及院落应当进行综合法益衡量。首先，佟某明并非涉案房屋及院落的合法权利人。佟某明从村委会购买涉案房屋时不是该集体经济组织成员，截至法庭辩论终结前也未获得该集体组织成员身份，法院有充分理由怀疑其对涉案房屋和院落不具有合法权利，因此法院在确认合同无效的情况下，未判决返还房屋及院落符合法益保护原则。其次，佟某明非法买卖农村房屋具有恶意牟利意图。从佟某明提起本案诉讼可知其明知非集体经济组织成员不得随意买卖农村房屋，但仍在购买后将房屋和院落出售给城镇居民，主观上具有明知不可为而为之的过错，时隔十年之后又以“法律规定”为由主张合同无效、返还房屋，显然属于违背诚实信用原则的行为。虽然刘某光在本案中未主张赔偿损失，但判决书中仍确认了佟某明购买并出售涉案房屋牟利属于违法行为，并释明刘某光可另案主张，

这也是诚实信用原则在处理合同无效后法律后果的运用，明确了不能使不诚信的当事人从合同无效中获利的价值取向。

编写人：北京市通州区人民法院　李璠

14

资产整体出售后部分履行不能导致合同解除的，已履行的独立资产不宜相互返还

——王某诉某商业银行买卖合同案

【案件基本信息】

1. 裁判书字号

四川省南充市中级人民法院（2021）川13民终2147号民事判决书

2. 案由：买卖合同纠纷

3. 当事人

原告（被上诉人）：王某

被告（上诉人）：某商业银行

【基本案情】

某商业银行（甲方）与王某（乙方）于2014年12月26日签订《资产整体出售协议》，约定某商业银行以608万元的价格将位于仪陇县内的十处抵债资产（房产）整体出售给王某。协议系打印件，内容由某商业银行工作人员拟定。该协议第一条第一款载明，乙方已充分了解甲方出售的住房、门面等抵债资产的现状并自愿购买。第二条第一款约定，甲方保证合同签订以前，所涉住宅、门面等全部资产不涉及债权、债务、税费及法律瑕疵，所出售的全部资产不存在抵押权或他项权利，如因以上行为使被告遭受损失，甲方承担一切责任。

第三条第二款约定，资产出售相关税费、土地出让金等支出由乙方负担，且乙方应将缴纳的税费发票复印件提供给甲方，原欠税费由甲方承担。第四条第一款约定，乙方在签订该合同15日内付清全部价款，甲方收齐价款后10日内向乙方交付收购的资产及相关资料手续；该条第二款约定如乙方逾期超过3个月不付款，甲方有权终止合同，并要求乙方赔偿资产总价20%的违约金。第五条第二款约定，甲方将乙方购买的资产交付给乙方后，资产的接收由乙方负责，接收中的纠纷事项由乙方自行协商解决，发生的一切责任和损失由乙方承担，在交付之前发生的一切责任和损失仍由甲方负责。

前述协议签订后，王某陆续给付价款，至2015年12月28日付清全部款项。2015年12月30日，某商业银行向王某出具了608万元的收条。2017年12月26日，王某向某商业银行发出催促交付资产函，某商业银行工作人员在函件下方备注：反映不详，待进一步核实。2020年10月23日，王某向某商业银行邮寄解除合同通知书，某商业银行大厅保安于次日签收。

协议中的五处资产没有交付，其余五处资产已经交付完毕。未能交付余下五处资产的原因，一是其中三处资产由他人占有使用，且不配合接收房屋；二是其中一处为某商业银行工作人员占有使用，可腾房；三是有两处产权未变更登记至某商业银行名下。王某接收的五处资产中有三处资产已由王某处置。

【案件焦点】

原告王某依据双方所签订的《资产整体出售协议》约定主张解除合同后，已经交付并接收完毕的独立资产应否适用全部返还。

【法院裁判要旨】

四川省南充市仪陇县人民法院经审理认为：买卖合同是出卖人转移标的物的所有权于买受人，买受人支付价款的合同，被告作为出卖人，有法定义务转移出售资产的所有权于原告。从双方约定来看，被告应当保证出售资产不存在法律瑕疵，此法律瑕疵，应包括原告得以顺利行使占有、使用、收益等物权，而本案中尚有资产未登记在被告名下且存在原权利人拒不搬离的情况，甚至被告自己的工作人员居住在内，数年来未搬离腾房，这显然与该约定不符，对原告实现合同目的造成了重大阻碍。协议第一条载明的原告已充分了解出售的资产的现状，并不当然表示原告知晓出现原权利人拒不搬离等情况，按常理来讲其知道的可能性微乎其微，被告也未举证证实原告对这一情况知晓，而这对原告订立该协议具有重大影响。协议第四条第一款明确约定了被告收齐价款后 10 日内向原告交付案涉资产及相关资料手续，而第五条第二款约定的也是被告交付房产后，资产接收由原告负责，无论是产权登记意义上的交付（变更过户）还是交付钥匙等其他交付，被告均未有相关行为，也没有被告通知原告办理过户或其他移交的证据。对第五条第二款的理解，第一，文理意义上，应当是以先交付为前提；第二，由于该协议是被告工作人员拟定，其对条款的理解和订立应有更充分的认识，即条款约定不明或有冲突，被告方有重大过错；第三，原告购买资产的真实意思应是完全取得相关资产的物权。因此，被告“以现状交付”和“仅协助办理过户手续”的抗辩于法于理不符，不予支持。

原告是基于十处资产整体购买的目的签订的协议，其中部分资产虽然已经接收，但部分资产无法交付也无法实现原告的合同目的，即取得全部十处资产的完整物权。被告在原告 2017 年催告后迟迟未履行相应义务，也没有举证证实是原告的原因导致合同未能履行完毕或者被告已采取了相关措施，且被告在收到解除合同通知书后未按法律规定提出异议，即请求人民法院或仲裁机构确认解除合同的效力。原告向被告邮寄解除合同通知书以解除合同符合法律规定，对原告要求解除合同的诉请本院予以支持。合同解除后，尚未履行的，终止履行，已经履行的根据履行情况和合同性质，当事人有权要求违约方恢复原状、赔偿损失。原告要求被告返还价款并赔偿损失的请求应予支持。同时，原告接收资产获得的收益（包括既得收益和可得利益）应在总价款中扣除，即售房款 40 万元（相应合同约定税费由买方承担，故在本案中不予扣除税费，若原告自行给付税费，可另行向义务人主张）和全部租金 8. 8 万元（1. 4 万元×3 年+2. 3 万元×2 年），即原告应返还的价款为 559. 2 万元（608 万元-40 万元-8. 8 万元）。关于原告主张的利息和违约金问题，因原告在签订买卖合同后并未按约定时间给付价款，原告具有一定过错，同时原告未举证证明除利息损失外产生了其余损失，兼顾公平和诚信原则，本院对原告主张的利息和违约金酌定以608万元为基数，自2015年12月28日付清价款之日起按月利率9.6‰的标准计算至559.2万元付清之日止。

四川省南充市仪陇县人民法院依照《中华人民共和国合同法》第六十条、第九十四条、第九十六条、第九十七条、第一百三十条、第一百零七条、第一百二十条，《最高人民法院关于适用〈中华人民共和国民法典〉时间效力的若干规定》第一条第二款，《中华人民共和国民事诉讼法》第六十四条之规定，判决如下：

一、解除原告王某与被告某商业银行于2014年12月26日签订的《资产整体出售协议》；

二、被告某商业银行在本判决生效后三十日内向原告王某返还购房款559.2万元并赔偿损失（损失计算方式：以608万元为基数，自2015年12月28日起按月利率9.6‰的标准计算至付清之日止）。

一审判决作出后，某商业银行不服，提出上诉。

四川省南充市中级人民法院经审理认为：王某请求解除《资产整体出售协议》，其实质是解除案涉十处房产的买卖合同。解除合同分为约定解除与法定解除，本案中双方并没有约定解除合同的条件，要解除合同必须符合法律规定的条件。王某与某商业银行签订《资产整体出售协议》意在取得案涉十处房产，实现占有、使用、收益、处分等权能之目的。某商业银行将十处房产整体打包对外出售，系对处置方式而言，而非对十处房产在物权上不可分而言。事实上，该十处房产分散在各处，分别具有独立的产权，具有独立的使用功能且价格上是可以区分的。即使部分房产存在瑕疵或不能交付，也不影响买受人王某对其他房产行使占有、使用、收益、处分的权能，不影响买受人王某对其他房产买卖合同目的的实现。现已查明，在提起本案诉讼前，某商业银行已完成了五处房屋的交付，且王某对其中部分房屋进行了出售、出租。显然王某对已交付的五处房产行使了占有、使用、收益、处分的权能，至少该五处房产的买卖合同的目的已经实现，依法不应当解除。对已交付的五处房产而言，双方主要合同义务已履行完毕。双方应按合同约定办理过户手续，如果存在违约行为，可依法追究违约责任，现未办理过户手续，不能成为解除该五处房产买卖合同的理由。对于至今尚未交付的五处房产，买受人王某客观上无法行使占有、使用、收益、处分权能，其买卖房产的合同目的不能实现。根据原《中华人民共和国合同法》第九十四条以及《最高人民法院关于适用〈中华人民共和国民法典〉时间效力的若干规定》第一条第二款之规定，对未交付的五处房产可以解除买卖合同关系。

关于合同解除后如何退还的问题。被上诉人某商业银行在诉讼中明确要将抵债资产出售情况表中第 3 项即王某平位于某镇 84 号房屋（共三层）予以退还，即解除对该房产的买卖关系。买卖关系解除后，某商业银行同意按“处置抵债资产情况统计表”载明的价格即抵偿价格（19 万元）上浮 8%即处置给王某的价格予以退还，并以 19 万元为基数从 2015 年 12 月 28 日起按年利率 6%计算利息至付清时止。王某对该处房产的退还方式无异议。本院对该退还处理方式予以认同。其他四处房产的退还可参照执行。诉讼过程中，双方对城乡建筑总公司二楼住房两套的价格进行了明确：按每套 22. 5 万元计算，共计 45 万元。据此，退还的五处房产价格确定如下：1. 84 号房屋（共三层）抵偿价为 19 万元；2. 48 号二楼住房两套抵偿价共计 45 万元；3. 酒厂 47 号的资产抵偿价为 30. 5 万元；4. 城北客运站其中二套抵偿价格为 25. 1542 万元；5. 潘某位于仪陇县 5 社房屋（共六层）抵偿价为 56. 8345 万元，以上五处房产的抵偿价共计 176. 4887 万元。王某对该五处房产的购买价为在抵偿价基础上上浮 8% 即 190. 6078 万元（176. 4887 万元×108%）。因王某于 2015 年 12 月 28 日将购房款支付完毕，故某商业银行应以 190. 6078 万元为基数从 2015 年 12 月 28 日起按年利率 6%计算利息至付清时止。综上，上诉人某商业银行的上诉理由部分成立。一审判决认定基本事实清楚，法律适用欠当，本院予以纠正。

四川省南充市中级人民法院依照《中华人民共和国民事诉讼法》第一百七十条第一款第二项之规定，判决如下：

一、撤销四川省仪陇县人民法院（2021）川1324民初413号民事判决；

二、某商业银行在本判决生效后三十日内向王某返还购房款190.6078万元，并以190.6078万元为基数，从2015年12月28日起按年利率6%的标准计算利息至付清之日止；

三、驳回王某的其他诉讼请求。

【法官后语】

在审判实践中，因合同解除导致合同纠纷非常常见。合同解除是指合同成立并生效后，因一方或双方当事人的意思表示使合同关系终了，未履行部分不再履行，已履行部分予以清算。《中华人民共和国民法典》关于合同法定解除的规定基本上沿用了原《中华人民共和国合同法》的相关规定。

对于合同的法定解除，应当遵循以下原则：一是合同审慎原则。合同成立并生效以后，对于双方当事人都产生拘束力，任何一方当事人都不得随意变更或者解除合同，要维护既有合同的有效效力，这是审理合同法定解除案件首要遵循的一个原则。二是诚实信用原则。合同法定解除争议案件离不开对违约事实、解除原因的审查，在审查过程中，要始终贯彻诚实信用原则。比如，系争合同是不是要解除，主要考察守约方的态度，或者在解除条件是不是成就产生重大争议的情况下，适当向守约方倾斜，也是诚实信用原则的体现。三是务实经济原则。如果事实表明，合同继续履行不可能产生比解除更好的经济效果，甚至给当事人利益、社会财富带来减损的情况下，也要采取务实的态度，特别在商事审判领域，要遵循务实经济的原则果断判决合同的解除。

本案当事人双方《资产整体出售协议》引发的法律事实及履行期限均在《中华人民共和国民法典》实施前，依据《最高人民法院关于适用〈中华人民共和国民法典〉时间效力的若干规定》第一条第二款之规定，应当适用当时的法律司法解释即原《中华人民共和国合同法》第九十四条以及第一百六十五条之规定（与《中华人民共和国民法典》第六百三十二条规定一致）。

在本案双方当事人没有约定出售人不能全部交付资产构成根本违约可以解除合同的情况下，根据合同法定解除的情形，即当事人一方迟延履行主要债务，经催告后在合理期限内仍未履行；当事人迟延履行主要债务或者有其他违约行为致使不能实现合同目的。买受人可以解除合同。结合本案，双方当事人买卖合同的标的物系银行的抵债资产，这些资产包括商业门面、住房等，是完全独立资产整合后进行的打包出售，其每一处资产可以分别交付占有、使用、收益和处分，并且能够分别确定其价值。一部分资产按约定顺利交付后，不影响买受人对该部分资产的占有使用，因此不能按约定交付的资产对已经交付的资产不构成权利行使障碍。

依照前述合同法定解除的审慎解除原则、诚实信用原则、务实经济原则，判决已经由出卖人交付并由买售人占有使用的资产部分不予解除，解除出售人不能交付的资产部分，既有利于鼓励交易，维护交易次序，也对违约行为给予否定评价，对促进诚信体系建设具有较好的指引作用。

编写人：四川省南充市仪陇县人民法院　彭华

15

购房者未按期偿还房贷，开发商承担保证责任后有权解除合同

——房地产开发公司诉刘某志、聂某商品房销售合同案

【案件基本信息】

1. 裁判书字号

江苏省徐州市中级人民法院（2021）苏03民终134号民事判决书

2. 案由：商品房销售合同纠纷

3. 当事人

原告（上诉人）：房地产开发公司

被告（被上诉人）：刘某志

被告（被上诉人）：聂某

【基本案情】

房地产开发公司与刘某志、聂某于2017年3月20日签订《商品房买卖合同》，刘某志、聂某购买房地产开发公司开发建设的房屋一套，总价款为56.1万元，刘某志、聂某首付17.1万元，由房地产开发公司担保向某县商业银行北关支行贷款39万元，该房屋于2017年5月31日已实际交付使用。涉案房屋不动产首次登记权属证明载明的权利人为房地产开发公司。刘某志、聂某支付了涉案房屋首付款17.1万元。2017年3月24日，某商业银行与刘某志、聂某、房地产开发公司签订一份《个人购房担保借款合同》，约定刘某志向房地产开发公司借款39万元用于购买房屋，由房地产开发公司提供阶段性连带责任保证，自借款人办妥贷款所购房屋抵押登记手续且贷款人收到他项权证之日起，保证人不再承担保证责任；另约定因合同订立、履行及争议解决发生的费用（包括律师费用）由借款人承担。同日，某商业银行又与刘某志签订丰县房地产抵押合同，约定以涉案房屋为该笔借款设立抵押。后，某商业银行向刘某志发放贷款39万元，刘某志从2018年12月开始出现逾期，未履行还款义务，至2019年6月5日，欠某商业银行借款本金375055元及相应利息、罚息和复利，该银行起诉到法院，法院判决刘某志、聂某向某商业银行支付借款本金、利息等；房地产开发公司对上述债务的清偿承担连带保证责任，其承担保证责任后有权向刘某志、聂某追偿。房地产开发公司向银行偿还涉案房屋贷款、罚息等共计402590.24元。房地产开发公司起诉要求解除双方签订的商品房销售合同，并要求对方返还代偿的银行贷款罚息等。

【案件焦点】

购房者未按期偿还房贷，开发商承担保证责任后，能否解除商品房买卖合同。

【法院裁判要旨】

江苏省徐州市丰县人民法院经审理认为：房地产开发公司与刘某志、聂某签订的《商品房买卖合同》不违反法律法规的强制性规定并实际交付使用，该商品房买卖合同合法有效。某商业银行与刘某志、聂某、房地产开发公司签订的《个人购房担保借款合同》合法有效，并且实际履行。法院在判决书主文明确了房地产开发公司承担保证责任后有权向刘某志、聂某追偿。该追偿权无须另行诉讼，可以直接依据该判决通过执行程序实现追偿权。

江苏省徐州市丰县人民法院依照《中华人民共和国合同法》第一百九十六条、《最高人民法院关于适用〈中华人民共和国担保法〉若干问题的解释》第四十二条第一款、《最高人民法院关于适用〈中华人民共和国民事诉讼法〉的解释》第九十条之规定，判决如下：

驳回房地产开发公司的诉讼请求。

房地产开发公司不服一审判决，提起上诉。

江苏省徐州市中级人民法院经审理认为：关于房地产开发公司要求解除涉案房屋买卖合同并要求刘某志、聂某返还房地产开发公司代其偿还的贷款本金、利息等应否予以支持的问题。根据双方签订的商品房买卖合同附件四约定，若因买受人违约未按时偿还银行贷款本息、罚息及相关费用而导致出卖人代为偿还的，买受人应在接到通知之日起 15 天内返还出卖人所有垫付款并支付与垫付款等额的违约金，继续履行还贷义务。如买受人未及时还贷累计超过 3 个月（含 3 个月），且在接到催款通知 15 日内仍未偿还，由出卖人代为支付款项的，出卖人有权立即解除本合同，终止双方商品房买卖关系，房屋所有权归出卖人所有。鉴于本案刘某志、聂某未及时偿还银行贷款，且房地产开发公司代其偿还后，刘某志、聂某并未按期返还房地产开发公司垫付款，根据双方合同约定，房地产开发公司有权解除合同，解除合同后，双方互相返还财产。二审庭审中，房地产开发公司同意在合同解除同时，进行清算，将刘某志、聂某缴纳的房款予以退还，两者相抵，房地产开发公司应当向刘某志、聂某返还房款 158409.76 元。与此同时，刘某志、聂某应当将涉案房屋返还给房地产开发公司。

江苏省徐州市中级人民法院根据《中华人民共和国合同法》第九十四条、第九十七条、第一百零七条，《中华人民共和国民事诉讼法》第一百六十九条、第一百七十条第一款第二项之规定，判决如下：

一、撤销江苏省丰县人民法院（2020）苏0321民初258号民事判决；

二、解除房地产开发公司与刘某志、聂某于2017年3月20日签订的商品房买卖合同；

三、房地产开发公司于本判决生效后十日内返还刘某志、聂某购房款158409.76元；

四、刘某志、聂某于本判决生效后十日内返还房地产开发公司案涉房屋；

五、刘某志、聂某于本判决生效后十日内支付房地产开发公司违约金2万元；

六、驳回房地产开发公司的其他诉讼请求。

【法官后语】

《中华人民共和国民法典》第五百六十二条规定，当事人协商一致，可以解除合同。当事人可以约定一方解除合同的事由。解除合同的事由发生时，解除权人可以解除合同。该条对约定解除进行了规定，即双方在合同中以合同条款的形式约定以未来发生的某种情况作为解除事由，并以此为据赋予一方或者双方解除合同的权利。

《中华人民共和国民法典》第五百六十三条规定，有下列情形之一的，当事人可以解除合同：（一）因不可抗力致使不能实现合同目的；（二）在履行期限届满前，当事人一方明确表示或者以自己的行为表明不履行主要债务；（三）当事人一方迟延履行主要债务，经催告后在合理期限内仍未履行；（四）当事人一方迟延履行债务或者有其他违约行为致使不能实现合同目的；（五）法律规定的其他情形。该条对法定解除进行了规定，当事人可根据法定条件行使解除权。

关于约定解除权和法定解除权能否并存的问题，结论是肯定的，《中华人民共和国民法典》第五百六十二条规定了当事人的约定解除权，第五百六十三条规定了当事人的法定解除权，两者之间在行使上并不矛盾或互相排斥，在当事人未行使约定解除权但符合法定解除条件时，可行使法定解除权解除合同。本案中，虽然当事人在《协议书》中约定了解除条件，但房地产开发公司未予行使的行为并不导致其法定解除权的丧失，故其有权主张行使法定解除权解除《协议书》。综上，房地产开发公司通过提起本案诉讼的方式请求解除案涉《协议书》，有事实和法律依据，本院予以支持。

具体到本案中，本案系因购房者断供而致使开发商承担连带责任引起的纠纷，开发商既享有约定解除权又享有法定解除权，理由如下：第一，开发商享有约定解除权。双方当事人签订的《商品房买卖合同》系双方当事人的合意，内容不违反法律规定，合同有效。根据双方签订的商品房买卖合同附件四约定，若因买受人违约未按时偿还银行贷款本息、罚息及相关费用而导致出卖人代为偿还的，买受人应在接到通知之日起15日内返还出卖人所有垫付款并支付与垫付款等额的违约金，继续履行还贷义务。如买受人未及时还贷累计超过3个月（含3个月），且在接到催款通知15日内仍未偿还由出卖人代为支付款项的，出卖人有权立即解除本合同，终止双方商品房买卖关系，房屋所有权归出卖人所有。双方约定将买受人“断供”的行为产生的法律后果即由开发商承担相应的连带偿还责任作为商品房买卖合同的解除条件，本案中，买受人未按合同约定向银行偿还贷款，致使出卖人承担了保证责任，该情形符合合同约定的解除条件，现出卖人诉请解除商品房买卖合同，符合合同约定，应予支持。

第二，开发商享有法定解除权。根据开发商与买受人签订的《商品房买卖合同》可知，买受人的合同义务为交付房款，现因买受人未按期偿还银行贷款，导致开发商为其承担保证责任，代偿了购房款，因买受人的违约行为，导致开发商出售商品房收取购房款的目的无法全部实现，买受人存在致使相对方即作为出卖人的开发商的合同目的无法实现的根本性违约行为，因此，本案情形符合法定解除权的条件。

编写人：江苏省徐州市中级人民法院　潘全民　胡元静

16

撤销解除意思表示应及时明确提出

——曹某、刘某鹏诉邓某辉房屋买卖合同案

【案件基本信息】

1. 裁判书字号

北京市密云区人民法院（2021）京0118民初第6266号民事判决书

2. 案由：房屋买卖合同纠纷

3. 当事人

原告（反诉被告）：曹某、刘某鹏

被告（反诉原告）：邓某辉

第三人：房地产经纪公司

【基本案情】

2021年1月24日，出卖人曹某、刘某鹏与买受人邓某辉经第三人房地产经纪公司居间服务签订合同，约定邓某辉购买涉案房屋。截至案发前，邓某辉已向曹某、刘某鹏支付购房款138万元（含定金8万元）。双方于2021年3月11日办理了网签手续。2021年6月3日，房地产经纪公司约双方一起协商税费负担问题。在协商过程中，邓某辉提出因还款压力大，不想买房子了，想退钱。但是，曹某、刘某鹏不同意，表示如果退钱，邓某辉需支付违约金。双方没有达成一致意见。6月4日，曹某、刘某鹏通过房地产经纪公司的工作人员表示，可以解除合同，不需要支付违约金。房地产经纪公司的工作人员刘某询问邓某辉的意见，邓某辉表示同意，但双方就退款时间未达成一致意见。6月9日，曹某通过微信与邓某辉联系，希望在端午假期前完成撤销网签，并表示找到合

适买家就把房款还给邓某辉；邓某辉回复称“等找到新买家，我见到钱，再撤网签”。曹某、刘某鹏收到上述回复后，开始委托中介公司卖房，并于6月14日与新的买受人签订了房屋买卖合同。

关于税费问题，合同约定过户时所发生的增值税、个人所得税由甲方自愿支付；契税、测绘费由乙方自愿支付，因一方不按约定缴纳相关税费导致交易不能继续进行的，其应当承担相应的违约责任。但房地产经纪公司工作人员王某南陈述称：双方签订合同时曾口头约定，因案涉房屋产权证不满二年，如果在交易时有关行政主管机关查不到案涉房屋原值，曹某、刘某鹏出卖房屋应缴纳的1%个人所得税由邓某辉承担；如果查到案涉房屋原值，出卖人需要交纳的个人所得税数额是交易价值与房屋原值差额的20%，因税费过高，三方无责解约。在合同履行过程中，在不动产登记中心查到了案涉房屋原值为15万元。曹某、刘某鹏认可有此项约定，并主张双方口头约定208万元房款是净得。邓某辉否认双方有此项约定。

【案件焦点】

1. 在合同履行过程中，双方是否达成了解除合同的一致意见，合同应否继续履行；2. 曹某、刘某鹏应否承担违约责任。

【法院裁判要旨】

北京市密云区人民法院经审理认为：首先，《北京市存量房屋买卖合同》系双方当事人的真实意思表示，内容不违反法律、行政法规的强制性规定，该合同合法有效。本案的关键点是双方当事人是否达成了解除合同的一致意见。本院认为，在6月3日双方就解除合同未达成一致意见的基础上，曹某、刘某鹏于6月4日同意在不支付违约金的情况下退房款，而邓某辉表示同意时，双方就解除合同达成了一致意见，但就解除合同的后果即退款、撤销网签的安排尚未达成一致意见；6月9日，邓某辉提出了关于退款和撤网签的安排方案，曹某、刘某鹏按照该方案于6月14日与新买家签订了合同，应当视为曹某、刘某鹏以行为表示同意该方案，双方就退款和撤销网签的安排亦达成了一致意见。

本院认为，至此，双方就解除合同及合同解除后双方的权利义务均达成了一致意见，解除合同的协议成立。《中华人民共和国民法典》第五百零二条规定，依法成立的合同，自成立时生效，故本院确认双方签订的房屋买卖合同于2021年6月14日解除。

本案中，邓某辉在作出解除合同的意思表示之后，直到6月19日才提出不想解除合同，从时间上不符合撤回及撤销意思表示有关时间限制的规定。故邓某辉于6月19日作出的“不再解除合同”的意思表示不发生不解除合同的法律效果，邓某辉主张继续履行合同的答辩意见，本院不予采纳。

合同解除后，尚未履行的，终止履行；已经履行的，根据履行情况和合同性质，当事人可以请求恢复原状或者采取其他补救措施，并有权请求赔偿损失。本案中，双方达成合同解除协议前，邓某辉给付了部分房款，双方办理了网签手续，故对邓某辉要求曹某、刘某鹏返还购房款，曹某、刘某鹏要求邓某辉协助办理注销网签手续的请求，本院予以支持。

关于邓某辉反诉要求曹某、刘某鹏支付违约金的请求，鉴于双方系协议解除合同，并非因一方的违约行为解除合同，故对该项请求本院不予支持。关于邓某辉主张的税费承担问题，鉴于双方合同尚未履行到交纳税费的阶段，即使双方协商解除合同有税费分担的起因，亦没有证据证明系曹某、刘某鹏违反税费负担的约定导致，故对邓某辉要求曹某、刘某鹏给付违约金的反诉请求，本院不予支持。

北京市密云区人民法院依照《中华人民共和国民法典》第一百三十七条、第一百四十一条、第四百七十七条、第五百零二条、第五百六十二条、第五百六十六条，《中华人民共和国民事诉讼法》第六十四条之规定，判决如下：

一、确认原告（反诉被告）曹某、刘某鹏与被告（反诉原告）邓某辉于2021年1月24日签订的《北京市存量房买卖合同》于2021年6月14日解除；

二、原告（反诉被告）曹某、刘某鹏于本判决生效之日起十日内返还被告（反诉原告）邓某辉购房款138万元；

三、被告（反诉原告）邓某辉于收到原告（反诉被告）曹某、刘某鹏返还的购房款之日起十日内协助原告（反诉被告）曹某、刘某鹏注销某小区 301 房屋的网上签约信息；

四、驳回原告（反诉被告）曹某、刘某鹏的其他诉讼请求；

五、驳回被告（反诉原告）邓某辉的其他反诉请求。

判决后，双方当事人均未上诉，本判决现已生效。

【法官后语】

意思表示是私人旨在形成、变更或者消灭法律关系的行为。当内心意思向外部表示时便会产生私法上的效果，行为人将因此受到约束。若行为人“反悔”，应及时撤回或撤销该意思表示，且内容应明确具体。

一、意思表示的构成要件及方式

意思表示是通过公布意思而使内在意愿展现于可被感知的外部世界的过程，其构成要件有行为意思、表示意思、效果意思及表示行为。其中效果意思是指行为人希望通过表示发生特定民法效果的意识，要求意思表示内容应明确具体，而非笼统模糊。

众所周知，意思表示可以采取默示方式作出，是指由特定行为间接推知行为人的意思表示。本案中，邓某辉向曹某回复“见到钱，再撤网签”，该意思表示到达后，曹某积极寻找下家，于 6 月 14 日与新买家签订合同，该行为特征符合默示方式，行为作出时为双方解除合同时间。

二、意思表示的解释

《中华人民共和国民法典》第一百四十六条以有相对人和无相对人为标准对意思表示的解释进行区分，确立了两种判断方式。实际上，意思表示的解释是当事人双方和法官围绕着法律规范与证据文本展开的沟通，最终的解释结果建立在双方主张和证据支撑上，非简单的应用法定的解释方式进行判断。法官作为中立方无法穿越到当事人作出意思表示时，大多情况下需要依照法官的内心确信进行确定。为避免出现认知偏差，应以证据为依托，不拘泥于文本内容，立足于平衡原、被告主张，考虑各方当事人而非仅表意人或相关人的利益，同时适用诚实信用原则进行解释。本案中，6 月 9 日，邓某辉向曹某回复“见到钱，再撤网签”，从文本字面看，解除有前置条件，邓某辉未明确同意解除。但曹某等于6月4日邓某辉同意解除时，便积极采取行动满足邓某辉撤销网签的要求，并于6月14日与新买家签订合同。如果判定合同尚未解除，显然对曹某等明显不公。在平衡本案各方利益的基础上，认定邓某辉的回复系其在同意解除合同的基础上，另提出的解除合同的后果的意思表示，则符合诚实信用原则。

三、意思表示的撤销

撤销意思表示将导致已发出的意思表示失效，相对人将无法再应约承诺，所以除了应满足“在受要约人作出承诺之前为受要约人所知道”时间要求外，内容还应当明确具体，使得相对人清楚了解其内容。6月9日，邓某辉提出的“见到钱，再撤网签”意思表示内容不明确具体，难以使曹某等了解其不再解除合同的内心真意，曹某等有理由相信邓某辉想解除合同，只不过想收到钱后再解除。双方合同在6月14日已经解除，双方就解除的意思表示已达成一致意见，邓某辉6月19日继续履行合同，显然已过撤销的最后期限，所以不予支持。

编写人：北京市密云区人民法院　陈凯

17

房屋被法院另案预查封，出卖人能否通过提起民事诉讼主张解除商品房买卖合同和注销网签

——贸易公司诉建设公司房屋买卖合同案

【案件基本信息】

1. 裁判书字号

广东省广州市中级人民法院（2021）粤01民终6750号民事判决书

2. 案由：房屋买卖合同纠纷

3. 当事人

原告（上诉人）：贸易公司

被告（被上诉人）：建设公司

【基本案情】

黄埔区黄埔东路×号×房权属人为贸易公司。2017 年 12 月 28 日，贸易公司与建设公司签订《认购书》《商品房（一手现房）买卖合同》，约定建设公司认购贸易公司的上述房屋，总房价为 1439946 元，付款方式为一次性付款。涉案合同附件七第二十六条第二款约定：因买方或卖方原因导致合同解除的，违约方应按总房价的 15%向守约方支付违约金，并承担办理撤销合同备案、注销预告登记、注销抵押登记等手续的全部费用。2018 年 9 月 18 日，贸易公司因建设公司逾期支付第二期、第三期款项，贸易公司向建设公司出具一份逾期付款催告函，要求付清购房款及违约金。后因建设公司未依约付清到期购房款 851957 元及违约金，构成根本违约，贸易公司提起诉讼，请求判决解除商品房买卖合同及附件、支付违约金及协助贸易公司到有关管理部门办理注销网签等手续和承担相关费用。

广州市不动产登记查册表显示，涉案房屋于 2019 年 12 月 5 日被广州市南沙区人民法院依法查封，查封内容为“查封建设公司网签的房屋”。

【案件焦点】

预查封是否影响商品房买卖合同当事人行使合同解除权以及预查封未解除前是否可以判决注销网签。

【法院裁判要旨】

广东省广州市黄埔区人民法院经审理认为：贸易公司与建设公司于 2017 年 12 月 28 日签订的涉案合同合法有效。至本案法庭辩论终结前，建设公司未付清购房款 751957 元，且建设公司在本案中确认目前尚无能力支付剩余购房款

751957元。建设公司逾期付款的行为，导致贸易公司的合同目的不能实现，属于违约，依法应承担违约责任，贸易公司有权解除合同并要求建设公司支付违约金。结合广州市房地产市场的实际情况、本案合同的履约情况以及贸易公司的可能损失（如资金占用、利息等）等，根据公平原则和诚实信用原则，对因建设公司的违约行为造成涉案合同解除的违约金进行适当调整，酌定为6万元。因双方签订的涉案合同已经解除，故贸易公司要求建设公司协助其办理注销网签手续符合涉案合同附件七第二十六条第二款的约定，予以支持。因为办理注销网签手续的相关费用现在尚未实际发生，金额亦尚未确定，对贸易公司在本案中要求建设公司支付办理注销网签手续的相关费用的请求不予支持，贸易公司可在该费用实际发生后另案主张权利。

广东省广州市黄埔区人民法院依照《中华人民共和国合同法》第五条、第六条、第八条、第六十条、第九十三条第二款、第九十六条第一款、第九十七条、第一百零七条、第一百一十三条第一款、第一百一十四条，《中华人民共和国民事诉讼法》第六十四条第一款的规定，判决如下：

一、贸易公司与建设公司于2017年12月28日签订的《商品房（一手现房）买卖合同》及于2017年12月28日签订的《认购书》均于2020年4月14日解除；

二、建设公司在本判决发生法律效力之日起十日内向贸易公司支付合同解除违约金6万元；

三、建设公司在本判决发生法律效力之日起十日内协助贸易公司办理《商品房（一手现房）买卖合同》的注销网签手续；

四、驳回贸易公司的其他诉讼请求。

贸易公司不服一审判决，提出上诉。

广东省广州市中级人民法院经审理认为：一审法院酌情将本案所涉违约金调整为6万元，该数额低于参照根据《最高人民法院关于审理商品房买卖合同纠纷案件适用法律若干问题的解释》第十七条规定计算所得损失数额，贸易公司上诉主张一审法院认定的6万元不足以弥补其损失，理由成立。根据本案所涉合同的履行程度，即双方已办理了网签手续，且涉案房屋被法院网签查封，同时考虑违约金数额的确定应兼具对守约方损失补偿及对违约方违约行为惩罚的双重属性，结合双方合同约定的违约金计算方式，本院酌情将合同解除的违约金数额调整为未付房款的15%，即112794元（751957元×15%），对贸易公司主张的超出部分，不予支持。

关于能否办理注销网签手续及相关费用的承担问题。经二审查明，涉案房屋的网签合同于2019年12月5日被广州市南沙区人民法院依法查封。在涉案房屋的查封措施未解除之前，本院对贸易公司要求建设公司协助办理20171×××××46的《商品房（一手现房）买卖合同》的注销网签手续及承担相关费用的诉请暂不作处理。双方当事人可在涉案房屋的网签合同查封解除后自行协商注销网签或另行诉讼解决。一审法院在涉案房屋查封未解除的情况下判决建设公司协助贸易公司办理网签合同的注销手续不妥，予以纠正。

广东省广州市中级人民法院依照《中华人民共和国合同法》第一百一十四条第二款、《最高人民法院关于适用〈中华人民共和国合同法〉若干问题的解释（二）》（法释〔2009〕5号）第二十九条、《最高人民法院关于审理商品房买卖合同纠纷案件适用法律若干问题的解释》第十七条、《中华人民共和国民事诉讼法》第一百七十条第一款第二项的规定，判决如下：

一、维持广州市黄埔区人民法院（2020）粤0112民初3825号民事判决第一项；

二、撤销广州市黄埔区人民法院（2020）粤0112民初3825号民事判决第三项、第四项；

三、变更广州市黄埔区人民法院（2020）粤0112民初3825号民事判决第二项为：建设公司在本判决发生法律效力之日起十日内向贸易公司支付合同解除违约金112794元；

四、驳回贸易公司的其他诉讼请求。

【法官后语】

本案涉及预查封是否影响商品房买卖合同当事人行使合同解除权以及预查

封未解除前是否可以判决注销网签两个问题。

一、预查封是否影响商品房买卖合同当事人行使合同解除权

《最高人民法院、国土资源部、建设部关于依法规范人民法院执行和国土资源房地产管理部门协助执行若干问题的通知》（法发〔2004〕5号）第十三条至第十五条是我国法律体系中关于预查封制度的最早规定。[①] 根据该通知第十三条和第十五条规定，预查封适用于以下情形，一是被执行人全部缴纳土地使用权出让金但尚未办理土地使用权登记的，人民法院可以对该土地使用权进行预查封。二是未进行房屋所有权登记的房屋，符合以下情形的，人民法院也可以进行预查封：(1) 作为被执行人的房地产开发企业，已办理了商品房预售许可证且尚未出售的房屋；(2) 被执行人购买的已由房地产开发企业办理了房屋权属初始登记的房屋；(3) 被执行人购买的办理了商品房预售合同登记备案手续或者商品房预告登记的房屋。可见，预查封措施主要针对的财产类型包括属于债务人所有但尚未办理权属登记的不动产以及债务人享有期待权的不动产。

本案中，建设公司因与贸易公司签订《商品房买卖合同》而对涉案房屋的所有权享有期待利益。在房管部门对《商品房买卖合同》进行网签备案后，涉案房屋因建设公司的另案纠纷被其他法院预查封。因此，本案预查封的类型属于被执行人购买的办理了商品房预售合同登记备案手续的房屋，属债务人享有期待权一类。若建设公司能继续履行其与贸易公司签订的《商品房买卖合同》，顺利取得涉案房屋的产权，则预查封将在建设公司取得涉案房屋产权时自动转为查封登记。

本案权利冲突产生原因在于建设公司无能力继续支付购房款，贸易公司要求解除合同、办理注销网签手续。因网签合同所对应的房屋已被法院预查封，在此种情形下，贸易公司的主张还能否成立，其能否通过民事诉讼主张权利，还是应通过执行异议之诉解决？对此，实践中有不同的观点。

第一种观点认为，《最高人民法院、国土资源部、建设部关于依法规范人民法院执行和国土资源房地产管理部门协助执行若干问题的通知》第十八条规

---

① 马伟强：《预查封制度质疑及物上期待权的执行》，载《法学》2019年第10期。

定，预查封的效力等同于正式查封。同时，依据《最高人民法院关于人民法院办理执行异议和复议案件若干问题的规定》第二十六条第二款规定：“金钱债权执行中，案外人依据执行标的被查封、扣押、冻结后作出的另案生效法律文书提出排除执行异议的，人民法院不予支持。”出卖人在涉案房屋被预查封后提起民事诉讼或仲裁，实际上是对预查封的标的有异议，在预查封后以仲裁或诉讼的方式解除合同的行为，有碍执行，不得对抗执行申请人；无论权利人对执行标的享有何种权利，只要与原判决无关，其都应当向执行法院主张，即通过执行异议及执行异议之诉来解决，不能再另行提起民事诉讼或仲裁。

第二种观点认为，人民法院的预查封措施虽具有固定权利现状、排除物权变动的效力，但该措施本身并不改变涉案房产的物权归属，故法院预查封的对象并非房屋权属本身，而是被执行人基于商品房买卖合同享有的期待性财产权利，并且该种财产权利会随着合同履行状况发生变化而具有不确定性。预查封产生的是冻结不动产登记簿的效果，商品房买卖合同并非预查封的保全对象，涉案房屋被采取预查封强制措施并不能影响商品房买卖合同双方之间基础关系的变动，涉案合同的解除是涉案房屋返还的前提，而涉案房屋能否返还却不是买卖合同解除的基础，不能因为房屋被预查封就限制合同双方当事人行使合同解除权。

笔者倾向于认同第二种观点，理由如下：第一，买受人所购的商品房被法院预查封的，该预查封措施不等于正式查封，因此时房屋的产权仍登记在出卖人名下，预查封的执行对象并非房屋权属本身，而是买受人基于商品房买卖合同而享有的请求出卖人办理过户登记的权利，是一种期待性财产权利，因此，预查封的效力仅限于限制房屋所有权转移至买受人以外的第三人。由于此时出卖方仍为登记的权利人，在房屋产权未转移登记至买受人名下时，出卖方对房屋仍享有产权，若买受人根本违约导致买卖合同无法继续履行的，出卖方当然可以通过民事诉讼行使法定的或约定的合同解除权以保障自己的权利。若不能允许出卖方通过民事诉讼行使合同解除权，则出卖方将面临剩余房款无法取得、房屋又被执行法院强制执行的“房财两空”风险。第二，虽《最高人民法院关于人民法院办理执行异议和复议案件若干问题的规定》第二十六条第二款规定，执行标的被查封后，无论案外人对执行标的享有何种权利，只要与原判决无关的都应向执行法院通过执行异议之诉来解决。但这条规定适用的情形应是针对已登记在被执行人名下的财产的查封，而非本案中的预查封。第三，案外人执行异议之诉审查的是案外人对执行标的是否享有足以排除执行的权利，其审查范围并不包括出卖人与被执行人之间的商品房买卖合同。而且预查封情形下，出卖人就是房屋的登记权利人，但碍于《最高人民法院关于人民法院办理执行异议和复议案件若干问题的规定》第十五条的规定，出卖人即使提出执行异议之诉主张其对房屋享有权利，在买卖合同未解除前，也无法排除法院的预查封。

但是，当事人提起民事诉讼或仲裁要求解除商品房买卖合同，法院或仲裁机构应主动审查涉案的商品房买卖合同是否已被法院预查封，严格审查双方要求解除商品房买卖合同的理由、买受人支付房款的情况，在排除存在恶意串通损害预查封债权人的权益的情况下，方可依法确认双方合同解除。

本案中，经贸易公司多次催促，建设公司仍未能付清余下大部分房款，不存在《最高人民法院关于人民法院办理执行异议和复议案件若干问题的规定》第二十九条对于买受人权益保护规定的情形，建设公司欠付房款的行为导致贸易公司的合同目的不能实现，根据合同约定和法律规定，贸易公司有权解除合同。法院在此时，应维持出卖方的合法的合同权益，对出卖方要求解除合同的主张持肯定性评价。至于解除合同后可能导致的预查封债权人无法实现另案中对买受人的债权问题，因预查封的对象仅为买受人的对买卖合同享有的期待权，该期待权能否实现本就存在不确定性，预查封措施的执行与否因此也具有不确定性。因出卖人解除合同，合同无法继续履行的，买受人因此获得出卖人返还的购房款等财产权利，这个到期债权可成为执行的对象，可由此实现预查封债权人的债权。

二、预查封未解除前是否可以判决注销网签

经法信平台类案搜索，有不少判决认为在商品房买卖合同解除的情形下，法院可直接在商品房买卖合同纠纷一案中判决注销网签。但笔者认为这种做法会导致法院不同裁判之间（预查封的裁定与注销网签的判决）以及行政管理（预查封登记）与法院裁判（注销网签的判决）之间的冲突。这是因为，预查封的对象是经网签的商品房买卖合同中约定的标的物。如果法院在解除合同一案中同时判决注销网签，因网签而存在的预查封将不复存在，实际上产生了解除查封的效果，会对另案的执行产生影响。而通过引导当事人在合同解除后通过执行异议之诉解除预查封后，再注销网签。由此，可避免与执行法院的预查封裁定冲突。执行法院在实际损失中可要求出卖人先予履行其对买受人承担的返还款项义务后，再行解除预查封措施，限制合同解除后出卖人直接将款项返还给买受人，从而保护执行人实现债权的权利。

三、结语

本案处理有关预查封和商品房买卖合同解除的思路梳理如下：一是预查封的对象是买受人基于商品房买卖合同享有的期待性财产权利，预查封的效力范围仅限于限制房屋所有权转移至买受人以外的第三人名下；二是当事人在有预查封的情形下可通过提起商品房买卖合同诉讼解决合同履行问题，但应严格审查当事人要求解除合同的理由和证据；三是买受人不存在《最高人民法院关于人民法院办理执行异议和复议案件若干问题的规定》第二十九条对于买受人权益保护规定的情形；四是审查后符合法定解除或约定解除条件的，可判决解除合同，但考虑到注销网签手续会实际产生解除预查封的效果，引导当事人另行通过执行异议之诉解决，待预查封解除后再注销网签。司法实践还存在预售商品房和法院预查封相关的案外人执行异议之诉，亦可参照上述思路处理。

编写人：广东省广州市中级人民法院　白小云　邱思陵

18

买受人迟延支付购房款，经催告后合理期限内仍未履行，当事人一方可以解除合同并主张违约金

——康某昕诉王某房屋买卖合同案

【案件基本信息】

1. 裁判书字号

青海省西宁市中级人民法院（2021）青01民终1861号民事判决书

2. 案由：房屋买卖合同纠纷

3. 当事人

原告（反诉被告、上诉人）：康某昕

被告（反诉原告、被上诉人）：王某

第三人：营销策划公司

【基本案情】

2020年6月6日，康某昕作为出卖人与王某作为买受人，第三人营销策划公司作为居间方，三方共同签订了《房屋买卖居间服务合同》，根据合同约定，出卖人康某昕将其位于西宁市城中区1244室房屋一套出售给买受人王某，总层数25，所在楼层24，房屋面积125.77平方米，买卖双方均同意该房屋按整套出售并计价，成交总价为1021200元。约定付款方式为签订本合同时买受人向出卖人支付10万元作为该房屋的定金，买受人于2020年7月7日将首付款40万元交付于出卖人，于2020年12月30日将余款35万元交付于出卖人。余款171200元的付款日期详见补充协议，双方在合同中对违约责任等进行了约定，双方约定房屋交付时间为2020年6月15日。同日，康某昕与王某达成《关于

1244号房屋买卖的补充协议》，该协议约定，因涉案房屋目前没有取得不动产证，将房屋总成交价款中的171200元留过户押金，待双方完成过户当日付清该笔押金。该协议对房屋过户时间及居间方的义务等进行了约定。2020年8月21日，康某昕与王某达成《协议书》，该《协议书》约定，王某与康某昕就1244室房屋成交首付款剩余20万元，经双方协商8月30日前付清。多付5万元在9月7日前付清。如若付不清，康某昕有权要求违约方支付成交价格20%的违约金。协议补给康某昕四个月房贷11200元，定于9月7日前付。2020年9月8日，康某昕与王某再次达成《协议书》，该《协议书》约定，经友好协商，两次定于9月8日下午5点付齐剩余首付款款项20万元，另中间增加5万元为办房产证钱，并补12100元每月房贷钱，如明天支付不了，愿付成交价20%的违约金。康某昕于2020年6月13日将涉案房屋钥匙交王某。截至开庭之日，王某总计向康某昕支付购房款32万元。康某昕两次诉讼支付律师代理费2万元，王某为此次诉讼支付律师代理费1.5万元。康某昕提供的同小区二居室房屋租金均价为2280元/月。

康某昕于2020年10月10日诉王某合同纠纷一案，康某昕向法院提出诉讼请求：（1）解除双方签订的合同；（2）王某支付违约金20.4万元；（3）王某支付康某昕律师费1万元；（4）本案诉讼费由王某承担。该案经审理，法院于2020年11月18日作出（2020）青0103民初4320号民事判决书，判决如下：（1）被告王某于本判决发生法律效力后五日内向原告康某昕支付房屋首付款18万元、违约金18000元、律师费1万元。（2）驳回原告康某昕要求解除《房屋买卖居间服务合同》的诉讼请求。该案宣判后，双方当事人均未上诉，该判决已发生法律效力。

涉案房屋已经取得不动产权属证书，所登记的权利人为康某昕。

【案件焦点】

如何认定违约方，违约责任如何承担。

【法院裁判要旨】

青海省西宁市城中区人民法院经审理认为：康某昕与王某、营销策划公司签订的《房屋买卖居间服务合同》是三方的真实意思表示，内容不违反法律、行政法规的强制性规定，合法有效，三方均应按约定行使权利，履行各自的义务。因王某未按照约定的时间给付康某昕购房款，现康某昕要求解除三方签订的《房屋买卖居间服务合同》，王某亦反诉要求解除该合同，第三人营销策划公司亦同意解除该合同，根据《中华人民共和国民法典》第五百六十二条第一款“当事人协商一致，可以解除合同”之规定，对康某昕、王某请求解除三方于 2020 年 6 月 6 日签订的《房屋买卖居间服务合同》的诉讼请求，本院予以支持。关于康某昕请求判决王某腾退位于西宁市城中区 1244 室的房屋，因三方的合同解除，故对康某昕此项诉讼请求，本院予以支持。关于康某昕要求判决王某支付违约金 204240 元的诉讼请求，因被告王某未按照合同约定的时间向康某昕付款，康某昕曾于 2020 年 10 月 10 日向我院起诉要求解除涉案合同，我院作出（2020）青 0103 民初 4320 号民事判决书后，王某再次未按照合同约定履行给付剩余房款的义务，庭审中王某虽以房屋渗水、漏水为由拖延支付款项，但根据（2020）青 0103 民初 4320 号民事判决书及该案 2020 年 11 月 18 日的庭审笔录，王某并未提及房屋有渗水的情况并且其要求继续履行合同，故本院对王某的此项抗辩理由不予采信，王某应向康某昕承担违约责任。康某昕要求按照房屋成交价 1021200 元的 20%承担违约责任，王某庭审中要求对违约金予以调整，考虑到王某逾期给付款项给康某昕造成了一定的经济损失，故本院酌定王某按照余款 35 万元的 10%给付康某昕违约金 35000 元。关于康某昕要求王某承担律师费 2 万元，因康某昕提供的两张律师代理费《青海增值税普通发票》，其中一张为（2020）青 0103 民初 4320 号案件中康某昕委托律师所产生的费用，且该款在（2020）青 0103 民初 4320 号民事判决书中已经进行了裁判，故对本次诉讼所产生的律师费 1 万元，王某应给付康某昕。关于康某昕要求王某支付房屋占用期间的租金 15960 元并支付至实际腾退之日止（自 2020 年 6 月 13 日暂计算至 2021 年 1 月 12 日止：2280 元/月×7 个月 = 15960 元），参考房屋中介网站涉案房屋所在的同地段同户型的房屋月租金均价2280元/月，本院酌定按照1800元/月计算，王某应给付康某昕自2020年6月13日至2021年1月12日的房屋占用费为12600元，并自2021年1月13日支付至实际腾退之日止。关于王某要求康某昕返还购房款32万元的诉讼请求，因双方合同解除，故康某昕应向王某返还购房款32万元。关于王某要求康某昕承担违约赔偿金32000元的诉讼请求，因本案康某昕与王某签订了合法有效的《房屋买卖居间服务合同》及两份《协议书》，该三份合同均就购房款给付时间及违约金承担进行了约定，王某虽以其向康某昕支付购房款，康某昕拒收为由主张康某昕构成违约，但根据双方签订的《房屋买卖居间服务合同》及两份《协议书》，并结合双方的银行转账记录及微信聊天记录内容，王某未按照双方签订的合同约定的履行时间及时足额履行付款义务，王某通过微信要求康某昕变更支付款项方式，康某昕未同意，故对王某要求康某昕支付违约赔偿金32000元的诉讼请求，本院不予支持。对于王某要求康某昕承担律师费15000元的诉讼请求，因康某昕并非本案的违约方，故对此项诉讼请求，本院不予支持。

青海省西宁市城中区人民法院依照《中华人民共和国民法典》第五百零九条、第五百六十二条、第五百六十六条、第五百七十七条、第五百八十五条，《最高人民法院关于民事诉讼证据的若干规定》第三条，《最高人民法院关于适用〈中华人民共和国民事诉讼法〉的解释》第九十条之规定，判决如下：

一、解除康某昕与王某、营销策划公司于2020年6月6日签订的《房屋买卖居间服务合同》；

二、王某于本判决生效之日起十日内腾退康某昕位于西宁市城中区1244室的房屋；

三、王某于本判决生效之日起十日内给付康某昕违约金35000元、律师费1万元并支付2020年6月13日至2021年1月12日的房屋占用费12600元，并以房屋占用费1800元/月的标准支付自2021年1月13日至实际腾退之日止的房屋占用费；

四、康某昕于本判决生效之日起十日内返还王某购房款32万元；

五、驳回王某的其他反诉请求。

康某昕不服一审判决，提出上诉。

青海省西宁市中级人民法院经审理认为：康某昕与王某、营销策划公司签订的《房屋买卖居间服务合同》是各方当事人的真实意思表示，其内容不违反法律、行政法规的强制性规定，合法有效，各方均应按此约定行使权利、履行义务。因王某未按约定期限支付剩余房款，导致合同无法履行，现双方均同意解除合同，合同解除后，王某理应返还房屋，康某昕亦应返还王某已支付的购房款32万元。本案双方当事人的争议焦点是对于违约方以及违约责任的认定问题，首先，王某未按照合同约定及时足额向康某昕支付购房首付款，康某昕于2020年10月10日向一审法院起诉要求解除涉案合同时，王某要求继续履行合同并承诺支付房屋首付款，一审法院认定王某违约，于2020年11月18日作出（2020）青0103民初4320号民事判决书，判决王某承担违约金18000元，如王某所述，其在一审判决作出后才发现房屋有严重漏水问题，王某完全可以在法定期限内提出上诉，但王某并未上诉。其次，该判决生效后，王某还通过微信与康某昕协商能否减少房款未被同意，表明其对一审判决是认可的。最后，即使王某没有在前一案件中发现房屋漏水问题，判决生效后才发现质量问题，也可及时提起诉讼主张合同解除或赔偿损失，但直至2021年1月20日康某昕再次起诉要求解除合同，王某才于2021年3月19日反诉要求解除合同，此时整个供暖期即将结束，与其所述供暖开始后，房屋窗户漏水严重无法正常生活明显不符。故一审法院认定王某在履行合同中存在违约，应当承担违约责任并无不当。王某关于房屋漏水问题在2020年11月18日开庭时并未出现，无从得知房屋有严重漏水的质量问题，漏水是开庭之后才发生的，不可能将尚未发生的情况作为抗辩向法庭陈述的上诉理由与本案事实不符，不予采纳。康某昕主张王某按照约定以房屋成交价1021200元的20%承担违约责任，王某抗辩要求调整违约金，一审法院酌定王某按照余款35万元的10%给付康某昕违约金35000元符合法律规定。涉案合同因王某违约导致解除，王某应当支付房屋占有使用期间的费用，康某昕要求王某支付房屋占用期间的租金15960元并支付至实际腾退之日止（自2020年6月13日暂计算至2021年1月12日止：2280元/月×7个月=15960元），一审法院参考有关租赁房屋网站涉案房屋所在同地段同户型的房屋月租金均价酌定按照1800元/月，计算王某应给付康某昕自2020年6月13日至2021年1月12日的房屋占用费为12600元，并以1800元/月的标准自2021年1月13日支付至实际腾退之日止亦无不当。王某依据涉案合同第十章第一条关于“买卖双方任何一方拒绝履行合同的，守约方有权选择继续履行合同或者解除合同，守约方若选择解除合同的，有权要求违约方支付成交价10%的违约金”的约定，要求康某昕承担违约赔偿金32000元，但本案纠纷是因王某违约造成，其要求依此约定支付违约金与约定不符，一审法院未予支持正确。至于王某所述房屋存在质量问题，不能实现合同目的，因涉案合同对于房屋质量问题如何承担违约责任并无约定，且在双方均主张解除合同的前提下，一审法院考虑到如合同继续履行对王某今后生活可能会产生不利影响，故在（2020）青0103民初4320号民事判决已经生效后，又判决解除《房屋买卖居间服务合同》，已经保护了王某的合法权益。当事人应当在合理的范围内主张自己的权利，否则没有证据支撑的不合理诉求不但不会得到人民法院支持，还须自行承担未得到支持部分的诉讼费用，康某昕在本案中的诉讼请求数额共计240200元，一审判决仅支持了57600元，一审法院根据《诉讼费用交纳办法》第二十九条第二款关于“部分胜诉、部分败诉的，人民法院根据案件的具体情况决定当事人各自负担的诉讼费用数额”的规定，计算最终诉讼费用的负担正确。康某昕关于王某根本违约，应当由其承担全部诉讼费用的上诉理由无合法依据，不予采纳。康某昕在本案中并未将营销策划公司作为被告主张返还居间费用，故对其在二审中提出支出的居间费用一审法院未予考虑的上诉理由不予采纳。综上所述，康某昕、王某的上诉请求均不能成立，应予驳回；一审判决认定事实清楚，适用法律正确，裁判结果亦无不当，应予维持。

青海省西宁市中级人民法院依照《中华人民共和国民事诉讼法》第一百七十条第一款第一项之规定，判决如下：

驳回上诉，维持原判。

【法官后语】

《最高人民法院关于审理商品房买卖合同纠纷案件适用法律若干问题的解释》第十一条规定了房屋买卖合同中当事人因对方迟延履行而产生的合同解除权。根据该条规定，如果房屋出卖人迟延交付房屋或者买受人迟延支付购房款的，另一方当事人在符合以下条件时，有权解除合同。第一，一方履行迟延。出卖人迟延主要是指交付房屋迟延，买受人迟延主要是指迟延支付购房款。第二，非违约方必须作出催告。因为当事人可能因各种原因而迟延履行，如买受人因疏忽而忘记付款期，在此情形下，如果允许出卖人未经催告而解除合同，对买受人显然是不公平的，所以，法律规定出卖人解除权的行使必须以催告为前提。第三，违约方经催告后在三个月的合理期限内仍未履行。三个月的合理期限实际上是为使违约方能够在该期限内进行履约做必要准备。第四，解除权必须在法定期限内行使。依据上述司法解释的规定，在当事人没有对该解除权的行使期间作出约定的情况下，该解除权的行使期间因当事人是否进行催告而不同。如果当事人对另一方合同义务的履行进行催告的，则对方当事人应当在合理期间内履行，否则催告一方的解除权即产生，此时，该解除权的行使期间应当是该解除权产生之日起的三个月内。如果当事人一方没有催告对方当事人履行合同义务，则应当依据规定确定解除权产生的期限，即自一方迟延履行合同义务致使合同目的不能实现之日起，另一方的解除权产生，该解除权的行使期限应当是该解除权产生之日起的一年内。如果权利人在该期限内未行使解除权，该解除权消灭。本款中的三个月和一年这两个期间，均属于除斥期间，即为不变期间，不存在期间的终止、中断和延长的情形。但一年的期间设定，是有条件的除斥期间，并不是解除权消灭的绝对期间。也就是说，如果对方当事人在解除权发生之日起的一年内进行催告，仍应再延长三个月，解除权人未行使解除权的，解除权消灭。举例说明，如果对方当事人在解除权发生之日起的第十一个月时对解除权人进行催告，仍应按该司法解释的规定，解除权行使的期限向后顺延三个月，三个月内解除权人未行使解除权的，解除权归于消灭。因此，只要对方当事人在解除权人行使解除权的一年除斥期间内，催告解除权人行使解除权，解除权消灭的期限就应相应顺延三个月。

商品房买卖合同约定的违约金过高，法院可以依据当事人的请求适当予以减少，商品房买卖合同没有约定迟延付款违约金数额或者损失赔偿额计算方法，违约金数额或者损失赔偿额可以按照未付购房款总额，参照中国人民银行发布的一年期市场贷款报价利率的标准计算。

编写人：青海省西宁市城中区人民法院　刘亚丽

19

购买“产权式商铺”后，以未进行物理隔断而主张撤销合同的，应不予支持

——杨某文诉实业公司、企业管理公司房屋买卖合同案

【案件基本信息】

1. 裁判书字号

四川省眉山市东坡区人民法院（2021）川1402民初5264号民事判决书

2. 案由：房屋买卖合同纠纷

3. 当事人

原告：杨某文

被告：实业公司、企业管理公司

【基本案情】

2018年10月21日，杨某文与实业公司签订《四川省商品房买卖合同（预售）》，主要约定：“买受人购买实业公司开发的某小区1幢5层493号房；实业公司在2020年12月31日前向买受人交付该商品房；由于买受人原因，导致该商品房未按约交付的，双方同意由买受人委托的企业管理公司办理本合同标

的商品房交房手续；第十六条约定该商品房基础设施设备的交付使用条件；第三十三条约定出卖人承诺不采取分割拆零销售、返本销售或者变相返本销售的方式销售商品房、不采取售后包租或者变相售后包租的方式销售未竣工商品房。”同日，杨某文与企业管理公司签订《委托经营管理协议》，主要约定：“杨某文与委托企业管理公司全权运营管理杨某文购买并持有的案涉商品房，企业管理公司代表杨某文负责进行商铺的收房、招商招租、运营及管理服务；委托期限20年；委托经营管理内容包括但不限于业态规划、营运计划、广告投放、市场营销、招商、品牌引进、筹建、摊位出租、租金定价及物业管理等；委托经营管理期间，杨某文同意企业管理公司或与之关联的第三方因经营之需要而对商铺进行重新组合、分割、布局、分拆或合并招租，同意企业管理公司或与之关联的第三方因经营所需对商铺进行装修、改造。”同时，杨某文向企业管理公司出具委托书作为协议附件。合同签订当日，杨某文支付购房款177000元，实业公司出具收款收据。

2021年2月26日，实业公司取得项目工程《竣工验收备案书》。2021年2月26日，企业管理公司依据杨某文授权，就案涉商铺与实业公司办理交接手续并完成交房。

另查明，杨某文购买的案涉商铺形态为与四邻商铺之间未形成物理隔断。工程项目在宣传海报上载有“一间商铺一间房、就像一家活银行”“建面约15–30平方米独立产权商铺”等内容，同时在宣传海报下方载明本广告仅用作形象宣传，一切涉及文字、数据、图片仅作为项目推广使用，不构成双方合同要约，所有细节以政府相关部门最终审批文件和双方签订的《商品房买卖合同》及其附件为准。

【案件焦点】

1. 杨某文行使撤销权的期限是否已过；2. 杨某文购买商铺的性质；3. 实业公司、企业管理公司是否存在欺诈行为，案涉《商品房买卖合同（预售）》《委托经营管理协议》是否应予以撤销。

【法院裁判要旨】

四川省眉山市东坡区人民法院经审理认为：1. 杨某文委托企业管理公司进行案涉商铺收房事宜，该接收行为直接对杨某文产生法律约束力。杨某文认为其实际所购商铺非为有独立空间的商铺，则收房之日应视为杨某文知晓撤销事由之日，故杨某文主张行使撤销权未过法定期限。

2. 实业公司辩称案涉商铺是产权式商铺，杨某文在购买时已经知晓。产权式商铺是指房地产开发商将整体的商业建筑物进行面积概念分割后进行销售，各商铺之间无物理分隔，不划分实际区域，业主办理产权登记后享有产权（也有可能不能办理产权登记）但不直接经营，而是由开发商或专门的经营公司负责统一经营管理，业主获取定期、定额回报的房地产销售模式，其实质是所有权和经营权相分离的一种房地产商铺产品形式。本案中，杨某文虽享有商铺所有权，但其同意企业管理公司进行经营管理、装修招租，亦同意案涉商铺所有权与经营权、管理权相分离，此种经营模式与产权式商铺的表现形式与特征一致。由此可以认定，杨某文在购买涉案商铺时，对于其所购商铺并非独立空间商铺而系由企业管理公司负责统一经营管理的产权式商铺的事实是明知的。

3. 杨某文主张实业公司交付的商铺属无独立空间商铺，与广告宣传明显不符，构成欺诈。根据《最高人民法院关于审理商品房买卖合同纠纷案件适用法律若干问题的解释》第三条之规定，对房屋及相关设施所作的说明和允诺，应该包括房屋本身的位置、朝向、户型、结构、空间尺寸等。本案中，宣传资料中载有的“独立产权商铺”“一间商铺一间房、就像一家活银行”字样，明显不是对所售房屋所作的说明和允诺，不构成要约。杨某文未举证证明实业公司在销售商铺时对杨某文作出过案涉商铺系有独立空间的虚假意思表示，应承担举证不能的法律后果。

综上，法院认为实业公司、企业管理公司不存在欺诈事实，故对杨某文要求撤销合同及协议并要求返还购房款的主张不予支持，判决如下：驳回原告杨某文的全部诉讼请求。

判决后，双方当事人均未上诉，本判决现已生效。

【法官后语】

所谓“产权式商铺”是指房地产开发商将整体的商业建筑物进行面积概念分割后进行销售，各商铺之间无物理分隔，不划分实际区域，业主办理产权登记后享有产权（也有可能不能办理产权登记）但不直接经营，而是由开发商或专门的经营公司负责统一经营管理，业主获取定期、定额回报的房地产销售模式，其实质是所有权和经营权相分离的一种房地产商铺产品形式。“产权式商铺”产生于市场激烈竞争中，是开发商为获取经济利益，加速资金回笼而创设出的销售模式。但由于缺乏必要的制度环境与技术支持以及受经济形势的影响，“产权式商铺”的发展现状更多呈现为理论认识上歧义纷呈、现实操作上杂乱无章、经营状况上败多胜微的混乱局面，大量的产权式商铺民事纠纷日益增多。实践中，“产权式商铺”主要有两种形式，一是“独立产权式商铺”，即开发商对商场进行物理形态分割，商铺间以内隔物理墙等形式予以区分，或者虽没有间隔但采取点式地标来确定四至，各商铺能够独立办理权属登记。该种商业模式和产权模式相同于普通的房屋买卖。二是“虚拟产权式商铺”，即本案讨论的“产权式商铺”，此种为概念分割形态，商铺在空间上无物理隔离，不划分实际区域，产权登记在买受人名下，但买受人无法自行经营。其外在表现形式在于经营模式，开发商一般会采取售后包租、出售使用权、出售收益权、长期租赁模式，而无论采取哪一种模式，其核心均在于“权力分离”，即商铺买受人作为商铺的所有权人，需要让渡其对商铺直接经营管理的权利，仅享有对自己所购买商铺的回报收益权，这即是产权式商铺相较于其他模式的特殊之处。

在“产权式商铺”纠纷中，部分买受人以商铺交付不符合合同约定为由，主张解除商品房买卖合同。结合本案的争议焦点问题，如何定性买受人所购商铺的性质是审理该类纠纷的关键之所在。人民法院在审理该类纠纷时，并非机械地单独衡量《商品房买卖合同》如何约定，而是着眼于产权式商铺这一整体交易模式，综合整体考虑《商品房买卖合同》与《委托经营管理协议》的关系，特别是买受人是否在《委托经营管理协议》中授权第三方公司负责其所购商铺的收房、招商招租、运营及管理服务等诸多事宜。若买受人明确授权，并且协议实际履行，则该类交易模式符合“权利分离”的表现形式及特征，应属“产权式商铺”。基于买受人并不追求自己实际经营商铺，其购买商铺的目的在于获得固定投资收益的实际情形，人民法院对买受人的主张不予支持。

对“产权式商铺”性质的认识可能会基于生活经验、认知等存在偏差，也不排除开发商为销售商铺而进行虚假宣传，这就需要买受人在购买商铺时尽足够的审慎义务，对所购商铺的物理形态、销售模式、产权模式等进行谨慎确认，同时注意证据的收集。在“产权式商铺”模式下，开发商必须严格按照规范的操作流程进行销售，同时应通过公司销售人员讲解、签署合同中明确披露等形式向买受人尽到合理的提示义务，如此，才能有效避免潜在风险。

编写人：四川省眉山市东坡区人民法院　白颖

20

故意隐瞒房屋被查封冻结信息进行交易的属于可撤销合同

——万某中诉陈某龙等房屋买卖合同案

【案件基本信息】

1. 裁判书字号

重庆市垫江县人民法院（2020）渝 0231 民初 3607 号民事判决书

2. 案由：房屋买卖合同纠纷

3. 当事人

原告：万某中

被告：陈某龙、付某兰、陈某涵

【基本案情】

陈某龙、付某兰于 1989 年登记结婚，后于 2015 年协议离婚。陈某涵出生于 2012 年，系陈某龙与案外人黄某琼的非婚生女儿。因城市建设需征地折迁，陈某龙、陈某涵被纳入住房折迁安置对象，陈某龙遂购买了征地折迁房屋优惠购房一套。2020 年 3 月 30 日，陈某龙、付某兰作为出售人与买受人万某中、房屋中介签订《房屋买卖（居间）合同》，约定：买卖双方通过中介居间介绍，陈某龙、付某兰将涉案房屋出售给万某中，实际成交价格 25 万元，房屋过户等费用由买方承担；买方于 2020 年 3 月 30 日付款 9 万元，于 2020 年 3 月 31 日付款 12 万元，同时办理该房屋的交接手续，买方于产权证办理满 2 年后办理产权过户时付款 4 万元；其间，买方拥有该房屋的所有权和使用权，并有权对该房屋进行装修和出售；买卖双方任何一方拒绝履行或解除合同，或违反合同约定导致无法继续履行或不能完全履行的，由违约方按房屋实际成交价格的 20% 支付违约金……同日，万某中通过罗某瑶（万某中之妻）将购房款 208000 元转账给付某兰，并办理接房和交纳了物管费，后对涉案房屋进行了装修。

其中，涉案房屋因李某建与陈某龙、付某兰民间借贷案于 2019 年 12 月 16 日被人民法院冻结查封。2020 年 3 月 3 日，人民法院作出（2019）渝 0231 民初 5067 号民事判决，判决陈某龙、付某兰偿还李某建借款本金 21 万元及利息。该判决已生效，李某建已向人民法院申请强制执行。后万某中得知，涉案房屋已被查封冻结，遂向人民法院提出如下诉讼请求：（1）请求解除双方签订的房屋买卖合同；（2）请求陈某龙、付某兰返还购房款 21 万元及装修款 7 万元；（3）请求陈某龙、付某兰支付违约金 5 万元。

【案件焦点】

1. 涉案房屋买卖合同的效力应如何认定；2. 买受人请求售房人返还购房款的诉讼请求是否应当支持；3. 买受人请求售房人支付违约金的诉讼请求是否应当支持。

【法院裁判要旨】

重庆市垫江县人民法院经审理认为：陈某龙系陈某涵的法定监护人，可以作为法定代理人代理实施诉讼行为，本案系民法典施行前的法律事实引起的民事纠纷，故本案应当适用《中华人民共和国合同法》等的相关规定。

关于涉案房屋买卖合同的效力应如何认定的问题。本案中，陈某龙、付某兰均出庭应诉了涉案房屋被查封冻结的民间借贷纠纷案，表明其签订涉案购房合同前已知涉案房屋被查封冻结的事实。因涉案房屋系拆迁安置购房，尚未办理产权证书，万某中无法知晓涉案房屋已被依法查封，陈某龙、付某兰却没有告知万某中涉案房屋被查封冻结的重大事实，故意隐瞒涉案房屋真实情况，足以使万某中作出错误意思表示，因此，可以认定其行为构成欺诈。根据《中华人民共和国合同法》的相关规定，万某中主张撤销购房合同，符合法律规定，本院予以支持。陈某涵系未成年人，其对涉案房屋依法享有相应权利，万某中未举示证据证明陈某龙处分属于陈某涵的份额系为维护其利益，即陈某涵未从中获取利益，故陈某涵在本案中不应承担民事责任。

关于陈某龙、付某兰是否应当返还购房款的问题。《中华人民共和国合同法》第五十八条规定："合同无效或者被撤销后，因该合同取得的财产，应当予以返还；不能返还或者没有必要返还的，应当折价补偿。有过错的一方应当赔偿对方因此所受到的损失，双方都有过错的，应当各自承担相应的责任。"

据此，购房合同被撤销后，陈某龙、付某兰应当向万某中返还208000元购房款，对超出部分的诉讼请求应不予支持。万某中主张陈某龙、付某兰赔偿装修损失7万元并举示了证据予以证明，未超过合理范围，陈某龙虽提出异议并申请鉴定，但未依法缴纳鉴定费，鉴定申请被退回，故应予以支持。同理，万某中应将涉案房屋返还给陈某龙、陈某涵。

关于陈某龙、付某兰是否应当支付违约金的问题。《中华人民共和国合同法》第五十六条规定："无效的合同或者被撤销的合同自始没有法律约束力……"据此，涉案合同被撤销后自始没有约束力，万某中主张违约金没有法律依据，应不予支持。付某兰经依法传唤，无正当理由拒不到庭参加诉讼，视为自行放弃抗辩的权利。

重庆市垫江县人民法院依照《中华人民共和国合同法》第五十四条第二款、第五十六条、第五十八条，《中华人民共和国民事诉讼法》第一百四十四条之规定，判决如下：

一、陈某龙、付某兰于本判决生效后十日内向万某中返还购房款208000元；

二、陈某龙、付某兰于本判决生效后十日内向万某中赔偿装修损失7万元；

三、陈某龙、付某兰履行第一项、第二项义务后，万某中同时将涉案房屋返还给被告陈某龙、陈某涵；

四、驳回原告万某中的其他诉讼请求。

判决后，双方当事人均未上诉，本判决现已生效。

【法官后语】

本案系房屋所有人故意隐瞒房屋重大事实进行出售构成欺诈行为的典型案例。

《中华人民共和国民法典》第一百四十八条规定："一方以欺诈手段，使对方在违背真实意思的情况下实施的民事法律行为，受欺诈方有权请求人民法院或者仲裁机构予以撤销。"虽然本案系《中华人民共和国民法典》施行前的法律事实引起的民事纠纷案件，应适用《中华人民共和国合同法》的规定，但《中华人民共和国民法典》的规定与《中华人民共和国合同法》包含的法理、法律关系是基本一致的。其中，《中华人民共和国民法典》将以欺诈手段实施的民事法律行为效力的认定问题进行了单独的规定，并将请求主体由"受损害方"变更为"受欺诈方"，这样更加有利于"受欺诈方"合法权益的保护，"受欺诈方"可以直接据此请求人民法院或者仲裁机构撤销相关民事法律行为，不受制于是否受到损害。结合本案，笔者认为，人在处理涉欺诈的房屋买卖合同案件中，应注意以下方面内容。

一、买受人受欺诈违背其真实意思签订购房合同的定性

不动产交易中，房屋出售人应提前告知买受人涉及房屋交易的重大事项，如房屋是否被查封冻结、房屋结构是否发生重大变故、房屋内是否发生影响买受人购买意愿的重大事件。其中，最为典型的即房屋出售人故意隐瞒或未披露"凶宅"信息，当然此种情形需要结合买受人所忌讳事件的发生时间、情形以

及普通社会公众的容忍度进行判断。而本案中，房屋出售人明知房屋已被人民法院查封冻结，而故意隐瞒这一足以改变买受人购买意愿的重大事件，导致房屋无法及时办理过户登记手续，若买受人知晓该情形，在购买房屋时务必会谨慎考量是否购买房屋甚至直接放弃购买该房屋。据此，房屋出售人以欺诈手段，违背买受人真实意思表示签订房屋买卖合同，依照《中华人民共和国民法典》的相关规定，属于可撤销合同。

二、涉拆迁安置房的买卖中买受人的知情权

通常情况下，不动产买受人在购买房屋时可以通过不动产登记中心查询房屋的基本情况，买受人可以及时知晓房屋的相关信息，如房屋涉及被查封冻结或抵押登记。本案的特殊在于，一是交易房屋系拆迁安置房，双方在交易时，涉案房屋尚未完成产权办理，买受人无法知晓不动产相关信息。买受人虽知晓涉案房屋系拆迁安置房，但房屋出售人并未告知买受人房屋已被查封冻结的重要事实，违背了买受人的真实交易意愿。二是根据双方签订的合同可知，双方约定在房屋出售人办理产权证满2年后再办理过户登记，并由房屋买受人支付余下购房款。因房屋尚未完成产权办理，双方无法办理过户登记。加之不少地区有“从办理产权证起未满两年不得上市交易”的限制政策，双方遂约定，在完成产权办理后满2年再办理过户登记。而具体在二手房交易中，针对尚未取得不动产产权证书的房屋，不同于通常意义下的不动产交易，买受人在了解房屋信息时往往难度较大。

三、房屋买卖合同解除后应如何处理

《中华人民共和国民法典》第一百五十七条规定：“民事法律行为无效、被撤销或者确定不发生效力后，行为人因该行为取得的财产，应当予以返还；不能返还或者没有必要返还的，应当折价补偿。有过错的一方应当赔偿对方由此所受到的损失；各方都有过错的，应当各自承担相应的责任。法律另有规定的，依照其规定。”合同法也有相同的规定。本案中，涉案合同被撤销后，房屋出售人应当向出售人返还购房款，买受人向出售人返还房屋。同时，买受人属于利用欺诈手段出售房屋，属于过错行为，应当赔偿买受人因此而受到的损失，如本案中买受人装修房屋的价款。

综上所述，不动产交易中，房屋出售人故意隐瞒或未披露涉及足以改变买受人购买意愿的重大事项，违背买受人真实意愿签订的买卖合同属于可撤销的合同。合同撤销后，出售人应当返还购买房屋取得的价款并赔偿买受人因此受到的损失。

编写人：重庆市垫江县人民法院　谭陈宇

21

对房地产公司未实现所承诺附赠使用面积的裁判路径

——邱某、戴某丽诉房地产公司房屋买卖合同案

【案件基本信息】

1. 裁判书字号

江苏省无锡市中级人民法院（2021）苏02民终2559号民事判决书

2. 案由：房屋买卖合同纠纷

3. 当事人

原告（上诉人）：邱某、戴某丽

被告（上诉人）：房地产公司

【基本案情】

邱某、戴某丽有意购买某别墅小区房屋。洽谈时，房地产公司向邱某、戴某丽出具了销售广告宣传册，该销售广告宣传册标有“建筑面积162平方米，使用面积327平方米”的字样，从宣传册图片中可见该别墅有地上地下部分，地下一楼B1、地下二楼B2到地上部分一楼F1、二楼F2、三楼F3均可改造，改造后扩大涉案房屋的使用面积。2018年6月4日，房地产公司作为甲方和邱某、戴某丽作为乙方签订房屋买卖合同，由原告乙方购买甲方的别墅小区，合

同约定建筑面积共157.35平方米，合同第十二条套内建筑面积误差比绝对值超过3%，买受人有权解除合同。双方签订补充协议第3.6条，明确了项目所作的广告、楼书等均属于要约邀请。特别明确了上述宣传方式仅作为买受人对房屋空间布局装饰以及附属设施等概念性参考，不对双方合同的订立以及房屋价格的确定产生影响。

邱某、戴某丽向房地产公司交纳了房屋价款、车位款，收房后进行了改造。2019年，当地城管大队发出了于一定期限前自行拆除的责令改正通知书。后城管大队对涉案房屋改造部分进行了部分拆除。工商行政管理部门于2019年对房地产公司作出了处罚决定书，认为房地产公司虚假宣传使用面积，给予该公司行政处罚。

2019年11月12日，经法院组织双方进行现场勘查，涉案房屋内水泥改造部分被城管部门拆除，F1楼层天花板开洞。F1中可见前往地下B1楼、B2楼的开口，但并无楼梯。房地产公司交付房屋时F1入户花园已建好。本院委托江苏省某房地产评估咨询有限公司对房屋价格进行评估：建筑面积157平方米房屋2019年9月3日时点上房屋单价为29676元/平方米；建筑面积327平方米房屋2019年9月3日时点上房屋单价为21270元/平方米。邱某于2019年9月20日另行购买了绿某凤起和鸣项目价值为6086663元的房屋。

邱某、戴某丽诉至法院要求：1. 判令撤销双方签订的商品房买卖合同；若法院不支持前述诉请的，则请求判令解除该合同。2. 判令房地产公司返还已交付的房款和利息损失。3. 判令房地产公司向原告赔偿损失2359539元。

【案件焦点】

1. 关于合同效力属于欺诈可撤销合同，抑或具有违约情形的有效合同；2. 若本案属于合同违约情节，本案中附赠使用面积未实现的情形能否达到解除合同的程度；3. 此种违约情形如何量化损失赔偿额。

【法院裁判要旨】

江苏省无锡市滨湖区人民法院经审理认为：本案主要涉及三个法律问题。

一、关于合同效力属于欺诈可撤销合同，抑或具有违约情形的有效合同

两原告提出了预备之诉，主位请求为撤销合同，备位请求为解除合同，房地产公司在建筑面积的基础上承诺通过改造增加约一倍使用面积，商品房买卖合同约定建筑面积的房屋已经按约交付。两原告对 157 平方米建筑面积部分未提出异议。且两原告未能按照承诺改造房屋非因房地产公司主观虚假意思表示所致。所以因欺诈将建筑面积 157 平方米的房屋合同一并撤销，并不妥当。当主位请求法院不予支持后，法院将对备位请求进行裁量。房地产公司宣传资料、样板房中通过改造在建筑面积外扩大约一倍使用面积的允诺虽然未记载在双方正式签订的合同条款中，但应当视为合同内容。房地产公司并未按照该合同内容实现，应属于违约。

二、本案中附赠使用面积未实现的情形能否达到解除合同的程度

司法解释规定出卖人交付使用的房屋套内建筑面积或者建筑面积与商品房买卖合同约定面积不符超过 3%，买受人可请求解除合同。但改造后的使用面积与建筑面积不同，不能简单套用 3%的基数。但对于涉案房屋 F1-F3 层楼可改造使用面积至庭审结束时仍处于破损无法使用状态，该面积达到总承诺面积的 10%，属于严重违约。故本院对解除合同的备位请求予以支持。

三、此种违约情形如何量化损失赔偿额

关于具体损失，首先，原告亦有过错。两原告已经从销售广告、样板房明知该房屋使用面积需要业主进行改造来实现。该种改造并不是完全合法合规。两原告仍承诺该要约，具有过错。其次，使用面积和建筑面积在价值上应当有所差别。评估意见是以建筑面积为 327 平方米、157 平方米的房屋作为基准进行评估。但经过改造可实现的使用面积和不动产登记簿可反映的建筑面积是存在价值差的。故本院参照评估结果，结合以上两点因素酌定房屋差价损失为 100 万元。

江苏省无锡市滨湖区人民法院依照《中华人民共和国合同法》第六十条、第九十四条、第九十七条、第一百零七条、第一百一十二条、第一百一十九条、第一百一十三条第一款，《最高人民法院关于适用〈中华人民共和国民法典〉时间效力的若干规定》第二十五条，《最高人民法院关于审理商品房买卖合同

纠纷案件适用法律若干问题的解释》第三条、第十四条，《中华人民共和国民事诉讼法》第一百五十二条之规定，判决如下：

一、邱某、戴某丽与房地产公司签订的关于无锡市某别墅小区50-4号《商品房买卖合同》和《地下车位买卖合同》于2019年10月21日解除；

二、房地产公司于判决生效之日起十日内向邱某、戴某丽返还房屋价款、车位款、维修基金合计5524490.5元；

三、房地产公司于判决生效之日起十日内向邱某、戴某丽支付利息（以5524490.5元为基数，从2019年6月16日起至全部款项返还之日止按照全国银行间同业拆借中心公布的贷款市场报价利率计算的利息）；

四、房地产公司于判决生效之日起十日内向邱某、戴某丽支付赔偿损失共计110万元；

五、驳回邱某、戴某丽的其他诉讼请求。

邱某、戴某丽、房地产公司均不服一审判决，提起上诉，江苏省无锡市中级人民法院同意一审法院裁判意见，判决如下：

驳回上诉，维持原判。

【法官后语】

本案例具有一定的类案示范作用和司法观点创新之处。

一、本案例的类案示范作用

承诺赠送使用面积是房开公司在别墅、跃层等高档房屋销售中经常采取的销售策略。本案审理中，承办人也了解到辖区内所有高档房屋销售小区均存在承诺赠送使用面积的现象。但不同于建筑面积，关于附赠使用面积无法实现造成的违约并无法律和司法解释明确规定。经笔者在裁判文书网上查询，也无类似案例足以参考。但近年来，全国范围内对违章建造的查处力度在不断加强。此类纠纷可能将会日益增多。所以本案例有一定的类案示范作用。

二、判案思路的创新之处

本案例的判案思路具有一定创新之处，主要体现在以下三点：（1）因当事人以外原因未能使购房人实现使用面积，应属于房开公司的合同违约情形。合同的效力可分为合同有效、可撤销、无效三种情形。[①] 本案原告的主位请求为以房开公司欺诈撤销合同。但本案合同所涉及的房屋面积分为两部分，即合同约定的建筑面积157平方米和房开公司承诺的使用面积327平方米。本案中房开公司不能实现承诺使用面积并非房开公司的主观欺诈，而是第三人因素。且因为327平方米使用面积部分未实现而将包括157平方米建筑面积合同一并撤销，不利于合同关系的稳定性，可能造成合同双方权利义务地位的失衡。所以法院认为本案情形属于有效合同的违约。

（2）附赠使用面积未能达到承诺总面积10%以上的，构成足以解除合同的严重违约情形。2013年版《最高人民法院关于审理商品房买卖合同纠纷案件适用法律若干问题的解释》的第十四条第二项规定，房屋套内建筑面积或者建筑面积与商品房买卖合同约定面积不符达到3%的，可以解除合同。但并无法律和司法解释规定房屋使用面积和合同约定不符解除合同的比例。使用面积价值要低于房屋登记簿上的建筑面积。本案中，房地产公司交付的房屋中关于B1、B2、入户花园多个部分的使用面积已经实现了承诺。但涉案房屋的F1至F3楼的可改造使用面积并未实现。未实现面积经计算达到了房地产公司承诺的总使用面积的10%以上。承办人认为该情形构成了严重违约，足以解除合同。承办人在此类案件中创新性地设置了一个高于3%，达到10%的解除合同基准线。

（3）计算具体损失额应考虑使用面积和建筑面积价值差、购房者过错两个因素。因为可参考样本的限制，评估公司仅能对建筑面积327平方米、157平方米的房屋价格进行鉴定得出结论。但使用面积并不具备建筑面积一般法律上的公示性。二者存在一定价值差。所以承办人并未简单套用鉴定意见得出损失数额。且在本次合同交易中，房屋买受人在洽谈过程中就已经了解涉案房屋是需要改造才能实现使用面积。而如此大规模改造并不是完全合法合规的。故买受人也在合同交易中负有一定过错。所以在同类案件的裁判中，承办人需要在酌定损失额时考虑使用面积和建筑面积价值差、购房者过错两个因素。

编写人：江苏省无锡市滨湖区人民法院　彭云翔

---

① 韩世远：《合同法总论》，法律出版社2017年版，第150页。

22

具备形式完备性并不当然产生合同成立的法律后果

——冯某皓诉郭某春房屋买卖合同案

【案件基本信息】

1. 裁判书字号

北京市第一中级人民法院（2021）京 01 民终 8179 号民事判决书

2. 案由：房屋买卖合同纠纷

3. 当事人

原告（上诉人）：冯某皓

被告（被上诉人）：郭某春

第三人：房地产经纪公司

【基本案情】

冯某皓、郭某春、房地产经纪公司签订有《房屋买卖居间合同》（以下简称居间合同），于合同中约定了坐落于海淀区的房屋（以下简称涉诉房屋）的交易条件、居间服务内容及完成标准、合同义务等。二人在房地产经纪公司提供的房屋买卖居间服务下，就涉诉房屋的出售进行磋商。郭某春于 2020 年 12 月 26 日在空白的《北京市存量房屋买卖合同》（以下简称房屋买卖合同）文本中签字并交于房地产经纪公司，冯某皓于 2020 年 12 月 27 日在上述有郭某春签字的合同文本中签字。后郭某春通过其他中介公司与案外人签订合同并将涉诉房屋出售。

冯某皓主张其与郭某春的房屋买卖合同成立并生效，郭某春违约将房屋出售给案外人构成违约，应当双倍返还定金。

郭某春主张，其与冯某皓的房屋买卖合同并未成立。因其在2020年12月27日已经告知房地产经纪公司的经纪人杨某锋跟客户（冯某皓）说不签约了，其已经在其他中介公司处交易涉诉房屋，但房地产经纪公司与冯某皓仍然在合同中签字，同时，双方就定金、支付期限都重新进行了磋商，因此合同不能成立。

郭某春就其在房地产经纪公司提供的合同文本中预先签字的原因陈述如下：当时我方在中介主导下已经与冯某皓洽谈房屋买卖的事宜，只是一些条件还没有达成，当时我方认为一定要面签，故让中介代为保管我方签字的合同，方便正式签约，但没有让中介把合同拿给冯某皓签字。当时我签字的合同手写部分已经我确认过了。

房地产经纪公司对郭某春预先签字的情形陈述如下：当时冯某皓与郭某春已经就房屋买卖达成一致意见了，但这是郭某春的交易条件，满足这种条件就可以签约，如果细节谈不成，可能也无法签约。后来双方通过微信进行就定金变更的沟通，我们仅负责了传达，我们认为微信上的变更内容是对合同的一个补充。

郭某春与冯某皓分别于不同时间在合同上签字，冯某皓在签约时郭某春并不在场，对此，冯某皓陈述：因为一直是由房地产经纪公司在双方间沟通，买受人与出卖人没有见过面，而且中介拿来的合同上显示郭某春已经签字了，故我方认为郭某春已经认可合同内容了。

就定金的约定情况，冯某皓主张，根据合同约定购房定金为100万元，约定签订合同当天支付10万元，第二天支付90万元，定金的约定应当以合同文本为准。郭某春则主张，依据其与房地产经纪公司的微信聊天记录显示，房地产经纪公司告知其冯某皓已经将定金变更为150万元，当天支付10万元，第二天转140万元。

冯某皓主张，其在19点签约后立即向郭某春转账支付了10万元，而郭某春系在当日21点才在其他中介公司签订合同，因此，其与郭某春签订的合同在先，且合同已经成立。

【案件焦点】

冯某皓与郭某春之间的房屋买卖合同是否成立。

【法院裁判要旨】

北京市海淀区人民法院经审理认为：本案中，冯某皓、郭某春与房地产经纪公司订立了居间合同，在房地产经纪公司提供的中介服务下进行订立房屋买卖合同的磋商，房地产经纪公司系接受双方委托并报告订立合同机会、提供交易媒介的中介人。中介人并非冯某皓或郭某春一方或双方的代理人，仅是在二人之间起到介绍、协助、传达作用的中间人。冯某皓与郭某春订立房屋买卖合同的磋商过程系：郭某春、冯某皓二人并未直接进行磋商，而是分别将自己的交易条件告知房地产经纪公司，由房地产经纪公司根据双方的交易条件从中予以撮合，促成二人的房屋买卖合同订立，双方在订立合同中经历了多次口头的要约、承诺、反要约的过程，订立合同的磋商过程，均系以冯某皓、郭某春分别、单方与房地产经纪公司进行沟通的方式进行。冯某皓与郭某春各自的意思表示，至各自到达房地产经纪公司（经纪人）处时即发生效力。

订立合同磋商中，最终呈现在本案中并产生争议的是：郭某春于 2020 年 12 月 26 日在房地产经纪公司提供的房屋买卖合同文本中签字，系其向冯某皓发出订立书面合同的要约，该要约内容具体、确定，包含了双方协商多次最终确立的主要合同内容：即涉诉房屋的总价、定金金额及支付方式、尾款、支付时间及方式、过户、贷款等内容。该订立书面合同的要约通过房地产经纪公司，于 2020 年 12 月 27 日到达受要约人、承诺人冯某皓。

根据本案中证据显示，2020 年 12 月 27 日，房地产经纪公司的经纪人杨某锋告知郭某春合同条款（定金金额、支付方式等）发生了变化，并告知郭某春约定当晚九点半与冯某皓见面签约，郭某春表示其会在九点半赶到。杨某锋亦认可郭某春确已经提前向其告知要先到其他房产经纪公司去磋商订立涉诉房屋买卖合同，且案外人提供的交易条件要优于冯某皓的条件。在此情况下，郭某春与冯某皓就涉诉房屋买卖，仍然处于磋商的动态过程之中。郭某春有理由相信即使其与冯某皓订立房屋买卖合同，签约（承诺）时间也是在九点半及以后。2020 年 12 月 27 日晚上七点杨某锋向郭某春发送了冯某皓正在签约的视频，与此同时间，郭某春告知杨某锋："你跟客户说不用来了，谢谢。"依据交易习惯及此前郭某春告知杨某锋其至其他房产经纪公司磋商的前提背景之下，本院认为，郭某春在 19：03 作出的意思表示，其真实意思为撤回其向冯某皓作出的应当由房地产经纪公司传达至冯某皓的要约。根据《中华人民共和国合同法》第十七条之规定，要约可以撤回，撤回要约的通知应当在要约到达受要约人之前或者与要约同时到达受要约人。故，郭某春撤回要约的意思表示，已经到达冯某皓，发生了撤回的法律效力。退而言之，本案中，郭某春并未与杨某锋或中某地产公司在居间合同之外另行订立委托合同，或者有证据显示其授权杨某锋或中某地产公司作为其委托代理人与冯某皓签订合同。房地产经纪公司仅是中介人，其无权替委托人作出法律行为，无权参与委托人之间的法律关系。并且，房地产经纪公司亦陈述，在郭某春预先签字的情况下，如果交易的细节谈不成，也是无法签约的。故综上，本院认为，郭某春与冯某皓之间的房屋买卖合同不成立。据此，冯某皓要求解除合同并要求郭某春双倍返还定金作为违约金的诉讼请求，没有事实及法律依据，本院不予支持。

冯某皓不服一审判决，提起上诉。

北京市第一中级人民法院经审理认为：一审判决认定事实清楚，适用法律正确，应予维持。北京市第一中级人民法院依照《中华人民共和国民事诉讼法》第一百七十条第一款第一项之规定，判决如下：

驳回上诉，维持原判。

【法官后语】

一、合同成立的前提系当事人就合同条款达成合意的意思表示

订立合同，一般通过要约、承诺的方式完成，在实际订立合同过程中，各方之间就合同标的、数量、质量、价款、履行方式、期限、违约责任等，通常需要经历多次要约、承诺、反要约的磋商过程，方可产生合同成立之法律效果。所谓合同不成立，是指当事人并没有就合同的主要条款达成一致意见，也就是说，就合同的主要条款没有达成合意。通常，当事人之间可以直接就订立合同

进行磋商，意思表示直接向对方作出，产生要约、承诺的法律效果。

二、在有中介人参与情形下意思表示的作出、撤回方式

本案特殊之处在于存在中介人：当事人之间为买卖二手房，在有中介公司提供居间服务的情形下，通过中介人进行订立合同的磋商。中介公司之地位系受双方委托、报告订立合同机会、提供交易媒介的中介人。各方单方与中介人进行联系，向中介人告知其关于要约、承诺的意思表示，出卖方与买受人各自的意思表示，至各自到达中介人处时即产生作出要约、承诺的法律效力。同时，要约可以撤回，撤回要约的通知应当在要约到达受要约人之前或者与要约同时到达受要约人。因此，如当事人欲撤回其要约，其可以直接通知对方，当然也可以通知中介人，均可产生撤回的法律效果。故本案中，在买受人于房屋买卖合同中签字之时或之前，出卖人撤回要约的意思表示到达中介人，即产生了针对买受人撤回要约的法律效果。至于中介人何时将该意思表示告知买受人，不影响前述认定。故，本案中，房屋买卖合同中虽具备了买卖双方均签字的形式要件，具备了形式上的完备性，但合同实际并不成立。

三、合同不成立的法律后果

合同不成立，仅是双方未达成合意，并不是指合同内容违反了法律的强制性规定和社会公共利益等而导致无效。但合同不成立之下，也可能存在当事人基于不成立的合同进行了给付的情况，也就是本案中买受人签字后即打款支付定金，因此，合同不成立的法律后果中也存在财产返还、折价补偿及损害赔偿。合同不成立的法律后果，应当参照合同无效或被撤销的后果予以处理。但，其本质实际上属于缔约过失责任。有过错方承担的损害赔偿责任，应当限定为信赖利益损失。同时，也不能再依据不成立的合同之约定来确定损失（如定金罚则、违约金条款）。因此，买受人以出卖方另卖他人构成违约为由主张双倍返还定金，没有法律依据。

四、风险提示

本案中需特别指出的是，就有中介机构参与的房屋买卖而言，双方见面签署合同文本作为最终签订合同的签约方式为行业惯例，因交易中存在众多不确

定性，买卖双方均可能在面签合同前终止交易，即买方不再购买房屋或者卖方不再出售房屋，这种可能性发生也是行业所常见。故无论是基于探究买卖双方真实意思表示之目的，还是促成交易、维护交易稳定为目的，中介机构均有诚实报告义务，应如实、及时向各方报告，本案中，中介公司之做法有待商榷，有违当事人意思表示以及行业规范。

同时，本案也可以提示从事经济交往的主体，无论是自然人还是法人机构等，均应当谨慎在书面文件中签名或确认，保护交易安全及自身合法利益，避免随意签字带来的法律风险及高昂成本。

编写人：北京市海淀区人民法院　杨文君

（三）合同的履行

23

多份房屋买卖合同有效且买受人均要求履行情况下权利保护顺位的确定

——范某生诉薛某琪房屋买卖合同案

【案件基本信息】

1. 裁判书字号

江苏省无锡市中级人民法院（2021）苏02民终5035号民事判决书

2. 案由：房屋买卖合同纠纷

3. 当事人

原告（上诉人）：范某生

被告（被上诉人）：薛某琪

第三人（被上诉人）：陆某龙、李某

【基本案情】

2012年8月8日，陆某龙与薛某琪、薛某珍、薛某虎签订一份房屋买卖协议，约定薛某琪、薛某珍、薛某虎自愿将一套60平方米的拆迁安置房以34.5万元的价格出卖给陆某龙，陆某龙支付了30万元购房款，后薛某琪、薛某珍、薛某虎不再履行合同，陆某龙遂于2014年向本院起诉薛某琪、薛某珍、薛某虎，要求三人返还购房款30万元。法院经审理认为双方买卖合同无效，遂于2015年6月30日作出（2014）惠民初字第02516号民事判决书，判决薛某琪、薛某珍、薛某虎返还陆某龙30万元购房款。

2013年8月13日，陆某龙与李某办理结婚登记手续。2015年3月8日，薛某琪、薛某珍（出卖人）与范某生（购买人）签订住房有偿转让协议书，约定由薛某琪、薛某珍将前述拆迁安置房屋出售给范某生，总价17.3万元，并约定买受人在办理出卖人所转让住房的房屋产权证时，出卖人应无条件予以协助，并提供相关手续，在办证时不得以任何理由拒绝和推脱，过户所产生的相关费用由买受人承担。次日，薛某琪出具收条，确认收到范某生房款17.3万元。3月16日，薛某琪再次出具申明，表示自愿将安置房转卖给范某生，将来房产证办理过户手续的一切事宜均由其本人自愿和买主自己协商解决，若其本人在房产证过户前已不在人世，房产将直接过户给范某生，任何人包括其妻子子女在内都无权干涉此事。

2017年11月，薛某琪在（2019）苏0206执恢280号案件中提出将涉案房屋抵给陆某龙的方案，陆某龙表示同意。2018年6月8日，薛某琪将涉案房屋出售给陈某华并签订了房屋买卖合同，6月20日，薛某琪与陈某华、范某生签订补充协议，将房屋继续出售给陈某华。此后，陈某华将案涉房屋出租给他人使用。

2019年8月22日，薛某琪将涉案房屋出售给陆某龙，双方签订购房协议，约定以2012年8月8日协商价格过户，办完过户后由陆某龙至法院撤销执行案件、支付薛某琪尾款4.5万元，因过户至李某名下更为方便，当日薛某琪与李某办理了网签手续。2019年8月23日，双方办理了过户手续，薛某琪出具收条，确认收到尾款人民币4.5万元。

2019年9月4日，陈某华将薛某琪、范某生、不动产经纪公司诉至本院，要求解除房屋买卖合同、补充协议，返还购房款、支付违约金、赔偿损失等。在庭审时，薛某琪陈述2012年时，涉案房屋尚在建造，出售房屋给范某生时亦未告知其于2012年已经出售房屋的事实。但之后范某生知晓了该事，因为其与其儿子及陆某龙均去过涉案房屋，并还报警。后该案经审理，本院作出（2019）苏0206民初6629号民事判决书，判决解除房屋买卖合同、补充协议等事项。范某生、不动产经纪公司上诉至江苏省无锡市中级人民法院，经审理该院作出（2020）苏02民终4593号民事判决书，维持了原审判决。

诉讼中，陆某龙、李某陈述在（2014）惠民初字第02516号案件判决后，薛某琪并未归还30万元，陆某龙申请法院强制执行，在执行中双方协商，薛某琪同意以2012年的购房协议价将涉案房屋继续出售，并在房屋可以上市时办理过户手续。2015年6月30日后，双方再次签订协议，其要求法院执行时将房屋直接过户，但法院并不同意，2019年8月其又支付薛某琪房价尾款4.5万元、支付了过户费用，最终办理了过户手续，其拿到房产证后入住房屋，买涉案房屋是为了投资，有其他房屋居住。薛某琪陈述：因其欠薛某德高利贷，因此薛某德自2014年年底至2015年年初住在其家中，并由其将房屋出售给范某生，薛某德从中获利1万元。范某生陈述：其于2015年4月左右就入住涉案房屋，住到2018年，后其将房屋交给中介挂网上出售，与陈某华签合同时才离开涉案房屋。

【案件焦点】

案涉两份有效的房屋买卖合同，买受人范某生与陆某龙、李某均要求履行合同，对买受人之间如何确定权利保护顺位。

【法院裁判要旨】

江苏省无锡市惠山区人民法院经审理认为：审理“一房数卖”纠纷案件时，如果数份合同均有效且买受人均要求履行合同的，一般应按照已经办理房屋所有权变更登记、合法占有房屋以及合同履行情况、买卖合同成立先后等顺序确定权利保护顺位。但恶意办理登记的买受人，其权利不能优先于已经合法占有该房屋的买受人。虽然本院（2014）惠民初字第02516号案件认为陆某龙与薛某琪、薛某珍、薛某虎之间的房屋买卖合同无效，最终判决薛某琪、薛某珍、薛某虎返还陆某龙30万元购房款，但买卖合同无效的认定系判决的说理部分，该部分不属于既判力的客观范围，而2019年8月22日陆某龙、李某分别与薛某琪再次签订房屋买卖合同系陆某龙于2012年签订的房屋买卖合同的延续，根据此时的购房协议、收条等证据可以证明陆某龙、李某支付了合理的对价，应属有效。虽然薛某琪抗辩其与范某生签订的房屋买卖合同系被迫所签，但并未提交证据予以证明，该合同亦不违反法律规定，亦属有效。在两份有效的合同之间如何确定权利保护顺位应当结合已经办理房屋所有权变更登记、合法占有房屋以及合同履行情况、买卖合同成立先后等因素考虑。根据本案的实际情况，考虑薛某琪与陆某龙、李某签订的合同系2012年购房合同的延续，陆某龙、李某已经支付了合同的对价、涉案房屋现已经过户至李某名下，在办理过户手续之后由李某、陆某龙实际控制占有，范某生已在2018年6月将房屋出售且现并不实际居住在涉案房屋内等诸多因素，本案中更应当优先保护陆某龙、李某的权利，范某生认为薛某琪与陆某龙、李某恶意串通损害其利益而签订房屋买卖合同没有证据予以佐证，故本院对其诉讼请求不予支持。

江苏省无锡市惠山区人民法院依照《中华人民共和国物权法》第九条、《中华人民共和国民事诉讼法》第六十四条第一款之规定，判决如下：

驳回范某生的诉讼请求。

范某生不服原审判决，提起上诉。

江苏省无锡市中级人民法院经审理认为：（2014）惠民初字第02516号民事判决书认定陆某龙与薛某琪、薛某珍、薛某虎之间的房屋买卖合同无效，最终判决薛某琪、薛某珍、薛某虎返还陆某龙 30 万元购房款，据此可以认定陆某龙对薛某琪等人有确定的债权，但薛某琪等人未偿还该笔债务。2019 年 8 月 22 日，陆某龙与薛某琪再次签订购房协议，约定以 2012 年 8 月 8 日协商的价格过户给陆某龙，并由陆某龙支付尾款 4.5 万元。同日，李某与薛某琪签订房屋买卖合同并办理网签备案，涉案房屋过户至李某名下后由李某、陆某龙实际控制占有。一审认定陆某龙、李某与薛某琪再次签订合同系 2012 年的房屋买卖合同的延续，并无不当。范某生认为薛某琪的行为是以房抵债，薛某琪于 2015 年已将房屋出售给其，薛某琪私自过户给李某的行为属于无权处分，但范某生与薛某琪签订房屋买卖合同后也未办理过户登记，范某生对薛某琪享有的并非物权，而是债权，陆某龙、李某支付合理对价后取得涉案房屋的物权，本案中并无证据证明薛某琪与陆某龙、李某恶意串通，一审根据本案的实际情况，认定更加应当优先保护陆某龙、李某的权利，并无不当。范某生要求撤销薛某琪与陆某龙、李某之间的房屋买卖关系的上诉主张，无充分的事实和法律依据，本院不予支持。

江苏省无锡市中级人民法院依照《中华人民共和国民事诉讼法》第一百七十条第一款第一项之规定，判决如下：

驳回上诉，维持原判。

【法官后语】

本案涉及在“一房数卖”情形下，多个买卖合同均有效且买受人均要求履行的情况下，对于多个买受人权利应当如何保护的问题。

“一房数卖”是“一物数卖”的典型表现形式，在日常生活中也较为常见。在房屋买卖合同关系中，各买受人均享有平等的债权，但在出卖人违约的情况下，若买受人均以继续履行合同这一特定的违约责任形式主张权利，鉴于买卖标的物的特定性，即会存在买受人之间权利保护的冲突，因此保护哪一方买受人的权利，即需明确买受人权利保护的顺序的认定标准。在对买受人权利保护顺序的认定上，遵循的基本原则仍应当是重点考虑各个合同的履行程度，从而确定对各个买受人的保护顺序。买受人权利保护应当结合是否办理所有权变更登记、合法占有房屋及合同履行情况、买卖合同成立先后等因素顺序确定，但恶意办理登记的买受人权利不能优先于已合法占有房屋的买受人。因此，在相对人均为善意的情况下，基于物权优于债权的基本原则，应当以是否办理物权变更登记即是否办理所有权变更登记作为确定权利保护顺序的首要确定因素；若均未办理所有权变更登记，则考虑各买受人对房屋的实际合法占有情况及合同履行情况，优先保护已经开始履行合同的买受人的利益；若合同均未开始履行，则重点审查合同的成立先后等因素，优先保护合同成立在先的买受人的利益。而对于其他无法履行合同、取得标的物所有权的买受人，其可以主张通过解除合同、赔偿损失等违约责任获得权利救济。

就本案而言，陆某龙、李某已经办理了涉案房屋的所有权变更登记，根据庭审认定2019年8月22日陆某龙、李某分别与薛某琪再次签订房屋买卖合同系陆某龙于2012年签订的房屋买卖合同的延续。因此陆某龙、李某分别与薛某琪签订买卖合同的时间也早于范某生，且陆某龙、李某已经支付了全部购房款，现业已实际占有取得涉案房屋，综合两份房屋买卖合同的履行程度，应当优先保护买受人陆某龙、李某的利益。因此法院对范某生主张要求判令薛某琪与李某、陆某龙之间的房屋买卖合同无效，要求薛某琪、李某、陆某龙配合办理过户手续的诉讼请求不予支持。

值得注意的是，结合具体的审判实践，在各因素的认定上仍然存在复杂性。在审查合法占有房屋及合同履行情况时，笔者认为：首先，应考量合同有无进行过预告登记，基于预告登记系法律赋予被登记债权以一定物权排他效力，故对于进行预告登记的买受人优先保护。但当预告登记权利人消极行使权利时，其请求权的排他效力也应当丧失，即买受人在自能够进行不动产登记之日起九十日内未申请登记的，则预告登记失效，这种情况下预告登记权利人基于预告登记而享有的实现不动产物权本登记的请求权丧失了物权基础，其物权效力也因此而消灭。而对于自能够进行不动产登记之日的确定，也应当按照以非因预告登记权利人自身原因导致本登记障碍的情形消除而能够进行本登记的标准进行把握。其次，审查房屋合法占有情况，对于未办理预告登记但先行合法占有的买受人的权利应当优先保护。再次，审查购房款的支付情况。对于买受人均未办理预告登记，也未合法占有房屋，若买受人存在已经支付了全部购房款，或者支付部分房款并办理按揭贷款等情况，则表明买受人已经积极履行了其合同义务，系诚实信用原则的体现，对于其权利的保护应当优先于后付房款或者未付房款的买受人。最后，审查买卖合同成立时间。因合同关系仅是发生于合同当事人内部，故在认定方面也存在一定的阻碍：一是相比较所有权变更登记和合法占有房屋及合同履行情况的审查，合同订立时间一般体现为合同书面载明的时间，尚且不论当事人之间是否存在恶意串通倒签或者篡改时间，该时间的记载也不如前两项在履行留痕的具体内容上更具有客观性和严肃性。二是可能存在出卖人不诚信履约导致买卖双方之间多次签订合同或者反复签订合同的情形。对于不同主体之间签订多份合同，合同成立时间的认定就不能简单地依据合同载明的时间，可能会存在先签订的合同存在无效、被撤销等多种因素阻碍合同成立时间的判断，故应综合其他证据加以判断。例如，本案中涉及因先前签订的合同效力问题导致无法履行房屋过户，后恢复双方自愿履行的状态，双方又再次签订合同的情形，经过审理查明的事实综合认定陆某龙、李某与薛某琪于2019年签订合同系2012年购房合同的延续。因此，对于合同成立时间的审查，在司法实践中应当具体分析认定，需结合买卖合同载明的签订时间、网签备案时间以及其他证据综合加以认定。

编写人：江苏省无锡市惠山区人民法院　王臻　司林林

24

受遗赠人亦须履行合同义务

——蓝某杰诉林某梅房屋买卖合同案

【案件基本信息】

1. 裁判书字号

福建省厦门市思明区人民法院（2020）闽0203民初16508号民事判决书

2. 案由：房屋买卖合同纠纷

3. 当事人

原告：蓝某杰

被告：林某梅

第三人：潘某菲

【基本案情】

案外人陈某龙于1998年12月11日与某协会签订的《房屋拆迁赔偿协议书》，约定：某协会在办理长青北里该处50套产权的同时，将厦门市长青北里31号×室房屋的全部产权归陈某龙所有，购房款由某协会负责，并于1998年12月15日将房屋交付给陈某龙居住。2016年6月19日，蓝某杰经房产营销顾问公司居间介绍，与案外人陈某龙签订了《房产预约买卖合同》。该合同约定："陈某龙自愿将其位于厦门市长青北里31号楼×室房产出售给蓝某杰，总价款为人民币120万元。协议签订之日，蓝某杰应向陈某龙支付购房定金人民币20万元整，一手产权证办至陈某龙名下七日内，陈某龙必须通知蓝某杰办理产权过户，房管局出件单开出当日应付余款人民币100万元（以银行贷款为准）。双方协商同意，蓝某杰至房管局过户时实际的买受人由买方指定。"后蓝某杰又与案外人陈某龙签订《补充协议》，约定："陈某龙保证 2016 年 9 月 30 日前办理好产权且过户给蓝某杰，陈某龙于 2016 年 7 月 6 日交房于蓝某杰使用，且同意蓝某杰装修该房屋。"合同签订当天，蓝某杰依约向陈某龙支付了 20 万元定金。陈某龙也于 2016 年 7 月 9 日将讼争房屋实际交付给蓝某杰，蓝某杰于 2016 年 7 月中旬对该房屋进行装修，但在装修期间，陈某龙突然反悔，阻止蓝某杰继续装修并强行收回房屋。蓝某杰考虑到陈某龙年纪较大，为避免产生意外，迫不得已中断装修并搬离讼争房屋。蓝某杰为主张权利，于 2016 年 9 月 9 日向贵院提起诉讼，要求陈某龙继续履行与原告蓝某杰之间的买卖合同，立即协助某协会办理将讼争房屋过户至陈某龙名下的相关手续，并在取得讼争房屋产权证后七日内协助办理该房产过户至蓝某杰指定人名下的相关手续。贵院以陈某龙尚未取得讼争房屋权属登记为由，驳回了蓝某杰的诉讼请求，原告向厦门市中级人民法院提起上诉，厦门市中级人民法院以同样的理由驳回蓝某杰的上诉请求。2020 年 6 月中旬，经厦门市思明区人民政府出具的征收安置确认表确认：讼争房屋认定安置人员为陈某龙。表格备注：本表仅作为办理安置房产权手续之用。2020 年 2 月 7 日，经厦门市鹭江公证处公证，陈某龙立遗嘱将讼争房屋赠与林某梅，陈某龙现已死亡，且林某梅业已作出接受遗赠的表示。综上蓝某杰认为，蓝某杰与案外人陈某龙签订的《房产预约买卖合同》及《补充协议》真实、合法、有效，双方均应严格按约定履行义务，讼争房屋已具备办理产权手续的条件，林某梅通过接受遗赠的方式获得讼争房屋，因此应当履行相应的义务。为维护自身的合法权益，故起诉至法院，请求法院判令：1. 林某梅继续履行蓝某杰与陈某龙签订的《房产预约买卖合同》及《补充协议》的义务，并立即将思明区长青北里 31 号×室房屋交付给蓝某杰；2. 林某梅协助办理该房产过户至蓝某杰指定人潘某菲名下的相关手续。

【案件焦点】

林某梅是否需要履行蓝某杰和陈某龙签订的《房产预约买卖合同》及《补充协议》之义务。

【法院裁判要旨】

福建省厦门市思明区人民法院经审理认为：陈某龙与蓝某杰签订的《房产预约买卖合同》及《补充协议》系双方当事人的真实意思表示，内容未违反法律、行政法规的强制性规定，应当认定为合法有效，双方应依约全面履行。该《房产预约买卖合同》虽名称含有“预约”一词，综合两份合同的内容来看，合同条款已经就标的、价款、履行期限、履行方式、违约责任等内容进行了明确约定，故应当认定为是房屋买卖合同性质的本约合同。林某梅主张该案涉合同为预约合同，本院不予采纳。林某梅在蓝某杰与陈某龙的二审诉讼中作为陈某龙的委托诉讼代理人，对陈某龙将讼争房屋出售给蓝某杰的事实系明知，双方在此基础上所建立的赠与关系明显存在恶意串通之情形。依据双方签订的《房产预约买卖合同》第十五条的约定，案外人陈某龙应当在取得案涉房屋的产权后，办理过户手续至蓝某杰指定的第三人的名下，现因案外人陈某龙已去世，林某梅作为其遗赠人在受赠范围内继受房屋的权利义务。蓝某杰已向本院缴纳剩余购房款作为履约担保，其要求林某梅依约交付案涉房屋，并协助办理过户至其指定的第三人即潘某菲的名下，于法有据，予以支持。厦门市思明区人民法院依照《中华人民共和国合同法》第四十四条、第六十条及《中华人民共和国民事诉讼法》第六十四条第一款之规定，判决如下：

一、林某梅应于本判决生效之日起十日内将厦门市思明区长青北里 31 号×室房屋交付给蓝某杰；

二、林某梅应于本判决生效之日起十日内协助将厦门市思明区×室过户至潘某菲名下。

判决后，双方当事人均未上诉，本判决现已生效。

【法官后语】

首先，从维护交易便利和保障交易安全的角度来讲，对于纯属财产性质的合同（如买卖和租赁合同），一方当事人死亡的，不应影响合同的效力。因为，虽然合同相对性原则是合同法中的一个重要原则，但该原则也是有例外的。当代无论是大陆法系国家还是英美法系国家为了符合交易便利和交易安全，衡平当事人与第三人之间，当事人与社会之间的利益，多数都在坚持合同相对性原则的基础上作了一些突破性的规定。我国也同样如此。比如，《中华人民共和国民法典》规定的关于第三人受益合同、代位权、撤销权以及买卖不破租赁等都在一定程度上突破了合同相对性原则。应当说，这些突破性的规定体现了我国立法从个体本位向社会本位法律思想的转变。本案中，房屋买卖双方的买卖合同仍然继续有效。被告虽已接受遗赠，已取得讼争房屋所有权，在接受遗赠的范围内应当承担该房屋上所附的权利义务，即接收购房款的权利和办理过户登记及交付房屋的义务。在交易过程中，如一方对合同相对方无特定要求，其有权要求继受主体履行合同义务。此外，从遗赠人与受遗赠人关于遗赠的主观性而言，双方均已明知讼争房屋出售给原告，双方之间的赠与合同关系明显具有主观恶性，即排除原告基于买卖合同而取得房屋相应权利。

其次，关于具有人身依附性的合同（如服务合同），一方当事人死亡的，合同效力自然终止。因为这类合同的签订，一般都是一方当事人基于对另一方当事人本人具有的经验、能力，甚至是个人品格方面的信任才与之签订相应的合同，对合同相对方具有特定性要求。在这种情况下，如果该当事人死亡，合同权利义务仍不终止的话，则有违另一方当事人订立合同的真实意愿了，这显然与《中华人民共和国民法典》规定的自愿原则有冲突。另外，含有人身依附的合同属于根据合同性质不可转让之合同。同理，其继承人或受遗赠人也不应继承该合同的权利和义务。因此，笔者认为此类合同的权利义务应该随着合同主体的死亡而自然终止。

为了消除一方当事人死亡后带来的合同效力不确定性风险，减少将来产生不必要的争议，应建议当事人在订立合同之时可在合同中明确约定一方当事人死亡作为另一方解除合同的条件，或者直接在合同中对于一方当事人死亡后，合同义务由其继受人继续履行。

编写人：福建省厦门市思明区人民法院　辛鹏

25

迟延履行生效判决产生的迟延履行金及损失赔偿应由执行程序处理

——王某荣、庞某友诉尧某房屋买卖合同案

【案件基本信息】

1. 裁判书字号

北京市第三中级人民法院（2021）京03民终4552号民事裁定书

2. 案由：房屋买卖合同纠纷

3. 当事人

原告（上诉人、反诉被告）：王某荣、庞某友

被告（上诉人、反诉原告）：尧某

【基本案情】

王某荣与庞某友系夫妻关系，尧某原系北京市通州区涉案房屋的所有权人。2015年12月，尧某与王某荣、庞某友签订《北京市存量房屋买卖合同》，约定尧某将涉案房屋以170万元的价格出售给王某荣、庞某友，其中房屋成交价格为120万元，该房屋内的家具、家电、装饰装修及该房屋的配套设施设备等作价50万元。同日，尧某与王某荣、庞某友、某房地产咨询公司（居间方）签订《补充协议》，约定除定金以外的购房款的支付，甲乙双方应于2016年2月前共同前往贷款机构办理贷款申请及签约等相关手续。同日，尧某与王某荣、庞某友签订《补充协议附件1》，乙方同意甲方收到尾款30日内给腾房，甲方在2015年12月收到乙方定金此合同生效。

2015年12月，王某荣、庞某友向尧某支付购房定金17万元。2016年2

月，王某荣、庞某友向尧某支付首付款74万元。双方于当日办理了涉案合同的网签备案手续。2016年3月，王某荣取得《北京住房公积金管理中心住房公积金贷款担保中心连带责任保证担保贷款承诺书》，内容为：该中心承诺为该借款申请人提供住房公积金贷款。本贷款承诺书有效期为3个月。承诺贷款金额为96万元。

其后，双方关于合同履行产生争议。王某荣、庞某友于2016年3月将尧某诉至一审法院，一审法院判决如下：(1) 双方继续履行双方于2015年12月签订的《北京市存量房屋买卖合同》《补充协议》及《补充协议附件1》；(2) 尧某协助王某荣、庞某友办理涉案房屋的产权转移登记手续及交易税费的交纳，于判决生效之日起十日内执行清；(3) 尧某于涉案房屋产权转移登记手续完成之日起十日内，将涉案房屋腾退并交付给王某荣、庞某友；(4) 尧某支付王某荣、庞某友延期办理过户手续违约金人民币32.9800万元，于判决生效之日起十日内执行清；(5) 王某荣、庞某友将首付款人民币74万元退回给尧某（王某荣、庞某友已将首付款支付至法院账户，尧某可自法院领取该笔首付款）；(6) 王某荣、庞某友通过公积金贷款方式支付尧某剩余房款人民币96万元，尧某提供必要协助，于判决生效之日起三十日内执行清；(7) 驳回王某荣、庞某友的其他诉讼请求。

后尧某不服该判决，上诉至北京市第三中级人民法院，该法院经审理于2016年9月作出终审判决：(1) 维持一审判决第一项、第二项、第三项、第五项、第六项；(2) 撤销一审判决第四项、第七项；(3) 尧某于判决生效之日起十日内支付王某荣、庞某友延期办理过户手续违约金103700元；(4) 驳回王某荣、庞某友的其他诉讼请求。

2016年10月，王某荣、庞某友向一审法院申请强制执行，要求尧某履行生效判决确定的办理产权转移登记手续以及腾退房屋、支付违约金的义务。经一审法院强制执行，王某荣、庞某友于2016年10月取得涉案房屋的不动产权登记证书；2019年8月，一审法院完成涉案房屋的腾退执行，将房屋交付给王某荣、庞某友。因生效判决判令尧某于涉案房屋产权转移登记手续完成之日起十日内，将涉案房屋腾退并交付给王某荣、庞某友，故王某荣、庞某友要求尧某按照每月4200元的标准支付从2016年11月起至2019年8月的占有使用费，此为本案本诉之由来。

2016年10月，尧某亦向一审法院申请强制执行，要求王某荣、庞某友支付购房款及迟延履行利息。2017年1月，扣除己方应负担的诉讼费和违约金后，尧某自一审法院领取王某荣、庞某友在诉讼过程中交付法院的首付款。2019年9月，尧某自一审法院领取公积金贷款尾款。尧某认为，王某荣、庞某友未履行生效判决确定的义务——在判决生效之日起30日内支付购房款，故要求王某荣、庞某友支付迟延履行利息，此为本案反诉之由来。

【案件焦点】

双方应否赔偿对方迟延履行生效判决所致损失。

【法院裁判要旨】

北京市通州区人民法院经审理认为：双方之间的房屋买卖合同继续履行，作为双务合同，生效判决在明确尧某需承担协助过户、腾退房屋的义务外，亦明确王某荣、庞某友需承担继续支付购房款的义务。原审判决虽未明确双方各自义务履行的先后顺序，但结合原合同“乙方同意甲方收到尾款30天内给腾房”的约定以及交易惯例，尧某在未收到王某荣、庞某友交付的全部购房款之前，王某荣、庞某友要求尧某支付房屋占有使用费，依据并不充分。尧某于2019年8月底将房屋腾退交付给王某荣、庞某友，于2019年9月初领取了购房款尾款，因此，本院对王某荣、庞某友要求尧某支付2016年11月起至2019年8月的占用使用费及利息的诉讼请求不予支持。至于尧某反诉要求王某荣、庞某友支付迟延支付购房款罚息的诉讼请求。根据前案生效判决可知，王某荣、庞某友已在诉讼过程中将首付款交至法院，故生效判决并未另行限定王某荣、庞某友首付款付款期限。另，购房款尾款的支付方式为北京住房公积金管理中心将贷款金额支付至北京市通州区人民法院开立的账户，再由尧某自本院领取。而北京住房公积金管理中心发放贷款需要履行何种手续、何时放款等过程并不受王某荣、庞某友掌控，尧某据此要求王某荣、庞某友支付迟延履行尾款罚息，依据并不充分。因此，本院对尧某反诉要求王某荣、庞某友负担延迟支付购房款罚息的诉讼请求不予支持。对尧某反诉要求王某荣、庞某友支付以前述罚息为基数计算的利息的诉讼请求亦不予支持。

综上所述，北京市通州区人民法院依照《中华人民共和国民法总则》第三条之规定，判决如下：

一、驳回王某荣、庞某友的全部诉讼请求；

二、驳回尧某的全部反诉诉讼请求。

双方均提起上诉。

北京市第三中级人民法院经审理认为：根据双方当事人的诉辩意见及查明事实，已生效判决确定了王某荣、庞某友应当给付房款的时限，亦确定了尧某应予交房的时限。后双方均申请强制执行。现王某荣、庞某友的起诉请求，尧某的反诉请求均系对方未按生效判决履行所致损失或者迟延履行期间的利息。根据《中华人民共和国民事诉讼法》第二十一章执行措施中规定，被执行人未按判决、裁定和其他法律文书指定的期间履行给付金钱义务的，应当加倍支付迟延履行期间的债务利息。被执行人未按判决、裁定和其他法律文书指定的期间履行其他义务的，应当支付迟延履行金。根据《最高人民法院关于适用〈中华人民共和国民事诉讼法〉的解释》第二十一章执行程序中第五百零七条规定，被执行人未按判决、裁定和其他法律文书指定的期间履行非金钱给付义务的，无论是否已给申请执行人造成损失，都应当支付迟延履行金。已经造成损失的，双倍补偿申请执行人已经受到的损失；没有造成损失的，迟延履行金可以由人民法院根据具体案件情况决定。故，当事人未按判决履行金钱给付义务或者非金钱给付义务的，应当在执行程序中解决迟延履行金问题，而非另行提起民事诉讼。因此，本案应当裁定驳回王某荣、庞某友的起诉以及尧某的反诉。

北京市第三中级人民法院依据《中华人民共和国民事诉讼法》第一百七十条第一款第二项、第二百五十三条，《最高人民法院关于适用〈中华人民共和国民事诉讼法〉的解释》第三百三十条、第五百零七条之规定，裁定如下：

一、撤销北京市通州区人民法院（2019）京0112民初34374号民事判决；

二、驳回王某荣、庞某友的起诉；

三、驳回尧某的反诉。

【法官后语】

一、实践中对于当事人未履行生效判决判定义务产生迟延履行金或损失时有不同做法

在当事人未按生效判决履行金钱给付义务或者非金钱给付义务时，权利人往往通过另行起诉来解决，特别是双方对迟延履行金数额或者损失金额争议较大的情况下，权利人一般会采取另行提起民事诉讼解决。也有当事人在申请强制执行时，向执行部门提出要求一并执行迟延履行期间产生的迟延履行金或赔偿损失。

二、执行部门具有处理未按判决履行给付金钱义务产生迟延履行金及迟延履行非金钱义务所致损失的依据

根据《中华人民共和国民事诉讼法》第二十一章执行措施中第二百六十条规定，被执行人未按判决、裁定和其他法律文书指定的期间履行给付金钱义务的，应当加倍支付迟延履行期间的债务利息。被执行人未按判决、裁定和其他法律文书指定的期间履行其他义务的，应当支付迟延履行金。根据《最高人民法院关于适用〈中华人民共和国民事诉讼法〉的解释》第二十一章执行程序中，第五百零七条规定，被执行人未按判决、裁定和其他法律文书指定的期间履行非金钱给付义务的，无论是否已给申请执行人造成损失，都应当支付迟延履行金。已经造成损失的，双倍补偿申请执行人已经受到的损失；没有造成损失的，迟延履行金可以由人民法院根据具体案件情况决定。

申请执行人主张迟延履行利息的，应当由其提供计算迟延履行利息的方法及结果，被执行人对此没有异议，或者虽有异议但经协商后与申请执行人达成一致的，经执行实施机构审查后予以确认。当事人对迟延履行利息的计算无法达成一致的，由执行实施机构作出书面决定。当事人对该决定可以按照《中华人民共和国民事诉讼法》第二百三十二条的规定提出异议。被执行人迟延履行

非金钱给付义务，给申请执行人造成损失的，应当双倍补偿申请执行人的损失。申请执行人提出有损失并要求双倍补偿其损失的，其在主张迟延履行金时应当列明所受损失的具体数额，并提供相应证据。被执行人迟延履行非金钱给付义务，未给申请执行人造成损失或者申请执行人未主张有损失的，应当综合迟延履行的原因、迟延履行期间的长短、迟延履行给申请执行人造成的影响等因素酌定迟延履行金的数额。申请执行人主张迟延履行金的，应当由其提供计算迟延履行金的方法及结果，被执行人对此没有异议，或者虽有异议但经协商后与申请执行人达成一致的，经执行实施机构审查后予以确认。当事人对迟延履行金的计算无法达成一致的，由执行实施机构作出书面决定。当事人对该决定可以按照《中华人民共和国民事诉讼法》第二百三十二条的规定提出异议。

因此，对于当事人未按判决履行金钱给付义务或者非金钱给付义务的，迟延履行金标准清晰，争议不大的情况应由执行部门处理。当事人之间对于迟延履行金存在争议的情况下，由执行实施机构进行审查，作出决定。《最高人民法院关于执行程序中计算迟延履行期间的债务利息适用法律若干问题的解释》明确规定了迟延履行期间的债务利息的认定规则。本案中，已生效判决已经确定了当事人双方的义务，当事人所主张之未按判决履行所产生的房屋占用费和逾期付款利息，标准清晰，可由执行部门根据执行中的实际情况一并解决不应另行提起民事诉讼，再行作出民事判决确定。

编写人：北京市第三中级人民法院　闫慧

（四）违约金与违约责任

26

开发商逾期交房违约责任和房屋质量瑕疵担保责任的区别

——白某丽诉房地产开发公司商品房买卖合同案

【案件基本信息】

1. 裁判书字号

广西壮族自治区柳州市中级人民法院（2021）桂02民终879号民事判决书

2. 案由：商品房买卖合同纠纷

3. 当事人

原告（上诉人）：白某丽

被告（被上诉人）：房地产开发公司

【基本案情】

2016年6月30日，白某丽与房地产开发公司签订一份《商品房买卖合同》，约定：白某丽向房地产开发公司购买位于柳州市×号房屋一套，房屋总价款为991305元；房地产开发公司应在2018年3月30日前，依照国家和地方人民政府的有关规定，将具备取得房屋建筑工程竣工验收备案证明条件，并符合本合同约定的商品房交付白某丽使用；如房地产开发公司延期交付，白某丽选择继续履行合同的，则房地产开发公司应按白某丽已付房款每日万分之二支付违约金；等等。合同签订后，白某丽向房地产开发公司付清了购房款。案涉房屋于2018年3月10日取得五方单位验收合格，于2018年3月29日取得竣工验收备案。其间，房地产开发公司于2018年3月25日刊登交房公告，通知相关业主于2018年3月30日办理入伙手续。2018年3月30日，白某丽在验收案涉房屋时因发现卫生间、厨房、卧室与客厅有渗水情况，故拒绝接收该房屋。后房地产开发公司针对上述渗水问题对19号楼楼面防水进行维修整改，2020年5月6日整改完成后，原告才在《房屋交接单》上签名并办理相应的交接手续。白某丽认为，由于案涉房屋严重漏水，房地产开发公司直到2020年5月6日才将案涉房屋补漏完工并交付其使用，应当承担逾期交房的违约责任及房屋毁损赔偿责任，故提起本案诉讼。

【案件焦点】

1. 案涉房屋交付时间的认定；2. 房地产开发公司维修整改长达两年多，影响白某丽正常入住所应承担的责任是否是逾期交房的违约责任。

【法院裁判要旨】

广西壮族自治区柳州市鱼峰区人民法院经审理认为：双方对案涉房屋的交付条件在《商品房买卖合同》第八条明确约定为："取得房屋建筑工程竣工验收备案证明"，且《中华人民共和国建筑法》第六十一条第二款规定："建筑工程竣工经验收合格后，方可交付使用；未经验收或者验收不合格的，不得交付使用。"《建设工程质量管理条例》第十六条规定："建设单位收到建设工程竣工报告后，应当组织设计、施工、工程监理等有关单位进行竣工验收。建设工程竣工验收应当具备下列条件：……（四）有勘察、设计、施工、工程监理等单位分别签署的质量合格文件；……建设工程经验收合格的，方可交付使用。"房地产开发公司建设开发的小区17号，18号，19号楼及地下室于2018年3月10日取得施工、勘察、设计、监理、建设五方单位验收合格，并于2018年3月29日取得柳州市房屋建筑工程和市政设施工程竣工验收备案登记。房地产开发公司以登报公告的形式通知白某丽于2018年3月30日交房。因2018年3月30日案涉房屋已具备合同约定和法律规定的交付条件，故该院认定案涉房屋的交付时间为2018年3月30日。因此房地产开发公司不存在逾期交房的情形，白某丽主张房地产开发公司承担逾期交房违约金，缺乏事实和法律依据，该院不予支持。

关于白某丽提出2018年3月30日因案涉房屋存在渗水情况不能装修入住，直至2020年5月6日房地产开发公司维修完毕白某丽才实际接收房屋的观点，该院认为，《最高人民法院关于审理商品房买卖合同纠纷案件适用法律若干问题的解释》第十二条规定："因房屋主体结构质量不合格不能交付使用，或者房屋交付使用后，房屋主体结构质量经核验确属不合格，买受人请求解除合同和赔偿损失的，应予支持。"可见，房屋主体结构质量不合格的，买受人才可以拒收房屋。本案中，白某丽拒收房屋的理由是房屋严重渗水，而房屋渗水并非主体结构质量问题。《最高人民法院关于审理商品房买卖合同纠纷案件适用法律若干问题的解释》第十三条规定："因房屋质量问题严重影响正常居住使用，买受人请求解除合同和赔偿损失的，应予支持。交付使用的房屋存在质量问题，在保修期内，出卖人应当承担修复责任；出卖人拒绝修复或者在合理期限内拖延修复的，买受人可以自行或者委托他人修复。修复费用及修复期间造成的其他损失由出卖人承担。"本案中，白某丽在2018年3月30日查验房屋时发现的问题，可以依据上述司法解释的规定另行向被告主张因交付的房屋存在质量问题影响原告正常入住和居住使用的损失赔偿责任，但不能将其混同于未达约定和法定交付条件而主张逾期交房的违约责任。故白某丽的上述观点，该院不予采纳。

广西壮族自治区柳州市鱼峰区人民法院依照《中华人民共和国合同法》第六十条，《中华人民共和国民事诉讼法》第六十四条第一款，并参照《最高人民法院关于民事诉讼证据的若干规定》第二条的规定，判决如下：

驳回原告白某丽的诉讼请求。

白某丽不服一审判决，向广西壮族自治区柳州市中级人民法院提出上诉。二审法院同意一审法院裁判意见。

广西壮族自治区柳州市中级人民法院依照《中华人民共和国民事诉讼法》第一百七十条第一款第一项之规定，判决如下：

驳回上诉，维持原判。

【法官后语】

当前，因房屋质量问题而引发的交付纠纷是商品房买卖合同纠纷的主要类型之一，也是审判实践中的难点问题。随着民众维权意识的增强，一些购房者因房屋存在质量问题而拒绝在约定的时间接收房屋，进而要求开发商承担逾期交房违约责任的案件增多。如何判断开发商是否构成逾期交房，关键是要正确理解和把握开发商逾期交房违约责任和房屋质量瑕疵担保责任的区别。

首先，商品房交付，是开发商履行商品房买卖合同的重要义务之一。开发商未按期交房，或虽在合同约定的交付日期内交房，但商品房不具备交付使用条件的，开发商应承担逾期交房的违约责任。开发商在合同约定的交付日期内交房，但购房者有正当理由拒绝收房的，亦视为开发商未按期交房。此处“正当理由”应指房屋主体结构质量不合格或房屋质量问题严重影响正常居住使用。本案中，房地产开发公司瑕疵交付不构成逾期交房。理由如下：第一，房地产开发公司已按约通知白某丽收房。第二，案涉房屋在约定的交付期限内取得了五方（施工、勘察、设计、监理、建设）单位验收合格，并通过竣工验收备案，达到法定交付条件。第三，案涉房屋的质量问题为房屋严重漏水，不属于房屋主体结构质量不合格或房屋质量问题严重影响正常使用的情形，可通过整改予以解决。事实上，案涉房屋亦整改完成，并交付使用。

其次，交付的房屋若存在诸如地面、墙面裂缝，局部渗水、漏水、门窗损坏等质量瑕疵，并不会导致商品房的功能丧失，也不会导致买受人不能实现合同目的，若不影响正常居住使用的，从促进交易、维护正常的交易秩序、实现权益和社会资源利用最大化的角度出发，法律法规确定了修复的民事责任，即《中华人民共和国民法典》第五百七十七条规定“当事人一方不履行合同义务或者履行合同义务不符合约定的，应当承担继续履行、采取补救措施或者赔偿损失等违约责任”。本案中，房地产开发公司交付的房屋存在漏水问题，属质量瑕疵问题，应该承担质量瑕疵的担保责任，而非逾期交房的违约责任。

综上，若开发商按期交付的房屋具备合同约定和法定交付条件，但存在质量瑕疵，属瑕疵交付，不构成逾期交房，应承担质量瑕疵的担保责任，而非逾期交房的违约责任。只有正确理解和把握开发商逾期交房违约责任和房屋质量瑕疵担保责任的区别，购房者在遇到交付的房屋存在质量问题时，才能选择正确的维权途径。这也是审判实践中法官正确断案的标准。

编写人：广西壮族自治区柳州市鱼峰区人民法院　伍艳丽

27

预期违约与不安抗辩权的适用

——狄某平诉周某房屋买卖合同案

【案件基本信息】

1. 裁判书字号

浙江省绍兴市中级人民法院（2021）浙 06 民终 3888 号民事判决书

2. 案由：房屋买卖合同纠纷

3. 当事人

原告（反诉被告，被上诉人）：狄某平

被告（反诉原告，上诉人）：周某

第三人：房产置换公司

【基本案情】

2021 年 2 月 20 日，狄某平（甲方）、周某（乙方）、第三人中介房产置换公司（丙方）就狄某平将其所有的房屋向周某转让事宜签订《房屋买卖合同》一份，对房屋产权、抵押情况作出说明，并约定乙方在签订合同时向甲方支付定金人民币 7 万元，其中 1 万元交房押金由丙方保管，等交房结束后由丙方交还甲方；2021 年 4 月 15 日前过户，乙方应在约定的过户日前向甲方支付房款

28万元，甲方配合乙方过户，若任一方违约，须承担违约责任。合同还约定，甲方应在收到全部房款时交付涉案房屋；乙方同意将首付款先支付甲方，让甲方用于归还涉案房屋银行剩余贷款。

合同签订当日，周某向狄某平支付定金7万元；狄某平收到定金后，向房产置换公司支付1万元，作为涉案房屋交付押金。2021年3月底，狄某平通过房产置换公司中介经办人周某某，向周某催付首付款28万元，但周某因没有筹集到款项，未能支付该款。此后，狄某平仍通过周某某向周某催付款项，并向周某某表达过“这个房子我真的不卖给他了”“本来银行1号扣款的，现在都几号了”“说话这么不负责任的，我也不敢和他交易了”等。直至4月11日下午，周某筹集28万元款项，告知周某某可以向狄某平付款。周某某即通过微信转告狄某平，但狄某平未予回复。周某某遂告知周某，狄某平可能不想卖房子了，先不要付款；周某即未付款。

2021年4月14日，狄某平与周某某电话联系，狄某平表示本来可以在4月1日归还银行按揭贷款，但周某并未打款，其对此有点担心，不想出售房屋，经周某某劝说，同意周某4月7日前付款，但4月7日周某仍未付款。因向按揭银行预约还款、抵押权的注销需要一定时间，鉴于此，狄某平提出，按照合同约定4月15日过不了户也跟其没有关系。周某某提出，他约了4月20号办理过户，如果4月20号来不及过户，那按约定程序走。周某某又表示，“你收他的钱，如果不想卖给他，他肯定得按合同走，如果继续卖，他28万元要转给你呀”。对此狄某平表示，“让他转给我嘛，我4月15号给他过户，过不了户，这总不怪我吧”。此后，周某未向狄某平支付款项。

【案件焦点】

涉案合同未能得以履行，是周某违约所致，还是狄某平违约所致。

【法院裁判要旨】

浙江省诸暨市人民法院经审理认为：涉案合同未得以履行系周某违约所致。首先，狄某平“不想卖房子了”之类似表述，尚不构成预期违约。本案中，虽然狄某平在 2021 年 4 月 15 日之前，表达过不想卖房子给周某的意思表示，但考虑到狄某平向按揭银行预约还款、注销抵押权需一定时间，故涉案房屋要在 4 月 15 日过户，周某必须在此前的合理期限将款项支付给狄某平。由于周某两次均未在狄某平催促的、较为合理的时间节点支付，且一旦周某过迟支付首付款，狄某平反而有因 4 月 15 日来不及配合过户而成为违约一方之虞，且狄某平从未表示不履行过户、交房等义务的意思。因此，狄某平“不想卖房子了”之类似表述，只能理解为因周某未能及时付款，狄某平心生不满对履行合同产生了抵触情绪，而不能理解为其已明确表示不再履行合同义务。

其次，周某实际未行使过不安抗辩权。及时通知对方是行使不安抗辩权的必经程序；但本案中没有任何证据能够证明，周某已就其行使不安抗辩权依法及时通知了狄某平。

因此，狄某平有权依照《中华人民共和国民法典》之规定，解除与周某签订的涉案合同。另，双方约定的违约金数额显然过分高于造成的损失，本院根据周某的申请予以调整，确定由周某支付狄某平违约金 3 万元；该款在周某已经支付的定金 7 万元中予以扣付。

周某以狄某平违约为由提出反诉，虽其理由不成立，但鉴于本院已支持狄某平要求解除合同之诉请，且减少周某应支付的违约金至 3 万元，本院对周某诉请合理部分予以支持，不合理部分予以驳回。

浙江省诸暨市人民法院依照《中华人民共和国民法典》第五百六十二条第二款，第五百六十五条第二款，第五百六十六条第一款、第二款，第五百七十七条，第五百八十五条第一款、第二款之规定，判决如下：

一、狄某平与周某签订的《房屋买卖合同》于 2021 年 7 月 20 日解除；

二、周某支付狄某平违约金 3 万元，该款从周某已经支付的定金 7 万元中扣付；

三、狄某平返还周某定金 4 万元，限本判决生效之日起五日内付清；

四、驳回狄某平的其他诉讼请求；

五、驳回周某的其他反诉请求。

周某不服一审判决，提出上诉。

浙江省绍兴市中级人民法院经审理认为：同意一审法院的裁判意见。浙江省绍兴市中级人民法院依照《中华人民共和国民事诉讼法》第一百七十条第一款第一项之规定，判决如下：

驳回上诉，维持原判。

【法官后语】

预期违约是指一方当事人明确表明其将不履行合同，或者通过其行为表明在合同履行期限到来前不履行合同，《中华人民共和国民法典》第五百七十八条对此作了阐述并规定相对方可以在履行期限届满前请求预期违约方承担违约责任。

预期违约包括明示违约和默示违约两种。本案中，周某提出狄某平作出了不履行合同的意思表示，属于明示违约。

笔者认为，在具体个案中，不能仅以当事人大量言语表述中的特定语句认定构成明示违约，还应当结合当事人作出表述的原因、总体意思表示、性质等综合因素加以判断。

首先，根据案涉合同约定及预约归还贷款、注销抵押权的实际情况，周某应在合理期限前支付款项，其两次未支付款项的行为使狄某平对继续履行合同产生担忧，故尽管狄某平作出了“我不卖了”“我不想卖了”之类表述，但显然类似表述是狄某平在催促周某尽快支付首付款未果后出于发泄内心不满作出的一种正常的情绪表达。

其次，从整个案涉事实发生的流程来看，狄某平与中介机构经手人周某某有过多次交流，在首次要求付款未果后，仍同意将付款期限放宽至4月7日，显然对合同的履行抱有期待；且其从未表示过不履行过户、交房等义务的意思。综观整个过程，尽管狄某平有过不履行合同的情绪性表达，但结合总体的意思表示，其主观上还是希望合同能够履行。

最后，不安抗辩权和预期违约具有一定的相似性，但是二者在性质、构成要件、救济措施上均有所不同，不能相互替代。一是二者性质不同。不安抗辩权在性质上属于抗辩制度的范畴，而预期违约在性质上属于违约责任制度的范畴。二是构成要件不同。不安抗辩权既适用于债务人客观上欠缺履行能力的情形，也适用于其主观上欠缺履行意愿的情形，而预期违约仅适用于债务人主观上明确拒绝履行的情形。三是救济措施不同。债权人行使不安抗辩权，不能径直解除合同或请求损害赔偿，而仅能以抗辩的形式在一定条件下中止或拒绝履行自己所负担的合同义务。而预期违约债权人可以径直主张解除合同并要求债务人承担违约责任。因此，不安抗辩权和预期违约分别对应着预期不履行的“渐进性”救济和“径直性”救济两套规则，在合同履行中的同一场合，就不安抗辩权和预期违约，当事人只能择一适用。本案中，周某在提出反诉时直接要求解除与狄某平之间的涉案合同，并要求后者承担违约责任，而非主张暂时中止履行合同债务，因此其实际援引的是预期违约，而非不安抗辩权。

综上，对是否构成预期违约，不能仅依据当事人大量表述中的特定语句作出判断，当事人出于发泄内心不满情绪作出的不履行合同的表述并不必然构成预期违约，仍应结合其全部表述和案件整体事实予以认定；而行使不安抗辩权应以及时通知对方为必要程序；最后应注意的是，尽管不安抗辩权和预期违约具有一定的相似性，但二者在性质、构成要件、救济措施上均有所不同，因此在合同履行中的同一场合，预期违约与不安抗辩权只能择一适用。

编写人：浙江省诸暨市人民法院　周钢杰　沈如波

28

买房人不具备购房资质致合同无法履行应当承担违约责任

——张某诉杨某房屋买卖合同案

【案件基本信息】

1. 裁判书字号

北京市第一中级人民法院（2021）京01民终2571号民事裁定书

2. 案由：房屋买卖合同纠纷

3. 当事人

原告（反诉被告、被上诉人）：张某

被告（反诉原告、上诉人）：杨某

【基本案情】

张某与杨某约定购买张某的一套别墅，该别墅地上三层为一个房产证、地下一层为一个房产证，故张某为出卖整栋房屋，与杨某就该整栋别墅分别签署了两份房屋买卖合同。合同签订半个月后，杨某得知自己并不具备购买两套涉案房屋的购房资格，便告知张某及中介自己无法继续履行合同，后双方发生纠纷。张某认为杨某违约，遂诉至法院，请求法院判决双方解除合同，并要求杨某支付违约金411万元。杨某认为张某房屋情况特殊，不具备购房资格不是其过错，故提出反诉要求张某返还其定金20万元。

【案件焦点】

1. 房屋买卖合同中，不具备购房资质而导致合同无法履行的，是否应当承担违约责任；2. 违约金金额应当如何认定。

【法院裁判要旨】

北京市海淀区人民法院经审理认为：就违约责任判定方面，张某和杨某签署了两套房屋买卖合同，可以推定杨某至少在签订合同时就知晓诉争房屋存在两个所有权证的事实。房屋买卖交易是人们日常生活中的重要交易事项，是否具备购房资格又是房屋买卖交易过程中必须了解的基础情况，买受人应当就其是否具有购房资格尽到必要的注意义务。杨某在签约后知晓自己不具备购房资格，导致合同无法正常履行，进而要求解除合同，应当就此承担违约责任。就违约金数额方面，张某主张411万元，并未提供充分证据，其主张该违约金数额远高于其实际损失，且张某再次出售房屋价格高于原售房价格，故法院依据合同履行情况、杨某的实际过错程度等因素酌情判定违约金为20万元。就定金方面，根据《中华人民共和国合同法》第一百一十六条“当事人既约定违约金，又约定定金的，一方违约时，对方可以选择适用违约金或者定金条款”之规定，因定金与违约金条款不可同时适用，张某已选择适用违约金条款，故对于杨某要求退还20万元定金的反诉请求，法院予以支持。

综上，北京市海淀区人民法院依据《中华人民共和国合同法》第八条、第六十条、第一百零七条、第一百一十六条，《中华人民共和国民事诉讼法》第六十四条第一款之规定，判决如下：

一、解除张某与杨某签订的两份购房合同；

二、判令杨某向张某支付违约金20万元；

三、张某向杨某返还定金20万元。

杨某因不服一审判决，上诉至北京市第一中级人民法院，后北京市第一中级人民法院同意一审法院裁判意见，维持原判。

【法官后语】

本案所反映出的问题为，签订房屋买卖合同后，因买受人不具备购房资格导致买卖合同自始无法履行的，法院在审理过程中应当如何认定违约责任以及违约金金额。具体思路如下：

房屋买卖交易中，双方当事人除应当遵守房屋买卖合同中的约定外，还应当基于一般交易习惯、交易通识等如实提供与房屋买卖相关的信息。就本案来讲，购房资格系影响房屋买卖合同履行的重要基础信息，而是否具备购房资格，又与买受人的个人情况息息相关，故本案合同因购房资格缺失而无法继续履行，可以解除该合同。

对于因一方原因未提供相应信息而导致合同自始无法履行的，应当承担违约责任。本案中，由于购房资格问题对于买卖合同是否能够履行起到决定性作用，不具备购房资格的买受方自始不具备履行合同的条件，进而可能对出卖方另行出卖房屋产生影响，使其错失机会利益等。故对于本案中杨某的行为，应当被认定为根本违约，合同因无法履行而被判决解除后，杨某应当向张某承担违约责任。

违约金的判定应当以损失填补为原则，兼顾合同履行情况及过错程度。本案中，虽然违约金在合同中有相关约定，但双方在签订合同后发现合同无法履行事由时，出卖方亦有义务对减少损失作出努力，故对于张某无法举证的损失部分以及其主张无法另行出售房屋的估算损失，法院不予支持。而就定金部分，根据法律规定，定金与违约金只能择一适用，故张某应当退还杨某定金20万元。最终，法院作出如上判决。

总结本案的争议焦点，可以总结出在房屋买卖合同纠纷中，购房资格的审查责任归于何方及相应的审判路径。具体如下：

1. 合同中并未约定告知、审查相关信息的义务归于哪方，在双方签订合同后发现该合同履行不能时，无法完全依照合同约定判定违约责任，出现上述情况时，法院可以公平原则为基础、依据交易习惯、一般通识对违约责任进行判定。就房屋信息来讲，基于出卖方对自己房屋情况的了解，应当由出卖方向中介方及买受方全面、如实地告知房屋的各项情况，包括房屋性质、房屋产权登记情况、共有权人情况、抵押贷款情况等，即出卖方应当就房屋客观情况尽到必要的告知义务。就购房资格、贷款资质等问题来讲，该信息与买受方个人情况密切相关，故对于自身是否具备买房资格，买受方应当自行尽到注意义务。

而对于中介方来讲，作为有经验的居间方，对于房屋情况及资质审查问题可以尽到提示义务。

2. 在无恶意串通等故意侵犯第三人利益的情形时，违约金的判定仍应当坚持以损失填补为原则，合同无法履行时，守约方具有减少损失进一步扩大的义务。合同的守约方可以依据合同约定要求违约方承担违约金，但该违约金的主张不宜过高。法院在判定违约金数额时应当以损失填补为原则，兼顾公平原则，并结合守约方实际损失及过错程度酌情调整违约金金额。如守约方有不当行为导致损失扩大，则就扩大损失部分不应由违约方承担赔偿责任，守约方亦不应因违约金赔偿而获取更多利益。

编写人：北京市海淀区人民法院　董玫

（五）其　他

29

采用格式条款订立合同的，提供格式条款的一方未以合理方式履行主动提示与被动说明义务的，合同当事人对该格式条款的合意尚未达成，相关合同条款未成立，而非格式条款无效

——刘某杰、杨某凤诉房地产开发公司商品房销售合同案

【案件基本信息】

1. 裁判书字号

广东省阳江市中级人民法院（2021）粤17民终2026号民事判决书

2. 案由：商品房销售合同纠纷

3. 当事人

原告（上诉人）：刘某杰、杨某凤

被告（被上诉人）：房地产开发公司

【基本案情】

房地产开发公司是案涉商品房所在的楼盘房地产开发公司。2017年1月17日，刘某杰、杨某凤与房地产开发公司签订《商品房买卖合同（现售）》，约定房地产开发公司将案涉商品房以总价款475308元出售给刘某杰、杨某凤；房地产开发公司应在2017年3月1日前交付案涉商品房。其中，《商品房买卖合同（现售）》第十一条约定，案涉商品房的供电基础设施设备在交付时应纳入城市供电网络并正式供电，如果在约定期限内基础设施设备未达到交付使用条件，双方同意按照第2种方式处理，即“由于相关责任部门造成延期的，出卖人不承担责任”。而根据该条款第1种方式的内容是，“如供电设施在约定交付日未达到交付条件的，出卖人按照合同第十三条的约定承担逾期交付责任”，即“除不可抗力外，房地产开发公司未按照合同约定期限交付案涉商品房，逾期交付在30日之内的，房地产开发公司按日计算向刘某杰、杨某凤支付全部房价款日万分之三的违约金；逾期交付超过30日，刘某杰、杨某凤要求继续履行合同的，合同继续履行，房地产开发公司按日计算向刘某杰、杨某凤支付全部房价款日万分之五的违约金”。

刘某杰、杨某凤已付清案涉商品房的全部购房款给房地产开发公司，房地产开发公司亦已于2017年3月1日交付案涉商品房给刘某杰、杨某凤。因房地产开发公司未能提供配电房位置，案涉商品房所在的楼盘至今尚未纳入城市供电网络，该小区用电仍属于基建临时用电（运行容量315kVA），电费按每度0.7元收取。

经查，房地产开发公司于2010年1月8日在公开拍卖出让竞得地块135亩，因该地块项目多年来一直未能解决拆迁安置用地、留用地和部分征收土地等诸多历史遗留问题，致使房地产开发公司无法正常用地，供电、垃圾处理站等设施问题未能得到解决，因配电房未能得到解决，只能提供临时用电给案涉住房使用。

另查明，2016 年 12 月 30 日，涉案楼盘经勘查单位、设计单位、施工单位、监理单位、建设单位联合审查，通过竣工验收。2017 年 9 月 13 日，涉案楼盘完成竣工备案。

【案件焦点】

房地产开发公司因政府方面的征地遗留问题未解决，导致小区配电房迟迟无法配套，致使业主无法使用城市供电，能否依照合同有关“由于相关责任部门造成延期的，出卖人不承担责任”的约定免责。

【法院裁判要旨】

广东省阳春市人民法院经审理认为：双方自愿签订的《商品房买卖合同（现售）》成立有效。因房地产开发公司未能提供配电房位置，案涉商品房所在的楼盘至今尚未纳入城市供电网络，仅能使用临时用电。按照《商品房买卖合同（现售）》的约定，供电基础设施设备在交付时应纳入城市供电网络并正式供电，如果未达到交付使用条件，“由于相关责任部门造成延期的，出卖人不承担责任”。鉴于案涉商品房的供电基础设施设备在交付时未能纳入城市供电网络是由于房地产开发公司未能提供配电房位置所致，而房地产开发公司未能提供配电房位置，是由于政府部门未能解决历史遗留问题所致，根据上述约定，房地产开发公司不承担责任。结合其他事实认定，法院判决如下：驳回原告刘某杰、杨某凤的诉讼请求。

刘某杰、杨某凤不服提起上诉。

广东省阳江市中级人民法院经审理认为：案涉合同为房地产开发公司提供给房屋买受人的格式合同，根据《中华人民共和国合同法》第三十九条第一款之规定，房地产开发公司应对这一与房屋买受人存在重大利害关系的条款进行合理的提示和说明，以使房屋买受人在与之缔约时能够充分注意并理解格式条款的内容，从而对合同订立的效果作出合理的判断。但该约定条款仅采用了与常规内容同等的横线标注，未作出有别于常规内容的特别提醒，显然未能引起房屋买受人的注意，同时也未有证据证明房地产开发公司在合同之外曾就该条款向房屋买受人作出了专门说明，以使房屋买受人明白该条款的内容并预见到相关的法律后果和风险。根据《最高人民法院关于适用〈中华人民共和国民法典〉时间效力的若干规定》第九条以及《中华人民共和国民法典》第四百九十六条第二款的规定，房地产开发公司无证据证明其已就该条款尽到合理的提示和说明义务，刘某杰、杨某凤主张该条款不属于房屋买卖合同的内容，对刘某杰、杨某凤不具有法律约束力，理据充分。双方对于基础设施设备未达到交付使用条件的违约责任，视为无约定，或约定不明。无约定则从法定，而不能直接按照约定条款来执行。上诉人刘某杰、杨某凤主张该格式条款对其不发生效力的意见。

结合其他事实认定，二审法院认为，一审判决虽然认定格式条款对刘某杰、杨某凤具有约束力欠妥，但处理结果并无不当，予以维持。据此判决如下：

驳回上诉，维持原判。

【法官后语】

本案涉及对《中华人民共和国民法典》第四百九十六条如何理解，提供格式条款的一方无证据证明其以合理方式履行了主动提示与被动说明义务的，该格式条款的法律效力是什么，也涉及格式条款未订入与格式条款无效、格式条款不利解释三者在法理上的区分问题。

一、关于提供格式条款一方未履行义务的效力认定

本案所涉商品房买卖合同虽在民法典施行前订立，但根据《最高人民法院关于适用〈中华人民共和国民法典〉时间效力的若干规定》第九条的规定，涉及格式条款效力认定问题的，适用民法典第四百九十六条的规定。原告提出格式条款无效，并请求按照对其有利的另一条规定追究被告的逾期交付责任，是否合理。

合同条款有效、效力待定或无效，是建立在合同条款首先订立的基础上，如果合同条款尚未订立，即合同双方当事人尚未就相关意思表示达成合意时，就不应存在认定其效力的问题。为此，《中华人民共和国民法典》第四百九十六条第二款指出，“提供格式条款的一方未履行提示或者说明义务，致使对方没有注意或者理解与其有重大利害关系的条款的，对方可以主张该条款不成为

合同的内容”，所谓“该条款不成为合同的内容”，其实就是“未订入合同”，不属于当事人达成合意的内容，不对当事人产生法律约束力。

条款未成立的，视为无约定或约定不明，此时就需从法定，而不能想当然按照对接受格式条款一方有利的另一条规定追究格式条款提供方的责任。本案中，案涉工程已完成竣工验收备案，当事人也经历了验收并实际入住使用，按照相关法律与司法解释的规定，原告再以涉案商品房不具备交付条件为由主张逾期交房违约责任的，法院不予支持。但这并不等于免除了房地产开发公司的瑕疵履行违约责任。

另，原告还提出在格式条款无效的前提下请求按照对其有利的另一条规定追究被告的逾期交付责任。这一主张混淆了格式条款效力认定与解释规则两个概念。适用“格式条款不利解释”规定的前提是格式条款已订立并生效，且因该条款的文义不够清晰明确，双方当事人产生了两种以上的分歧理解，按通常理解也无法形成唯一解释的，才可以适用不利解释规则作出不利于格式条款提供方的解释。

二、格式条款未订入与格式条款无效、格式条款不利解释三者的区别

格式条款未订入，视为以该条款为内容的要约与承诺未达成，合同未成立，其欠缺的是合同成立的有效要件，当然对当事人不具有约束力。它体现的是国家对民事法律关系中当事人意思自治的尊重和保障。

格式条款无效，则是合同已完成订立，但因其存在法定无效情形，自始没有法律约束力的状态。它体现的是国家对于内容违法或者违反公共利益合同的否定，强调的是对违法民事行为的制裁。

格式条款不利解释，则是格式条款提供方已以合理方式履行了自己的主动告知和被动说明义务，条款内容受到法律保护，对当事人产生约束力，但条款的表述存在文义上的不确定性，导致理解产生分歧，涉及如何正确理解和正当履行的判断问题。它体现的是国家保护交易关系中的非优势地位当事人的权益的导向。

编写人：广东省阳江市中级人民法院　徐娟娟

30

安置房办证后实际建筑面积大于交易时约定面积的处理

——贺某诉王某初房屋买卖合同案

【案件基本信息】

1. 裁判书字号

江苏省无锡市惠山区人民法院（2020）苏 0206 民初 6361 号民事判决书

2. 案由：房屋买卖合同纠纷

3. 当事人

原告：贺某

被告：王某初

【基本案情】

王某初因 13 号农村宅基地房屋拆迁安置得到某小区 19 号 803 室房屋。2016 年 11 月 23 日，王某初与贺某签订《房屋买卖协议书》一份，约定：贺某购买王某初位于惠山区某小区 19 号 803 室安置房（70 平方米，已装潢），总价 25 万元，由贺某于签订协议时一次性支付，王某初出具收条为凭；贺某付清房款后，王某初立即将房中的所有钥匙交付给贺某，同时王某初立即搬出该房，该房所有权归贺某所有；该房在今后办理房产证时，王某初应全力配合贺某，提供相关证据和手续，房屋过户费用由贺某自己承担；双方不得反悔违约，如有违约，由违约方支付违约金 10 万元。当日，贺某向王某初支付购房款 25 万元，王某初向贺某出具收条。

双方签订购房协议后，王某初即将该房屋交付贺某，贺某居住至今。2020 年 10 月 20 日，王某初就 803 室房屋办理不动产登记，登记在其名下，该房屋建筑面积为78.85平方米。2020年10月27日，贺某通过EMS特快专递向王某初户籍地（王家庄村南村头13号）发送《协助过户通知书》，催促王某初于接到通知后10日内通知贺某前往行政服务中心办理过户手续。经查，该邮件未妥投王某初而被退回。2020年10月29日，贺某诉至法院，请求法院判令：（1）王某初继续履行双方在2016年11月23日签订的《房屋买卖协议书》；（2）王某初将案涉某小区19号803室房屋过户至贺某名下；（3）王某初承担违约金5万元；（4）王某初承担怠于协助其办理过户手续而造成的土地出让金、税费增加的部分（该金额还未实际产生）。

另查明，双方在签订《房屋买卖协议书》时并未对涉案房屋的实际面积进行测量，贺某称房屋按套出售总价25万元，王某初称按70平方米计算总价，每平方米3500元左右，双方协商后总价凑整25万元。

【案件焦点】

安置房办理房产证后房屋建筑面积大于买卖合同约定面积的，出卖人是否有权要求买受人按照房屋实际登记面积补足超出合同约定面积部分的差价。

【法院裁判要旨】

江苏省无锡市惠山区人民法院经审理认为：贺某与王某初之间的房屋买卖合同，是双方的真实意思表示，且不违反法律法规的强制性规定，合法有效，双方均应恪守履行。贺某作为买受人已经按约支付全部价款，并实际入住、使用该房屋，而王某初已经取得涉案房屋的产权证，涉案房屋也已经具备办理产权转移登记手续的条件，故贺某要求王某初继续履行合同，配合其办理产权变更登记手续，法院予以支持，相应税费按照约定由贺某自行负担。

关于王某初要求贺某按目前市场价补足超出70平方米部分面积的差价后才同意过户的抗辩意见，该院认为，首先，涉案房屋在交易时为现房，双方在签订买卖合同时并未对房屋的实际面积进行测量，也并未明确约定每平方米的交易单价，应视为双方是在对房屋所处地段、楼层、结构、面积等因素综合考量情况下协商确定的房屋价款；其次，双方在签订协议时，产权证尚未办理，应当能够预见最终产权登记时核定的面积与拆迁安置协议所载的安置面积可能不符，双方在此情况下签订合同即表明按照房屋现状进行交易，即使今后面积产生误差，双方亦接受此种瑕疵给付；最后，双方在签订协议时并未对出现登记面积与协议面积不符约定相应的处理办法，事后双方亦未对此情况达成补充协议，而双方签订协议后，已经按约定履行，贺某已付清房款，王某初已将房屋交付，贺某业已实际入住、使用该房屋至今。综上，王某初要求贺某按照目前市场价补足超出 70 平方米部分面积的差价，没有事实和法律依据，不予支持。

江苏省无锡市惠山区人民法院依照《中华人民共和国合同法》第八条、第一百零七条，《最高人民法院关于适用〈中华人民共和国民事诉讼法〉的解释》第九十条之规定，判决如下：

一、王某初继续履行与贺某于 2016 年 11 月 23 日签订的《房屋买卖协议书》；

二、王某初于本判决生效之日起十日内协助贺某将案涉某小区 19 号 803 室房屋过户登记至贺某名下（过户相关税费由贺某负担）；

三、驳回贺某的其他诉讼请求。

判决后，双方当事人均未上诉，本判决现已生效。

【法官后语】

近年来，在房屋交易市场中，安置房因数量多、价格相对便宜的原因成为二手房买卖的“新宠”，但安置房在一定期限内不具备上市交易的条件，故在交易过程中存在诸多的风险和问题。经常出现的一个情况为：房屋买卖合同中的房屋面积往往是根据拆迁安置补偿协议来约定的，但几年后办房产证时出卖人发现房屋实际建筑面积往往会大于当时交易的约定面积，此时，出卖人是否有权要求买受人按照实际房产证面积补足面积差价呢？

讨论这个问题的前提为双方在房屋买卖合同中未约定对房屋面积出现差额时的处理方式，若合同有约定，则一般应按约定处理。对于未有约定的，主要应从以下两个方面进行考量：

第一，房屋买卖合同约定房屋价格的计算方式系明确按单价×面积计算房价还是以整套房屋确认房价。如果双方在房屋买卖过程中明确约定了房价按照面积单价确定，则房屋买受人补差价比较符合双方签订合同时的预期，但该差价应该按照房屋买卖当时房屋的市场价确定，而不是产生争议时的市场价。如果双方在签订合同时仅约定房屋总价款，并未明确约定房价按单价×面积的计算方式，宜认定双方是按套进行的房屋交易。安置房在交易时往往尚未办理房产证，无法明确房屋的具体面积，“按套计价”的交易方式和计价办法，并不违反法律的禁止性规定，也系双方当事人的真实意思表示，若出卖人几年之后又以房屋的登记面积发生了差异而要求买房人补足面积差价，不符合双方当时的约定，也不符合诚实信用的基本原则，从保障交易安全的角度出发，也不宜再补足差价。

第二，双方在签订合同时是否已经对房屋的各项情况有充分的了解，重点包括交易房屋是否为现房、房屋的物理状态等。若双方当事人交易房屋为现房，也对合同标的物进行了现场考察，应视为双方对合同标的物的现实状况是明知的，在此情形下双方在房屋买卖合同中若仅约定房屋总价款，应认定为双方是在对房屋所处地段、楼层、结构、面积等因素综合考量情况下协商确定的房屋价款。在标的物的物理状态并未发生实际变化的前提下，出卖人对于房屋未经产权登记即出售在客观上有可能发生登记面积的差异，应当有充分的预见，且交易房屋系拆迁安置所得，出卖人应预见到产权登记时核定的面积与拆迁安置协议所载的安置面积可能会有不符，双方在此情况下签订合同即表明按照房屋现状进行交易。即使今后面积产生误差，并且自愿接受可能出现的瑕疵，也不宜再支持补足面积差价。

结合本案，诉争房屋系拆迁安置而来，交易时房屋已经存在，买卖双方在对房屋的各项情况有充分了解的基础上订立房屋买卖合同，且约定按套计算房屋总价，在此情形下双方在房屋买卖合同中若仅约定房屋总价款，应认定为双方是在对房屋的各项因素综合考量情况下协商确定的。在房屋办理不动产登记时，其物理面积并未发生改变，只是登记面积和拆迁安置面积发生了差异。无论从民法意思自治和诚实信用的基本原则出发，还是从保障交易安全和交易秩序的角度出发，均不应支持补足面积差价。据此，法院也能进一步引导市场主体维护依法成立的合同效力，自觉诚信履约，针对合理的履约预期，增强风险防范，必要时明晰、细化合同条款，在依法有效保护自己合法财产的基础上，维护正常的房产交易秩序。

编写人：江苏省无锡市惠山区人民法院　何菲

31

学区房交易中的学位保证义务及学位占用减价规则

——杨某龙诉杨某强、陈某玉房屋买卖合同案

【案件基本信息】

1. 裁判书字号

福建省厦门市思明区人民法院（2020）闽 0203 民初 18846 号民事判决书

2. 案由：房屋买卖合同纠纷

3. 当事人

原告：杨某龙

被告：杨某强、陈某玉

【基本案情】

2020 年 4 月 13 日，杨某强与杨某龙签订《存量房屋买卖合同》，约定杨某强将厦门市思明区×室房屋（以下简称讼争房屋）出售给杨某龙，购房总价 940 万元（71876.43 元/平方米）；杨某强应在产权转移 30 日内将原有户口迁出等内容。签约前，讼争房屋因存在违建被城市管理行政执法部门冻结产权，杨某强将该情况告知杨某龙。签约当日，杨某龙向杨某强支付定金 20 万元。签订合同后，讼争房屋学位由原学区变更为 S 小学；且根据调整后于 2020 年 6 月发布

的招生公告，同一套房产只能有1位适龄儿童在一年级至六年级就学。公告发布当日，杨某强将自己及其儿子的户口迁入讼争房屋。2020年8月12日，杨某强告知中介公司讼争房屋交易限制已解除，双方约定于2020年8月20日共同前往银行办理商业贷款面签。2020年8月18日，杨某强微信告知中介公司工作人员其已将自己及其儿子的户口迁入讼争房屋并占用学位。当天中介公司工作人员将该情况转达杨某龙。2020年9月25日，杨某强将自己及其儿子的户口迁出讼争房屋，此时杨某强的儿子已入读S小学玉屏校区。

另查明，讼争房产系杨某强婚前个人财产。

本案审理期间，本院委托鉴定机构对学位占用与否情况下讼争房屋市场价值的差价进行评估鉴定。首选和备选鉴定机构以无法对学位价值进行准确量化、难以量化学位占用情况对房屋价值的影响为由先后退回鉴定。

【案件焦点】

合同履行期内杨某强迁入户口并占用学位的行为是否构成违约，若违约应承担何种违约责任。

【法院裁判要旨】

福建省厦门市思明区人民法院经审理认为：存量房市场中，买方愿意为学位未占用的住宅房屋支付更高对价，与之相应卖方则以带学位作为提高售价的砝码，户口和学位占用情况直接影响市场交易价格。讼争房屋是本市一流“学区房”，签订买卖合同时杨某强及其子女户口未迁入房屋，房屋学位未被占用。根据合同关于户口的约定以及“学区房”交易习惯，足以认定双方约定的交易标的为户口和学位未占用的房屋、约定的购房总价为户口和学位未占用下的价格，杨某强应将未占用户口和学位的房屋交付并过户给杨某龙。合同履行过程中，杨某强将自己及其子女户口迁入讼争房屋并入学占用学位，根据现行招生政策讼争房屋六年内不再附着学位权益，讼争房屋客观上必然产生市场价值贬损。杨某强无法依约向杨某龙交付并过户符合合同约定权益内涵的房屋，应当承担瑕疵履行违约责任。在对杨某龙关于减少价款的诉讼请求应予支持的前提下，减少价款的金额为学位未占用与学位已占用两种状态下的讼争房屋市场价值的差价。关于上述差价，亦即减少价款的金额，在鉴定机构退回鉴定的情况下，本院依法酌情认定。按照中央关于“房子是用来住的、不是用来炒的”的定位，出于教育资源合理配置导向下“学位价值”不宜炒作的考量，参考证人证言、二手房中介网站反映的市场信息，结合本地市场交易习惯，本院酌情认定本案减少价款的金额为成交总价的4%即37.6万元。同时，杨某强瑕疵履行引发本案纠纷并导致合同中止履行，杨某龙主张继续履行合同，恢复履行后《存量房屋买卖合同》约定的双方合同义务履行期限应当相应顺延。杨某龙第三项诉讼请求主张的违约金过分高于违约造成的损失，杨某强已通过减少价款承担相应违约责任，杨某强瑕疵履行还导致合同迟延履行，给杨某龙造成已付20万元定金在迟延期间的资金占用利息损失。对该项诉求在违约所造成的资金占用利息损失的1.3倍范围内予以支持。此外，讼争房屋系杨某强婚前个人财产，对杨某龙关于陈某玉共同承担责任的诉讼主张不予支持。

综上所述，对杨某龙的诉讼请求，本院部分支持。福建省厦门市思明区人民法院依照《中华人民共和国民法典》第五百一十条，第五百七十七条，第五百八十二条，第五百八十三条，第五百八十五条，《最高人民法院关于审理买卖合同纠纷案件适用法律问题的解释》第十七条等规定，判决如下：

杨某龙与杨某强关于买卖讼争房屋的《存量房屋买卖合同》项下售房价款减少376000元（减少后总价款为9024000元）；

判决后，双方当事人均未上诉，本判决现已生效。

【法官后语】

近年来，部分房地产热点城市出现了“以学区房等名义炒作房价”的不良市场风气，在此畸形市场氛围下学区房价格非理性上涨，二手房买卖中关于学区和学位的欺诈、占用、虚假宣传纠纷多发，围绕学位权益展开的民事案件成为司法实践的新课题。本案的启示意义在于，确认了学区房买卖合同中交易房屋的权利内涵包含学位权益，出卖人应当履行将未占用学位的房屋交付并过户给买受人的学位保证义务；该义务系学区房买卖合同的主要义务，兼具默示契约约定义务和瑕疵担保法定义务的双重特征；违反该义务产生普通违约责任与瑕疵担保责任竞合的后果。发生纠纷时，买受人有权选择继续履行合同并主张减少价款等多种形式的瑕疵担保责任。

一、学位保证的约定义务面向：默示契约

学区房买卖中，合同对学位事宜明确约定时，出卖人负有相关保证义务当无疑义。然而合同未就学位进行约定时，当事人难免对交易标的是否包含学位权益、出卖人是否负有学位保证义务产生争议。此时可根据《中华人民共和国民法典》第六百一十六条规定，引致适用该法第五百一十条第一项的规定，按照合同相关条款或者交易习惯加以认定。具体而言，在住房交易市场中，买受人愿意为学位未占用的住房支付更高对价，与之相应出卖人则以带学位作为提高售价的砝码，户口和学位占用情况直接影响买家的购买意愿以及住房的市场价值，学位权利客观上具有市场价值，能够为货币价格所衡量。因此学区房买卖的标的不但包括作为物理实体的房屋，还包括附着于房屋之上的户口以及由此衍生的受教育权（学位）等无形资源和权利。学区房交易中出卖人负有学位保证义务，此为合同主义务的组成部分。若出卖人违反之，则买受人可视具体情况依据《中华人民共和国民法典》第五百八十三条、第五百八十五条、第五百八十七条的规定主张违约损害赔偿、违约金、定金等违约责任。

二、学位保证的法定义务面向：瑕疵担保

人们所关注的商品质量，是以期待商品实现某种特定功能为前提的。买卖合同语境下作为标的物的商品功能与合同目的息息相关，买卖标的物的质量内涵必须结合合同目的、依照通常交易观念加以判定。若买卖标的物的“实际性能”按照合同目的低于“应有性能”，甚至不能实现合同目的，则应认定存在质量瑕疵。我国具有尊师重教的传统，是否有利于子女接受便捷、优质的教育，自古以来就是广大人民群众所关注的住房使用价值的重要因素，学区房的买受人期待一并受让房屋附着的学位功能并为之支付相应对价，能够正常使用学位实现就学权益是学区房质量的重要范畴和应有之义。故而，出卖人无法给付带学位权益房屋的，买受人可依据《中华人民共和国民法典》第六百一十七条规定，主张该法第五百八十二条至第五百八十四条规定的包括减价权在内的质量瑕疵担保责任。

三、酌定减价金额的价值衡量与利益衡平

“继续履行+减少价款”是学位占用情形下学区房买受人的一种诉讼策略，有利于促使合同恢复等价有偿、实现当事人利益平衡、保障交易安全和促进房屋流转。争议焦点和审判难点通常在于因学位占用减少价款的金额如何确定，对此可首选委托专业机构进行评估鉴定。若评估鉴定落空，则由人民法院酌情认定。学区房过热市场环境下，酌定减价金额面临两难：一方面，倘若遵循市场过热现状，通常酌减金额较高，易传导、放大学位价值，对学区房炒作起到推波助澜作用；另一方面，倘若撇开市场行情对价格予以审慎，则酌减金额偏低，诚信守约并付出“真金白银”的买受人权利无法充分救济，失信违约的出卖人反而因责任较轻而得利，这与诚信、公平的民法基本原则以及社会主义核心价值观相冲突。

法官酌情认定学位差价，应尽量克服认知局限，在调查取证、价值取向、表述形式等方面加以审慎，在此基础上作出客观公允的判断。首先在调查取证上，应发挥主观能动性，拓宽信息来源，掌握市场动态，中介人员的证言、网上公开的成交数据以及有影响力的专业媒体、论坛、公众号文章等是获取价格信息的常见渠道。其次在价值取向上，注意把握“房住不炒”定位与诚信履约之间的衡平。对非理性的成交案例、从业人员的不合理价格认知、鼓吹学区房价格的评论报道等，不可照单全收，不对学位价值过度渲染和拔高。另外，应当正视社会普遍存在的学区房交易习惯，不宜无视或过度贬抑学位价值。如此，方能既充分救济守约方，又有效惩戒违约方。最后在表述形式上，宜采用占总价款百分比的相对值与绝对值相结合的方式表述价款减少，便于当事人一目了然地识别学位价值在房价中的占比，直观感知价款减少的程度，也由此向社会传递反对学区房炒作的明确信号，从而引导民众理性进行学区房交易，遏制经济市场中学区房炒作的恶性循环。

编写人：福建省厦门市思明区人民法院　郭泽喆　梁安然

32

房屋买卖合同关系中不安抗辩权的行使边界

——李某戈诉刘某等房屋买卖合同案

【案件基本信息】

1. 裁判书字号

北京市通州区人民法院（2021）京0112民初79号民事判决书

2. 案由：房屋买卖合同纠纷

3. 当事人

原告：李某戈

被告：崔某、刘某、崔某麒

【基本案情】

崔某麒与刘某系夫妻关系，崔某系二人之女（未成年人）。2020年7月10日，崔某作为买受人、李某戈作为出卖人签订《北京市存量房屋买卖合同》（以下简称《买卖合同》），约定崔某购买李某戈名下的402号房屋，房屋成交价格为2839999元，该房屋抵押情况为已设定抵押，抵押权人为P公司，并约定出卖人应于2020年7月30日前办理抵押注销手续。同日，李某戈（甲方，出卖方）、崔某（乙方，买受方）及某房地产经纪公司（丙方，居间方）签订了《补充协议》一份。《补充协议》第一条约定：乙方于2020年7月10日向甲方支付购房定金人民币2万元整；乙方于网签通过三个工作日内向甲方支付购房款人民币128万元整；乙方于缴税过户前三个工作日将购房款1539999元整存入资金监管账户，甲乙双方选择的资金监管方式为通过银行做资金监管。合同还约定了违约条款等内容。合同签订后，崔某当日实际支付定金1.5万元，刘某出具5000元的欠条一张。

另查：刘某表示其于7月11日通过中国执行信息公开网查询，发现李某戈作为被执行人在北京市通州区人民法院存在执行案件，执行标的为1551053元。李某戈表示，其确在通州法院作为被执行人存在执行案件，但申请执行人从未申请执行402号房屋，通州法院亦从未将其列入失信被执行人名单，亦未列入限制高消费名单。北京市通州区人民法院于2020年5月14日曾查封402号房屋，因同一案件同时查封的还有案外人名下的其他房屋，足以清偿债务，故通州法院于2020年7月6日解除了对402号房屋的查封，同时其亦是因为要以402号房屋的售房款清偿执行债务，所以才将402号房屋出售。

再查：2020年7月12日，刘某代崔某通过短信向李某戈发送《中止履行合同通知书》，称："现因发现由中国执行信息公开网公布你李某戈是失信被执行人，通知你依法中止履行《买卖合同》；请你收到本通知书十五个工作日内，提供能够履行《买卖合同》的相应担保。如果你逾期没有提供相应担保将解除《买卖合同》，并要求你赔偿损失。"2020年7月15日，李某戈通过短信向崔某、刘某发送《给房屋买方刘某的告知书》，称："402号房产无任何债务纠纷，也没有被法院查封，李某戈并非刘某所说属失信被执行人员，合同签约第二天刘某并未支付定金尾款5000元，并于当日在未与卖方协商情况下找到房屋中介要求房屋首付款进行资金监管，不再用于房屋贷款偿还与解抵押，并拒绝支付卖方解抵押需要的垫资费用，构成根本性违约，如果买方不于2020年7月16日前口头和书面同时告知卖方继续履约并进行行为更正，则卖方同意终止与买方签订的房屋买卖合同，并继续合法出售该房产，同时卖方将有权依法维护正当权益。"同日，崔某的代理人刘某短信回复"鉴于双方都同意解除合同，且过错在卖家，买方要求退还已付1.5万元定金"。

2020年10月27日，李某戈再次通过短信向崔某、刘某发送《告知书》，称："由于买方逾期付款时间已超过合同规定期限，卖方根据合同条款约定，现正式通知你解除合同。由于买受人提出让卖方提供担保的要求超出合同约定内容，属不合理要求。"另2020年11月6日，李某戈将402号房屋再次出售，交易金额显示266万元。李某戈表示实际成交价格低于2839999元的差价、解抵押前支付的利息及执行款项的利息均为其实际损失。三被告表示如果法院认定买方违约，亦认为李某戈主张的违约金标准过高，要求予以降低。刘某、崔某麒同时称如法院判决崔某承担赔偿责任，二人愿与崔某共同承担责任。

又查，2021年1月4日，崔某作为原告，将李某戈作为被告，向本院起诉房屋买卖合同纠纷一案，要求法院依法判令李某戈向崔某双倍返还定金3万元；确认双方之间的《买卖合同》《补充协议》已于2020年7月31日解除。

【案件焦点】

1. 不安抗辩权的构成与行使条件是什么；2. 崔某能否行使不安抗辩权。

【法院裁判要旨】

北京市通州区人民法院经审理认为：崔某和李某戈签订的《买卖合同》及崔某、李某戈、房地产经纪公司签订的《补充协议》均系双方当事人的真实意思表示，且不违反法律法规的强制性规定，应属有效，各方均应按合同进行履行。合同签订后，崔某的代理人刘某经查询发现李某戈系通州法院执行案件的被执行人，但在7月10日双方签订《买卖合同》时402号房屋本身并未被法院查封，房屋上所存在的抵押问题，在签订合同时，李某戈已经告知，并且《买卖合同》中有明确记载。因此，在李某戈与崔某签订《买卖合同》时，402号房屋并不存在不适宜交易的情况。虽然房屋买卖作为个人重大财产的处置应谨慎为之，但崔某的代理人刘某本可通过与李某戈协商到通州法院执行庭询问具体案件情况的方式以解决问题，现刘某并未进行明确询问即向李某戈发送了《中止履行合同通知书》，单方加重李某戈的义务要求其提供担保并不合理，并在其后以实际行为表示不再履行《买卖合同》及《补充协议》，崔某已经构成违约。崔某的违约行为导致李某戈解除合同后将房屋另行出售，出售价款仅为266万元，造成实际损失。根据《补充协议》的约定，违约方应向对方支付房屋总价款的20%的违约金，崔某支付的全部款项应抵充违约金，多退少补。但正如本院所述，房屋买卖作为个人重大财产的处置当事人亦应谨慎为之，所以在交易的过程中崔某的代理人刘某在得知李某戈为通州法院执行案件的被执行人后对交易所产生的不安和焦虑亦符合人之常情，刘某认为被执行人即被列入了失信名单、亦被列入限制高消费、402 号房屋即为执行标的物是其认识错误；同时，崔某的代理人刘某在签订合同后的第三日即 2020 年 7 月 12 日便向李某戈发送了《中止履行合同通知书》，7 月 15 日李某戈向崔某、刘某发送了《给房屋买方刘某的告知书》，当日刘某就进行了回复，因此 7 月 16 日之后李某戈就已有权对 402 号房屋另行处分，以减少自己的损失。综合上述所有因素，本院对崔某应支付的违约金的金额进行调低，酌定崔某向李某戈支付违约金 9 万元，扣除已经支付的定金 1.5 万元，崔某再向李某戈支付违约金 7.5 万元。因崔某为未成年人，刘某、崔某麒亦表示愿与崔某共同承担赔偿责任，本院对此不持异议。对李某戈该项诉讼请求中过高的部分，本院依法不予支持。

综上所述，北京市通州区人民法院依照《中华人民共和国合同法》第八条、第一百一十四条第一款及第二款，《中华人民共和国民事诉讼法》第六十四条第一款之规定，判决如下：

一、被告崔某、刘某、崔某麒支付原告李某戈违约金 75000 元，于本判决生效之日起七日内付清；

二、驳回原告李某戈的其他诉讼请求。

判决后，双方当事人均未上诉，本判决现已生效。

【法官后语】

本案的核心法律问题是不安抗辩权的构成与行使边界。

一、不安抗辩权的依据与构成

《中华人民共和国民法典》第五百二十七条规定：应当先履行债务的当事人，有确切证据证明对方有下列情形之一的，可以中止履行：（一）经营状况严重恶化；（二）转移财产、抽逃资金，以逃避债务；（三）丧失商业信誉；（四）有丧失或者可能丧失履行债务能力的其他情形。当事人没有确切证据中止履行的，应当承担违约责任。第五百二十八条规定：当事人依据前条规定中止履行的，应当及时通知对方。对方提供适当担保的，应当恢复履行。中止履行后，对方在合理期限内未恢复履行能力且未提供适当担保的，视为以自己的行为表明不履行主要债务，中止履行的一方可以解除合同并可以请求对方承担违约责任。根据上述法律规定，不安抗辩权是指在双务合同中，负有先给付义务的一方当事人，有确切证据证明对方的财产状况明显恶化难以履行义务而又未在合理期限内提供担保时，拒绝自己所为给付的权利。

不安抗辩权的发生，需要基于以下构成条件：

第一，需基于同一双务合同具有对价关系的债务。双方当事人因同一合同互负债务，在履行上存在关联性，形成对价关系。单务合同因不存在互负债务问题，故不能产生不安抗辩权。不是基于同一双务合同产生的，或者虽然是基于同一双务合同而产生的没有对价关系的债务之间也不能成立不安抗辩权。

第二，履行义务有先后顺序。实践中，双务合同的履行通常采取两种方式：一是同时履行；二是先后履行。不安抗辩权是合同的先履行方在其预期利益有不能实现的危险时享有的履行抗辩权，发生的前提是权利人负有先履行义务，不发生于同时履行合同、先履行方不履行的情形。

第三，后履行方存在不能履行或可能不能履行的法定情形。这些情形的发生是决定先履行方能否行使不安抗辩权的关键条件，不安抗辩权的行使也是有条件的，不允许先履行方在后履行方有履行能力的情况下行使。

在司法实践中，先履行义务的一方当事人在掌握了一定的证据后，认为后履行方已经丧失了履行义务的能力，会基于以上判断和推测中止履行合同中本已约定先履行的义务。

《中华人民共和国民法典》第五百二十七条关于适用不安抗辩权的构成要件具有一定主观性，为了防止先履行方滥用不安抗辩权，逃避债务履行，影响后履行方可获得的预期利益，法律同时还规定不安抗辩权的行使边界——举证义务、通知义务、恢复履行义务。

第一，举证义务——先履行方对履行不能的事实负有举证责任。民事诉讼举证原则为“谁主张，谁举证”，且为防止先履行方滥用不安抗辩权，先履行方需提交确切证据证明后履行方不能履行，而不是凭空猜想或推想。如果没有确切充分的证据而随意中止履行合同应承担相应的违约责任。

第二，通知义务——行使不安抗辩权的一方当事人应履行通知义务。先履行方以不安抗辩权为由中止履行合同义务的应及时通知对方，以便对方进行解释、在合理期限内提供担保并恢复履行能力，否则行使不安抗辩权的一方当事人将承担违约责任。

第三，恢复履行义务——行使不安抗辩权的一方当事人有恢复履行合同的义务。当对方当事人在合理期限内提供担保或以其他形式恢复了履行能力，先履行方应按照原合同约定履行合同义务。若对方在合理期限内未恢复履行能力，则先履行方可以解除合同并要求对方承担违约责任。

二、不安抗辩权在本案的适用

本案中，刘某在签订合同的次日发现卖方李某戈系通州法院执行案件的被执行人，其在未向法院或者李某戈系本人核实清楚的情况下径直向李某戈发送《中止履行合同通知书》，要求李某戈提供担保，刘某认为李某戈若不提供担保无法继续履行合同，402号房屋不具备继续交易的条件，涉案情形达到了行使不安抗辩权的条件。但实际上在7月10日签订合同时402号房屋本身并未被法院查封，402号房屋并不存在不适宜交易的情况，李某戈未对合同的继续履行造成任何障碍。刘某认为被执行人即被列入了失信名单、亦被列入限制高消费、402号房屋即为执行标的物是其认识错误，刘某在未提交确切有效的证据证明李某戈无法履行合同义务的前提下，拒绝继续支付定金并要求李某戈提供担保。刘某虽履行了通知义务，但其并未有效完成举证义务，刘某的行为突破了不安抗辩权的行使边界，属于滥用不安抗辩权，应承担相应的违约责任。

编写人：北京市通州区人民法院　周芸

33

开发商将公共绿地处分给部分业主长期专用的约定无效

——李某蓉诉地产公司商品房销售合同案

【案件基本信息】

1. 裁判书字号

福建省厦门市中级人民法院（2021）闽02民终2169号民事判决书

2. 案由：商品房销售合同纠纷

3. 当事人

原告（被上诉人）：李某蓉

被告（上诉人）：地产公司

【基本案情】

2013年10月16日，H公园发布微博："Y楼盘作为H公园实至名归的收官之作，其产品设计融入项目组大量心血。产品面积段涵盖115-140平方米，最大亮点就是赠送面积大，首层户型赠送超大私家庭院。"

地产公司所拥有的微信公众号曾发布有关H公园二期洋房的进度图片，显示洋房外立面已全部完成，景观种植土回填完成80%，围墙栏杆安装完成90%。

2014年1月15日，地产公司（出卖人）与李某蓉（买受人）签订《商品房买卖合同》，合同约定李某蓉向地产公司购买地块商住项目二期4-1号地块×号楼1跃2层×室，房屋建筑面积为139.26平方米，总价2930587元。合同第六条约定，买受人应于2014年1月15日一次性付清全款2930587元。合同第八条约定，出卖人应当在2015年11月30日前将符合约定的商品房交付买受人使用。合同补充协议（附件六）第二条约定，买受人在签署本合同之前，已经充分了解了地块商住项目二期的别名，出卖人为推广本房地产项目所发布、出具、陈列或以其他方式作出的售楼广告、售楼书、售楼模型等售楼资料均为要约邀请，并不具备要约条件，因此均不应视为本合同的组成部分。附件六第十七条约定，地块商住项目二期依规划建设的一层私家花园（以实际竣工后围栏明示范围为准），其使用权归与其单独相连通的一层房屋的业主无偿长期专用，但一层房屋业主禁止在其私家花园内违章搭建。2014年1月15日，原、被告双方向房地产交易权籍登记中心提交商品房买卖合同登记备案。

合同签订后，李某蓉于2014年1月15日向地产公司支付购房款2930587元。

后规划局集美分局作出《关于地块商住项目二期4-1号地块建设工程项目信访问题的回复函》，确认地块商住项目二期4-1号地块，建设用地为项目全体业主共有，建设工程规划许可证批准的绿地率为项目整体指标，绿地均为公共绿地，归全体业主共有。

2015年10月28日，地产公司作出对楼盘二期业主诉求承诺及答复函，承诺拆除全部一层院子围挡构筑物，恢复拆除部分绿化。现原有铁栏杆围挡物已经拆除，改用绿篱。

另查明，讼争小区内，地产公司出售其他楼层的房屋时，与买方所签订的《商品房买卖合同》中，均在附件六“合同补充协议”的第十七条约定了“一层私家花园”，其使用权归与其单独相连通的一层房屋的业主无偿长期专用，但一层房屋业主禁止在其私家花园内违章搭建。

李某蓉申请对案涉房屋合法产权面积部分在签约时的市场价值进行评估。本院依法委托土地房地产估价公司作出《房地产估价报告》，报告认定：在价值时点2014年1月15日，房地产市场价值总价为264.69万元，单价18889元/平方米。在《房地产估价报告》中对建筑物基本情况的描述空间布局三房二厅一厨二卫一露台，另有一不计产权面积地下室。李某蓉对估价报告提出异议认为：（1）鉴定范围超出授权；（2）估价依据错误；（3）鉴定程序有缺陷。本院致函土地房地产估价公司要求作出回复。土地房地产估价公司复函称：本评估报告中只对各估价对象实际空间布局进行描述，测算时并未将其列入评估范围；本次评估选取比较法对估价对象价值进行估价，符合《房地产估价规范》；鉴定报告中有一份含有技术报告，对评估过程中的关键事项已作出说明分析；评估报告中的"特殊状况"描述，本次评估已考虑特殊状况，特殊状况是指房屋是否有附加使用功能，如附送面积或杂物间、送露台、送花园、挑高的足以改造增加使用面积的空间、公摊面积过大等情形。是否有地下室属于特殊状况，因此，评估报告在出具时已考虑到有地下室对合法产权面积的市场价值影响。李某蓉申请鉴定人出庭，本院通知鉴定人到庭对估价报告接受质询。李某蓉支付评估费7294元。

【案件焦点】

案涉《商品房买卖合同》附件六第十七条约定是否有效。

【法院裁判要旨】

福建省厦门市集美区人民法院经审理认为：地产公司与李某蓉于2014年1月15日签订的案涉《商品房买卖合同》系双方的真实意思表示，对双方均有法律效力。本案争议焦点为案涉《商品房买卖合同》附件六第十七条约定是否有效。该条款约定：地块商住项目二期依规划建设的一层私家花园（以实际竣工后围栏明示范围为准），其使用权归与其单独相连通的一层房屋的业主无偿长期专用，但一层房屋业主禁止在其私家花园内违章搭建。规划局集美分局亦书面确认地块商住项目二期4-1号地块，建设用地为项目全体业主共有，建设工程规划许可证批准的绿地率为项目整体指标，绿地均为公共绿地，归全体业主共有。因此，案涉《商品房买卖合同》附件六第十七条将本属于全体业主共有的公共绿地约定为供一层房屋的业主无偿长期专用，该约定违反了《中华人民共和国物权法》第七十三条、《最高人民法院关于审理建筑物区分所有权纠纷案件具体应用法律若干问题的解释》第十四条的规定，该合同条款应认定为无效。因上述条款对案涉商品房的总价值具有实质性影响，地产公司应承担上述条款被确认无效的主要责任，即返还部分购房款。经原告申请，本院委托土地房地产估价公司对案涉房屋合法产权面积部分在签约时的市场价值进行评估。虽然原告对评估意见提出异议，但本院认为该评估系由本院依法委托，土地房地产估价公司依照相关的估价规范作出评估意见，且就估价报告亦接受了双方当事人及本院的质询，该估价报告程序合法，本院予以采信。根据该估价报告，土地房地产估价公司在认定案涉房屋的市场价值时，已考虑案涉房屋的特殊状况，含地下室、露台对合法产权面积的市场价值的影响。原购房合同约定的房屋总价款2930587元，与对案涉房产购买价值时点的市值（不含专用绿地部分）进行的评估鉴定总价2646900元，二者差价283687元。因绿地的价值无法直接量化，而估价报告已扣除地下室、露台等特殊状况对案涉房屋的价值影响，本院酌定由地产公司返还购房款283687元。李某蓉作为案涉房屋的买受人对于合同约定归其专属使用的绿地，未尽谨慎审查义务，贸然签订无效条款，自身亦存在次要责任，故对于利息损失的诉请不予支持。故判决如下：

地产公司返还购房款283687元。

一审宣判后，被告地产公司不服，上诉到福建省厦门市中级人民法院。

福建省厦门市中级人民法院经审理认为：关于案涉《商品房买卖合同》附件六第十七条约定是否有效的问题。对于合同涉及的私家花园经规划部门明确包括私家花园在内的绿地均为公共绿地，归全体业主所有的事实，双方均无异议。地产公司上诉主张对于该共有区域相应由李某蓉等与绿地单独相连的一层房屋业主“无偿长期专用”，已经小区全体业主在商品房买卖合同中予以确认。故讼争合同的约定并非地产公司向李某蓉的单方承诺，而是全体业主对共有部分用途的处分行为或确认行为，应合法有效。根据相关法律规定，建筑区划内的绿地，属业主共有，但是属于城镇公共绿地或明示属于个人的除外。对于明示属于个人必须符合以下两项要件：其一为绿地规划必须经过规划部门事先批准；其二为在销售商品房时，其他业主知道或者应当知道绿地按照规划和合同约定属于业主个人专有。而本案私家花园所在绿地已明确规划为全体业主所有的公共绿地，亦即签订合同时，该绿地按照规划并非属于业主个人所有，故地产公司该上诉主张缺乏事实和法律依据，本院不予采信。一审法院据此判令地产公司承担上述条款被确认无效的主要责任即返还部分购房款并无不当，本院予以维持。

关于一审法院酌定返还购房款金额认定的问题。如上分析，因地产公司将业主共有的公共绿地约定供一层房屋的业主无偿长期使用被认定无效，导致李某蓉无法使用一层私家花园，势必影响业主居住体验及对案涉房屋的价值评价，一审法院根据评估机构的评估结论，将对案涉房产购买价值时点的市值（不含专用绿地部分）进行的评估鉴定总价 2646900 元与原购房合同约定的房屋总价款 2930587 元的差价 283687 元酌定为案涉房屋价值的损失并无不当。地产公司上诉主张绿地围栏变矮不影响一层业主对该绿地使用及部分一层业主实际亦在该绿地自设栏杆围合使用，主张其仅存在履行瑕疵，应对返还房款予以公平合理大幅降低，因该绿地属全体业主所有，且地产公司亦书面向全体业主承诺拆除全部一层院子围挡构筑物，恢复拆除部分绿化。李某蓉对该绿地已无法进行合法、专有使用，故地产公司该上诉主张本院亦不予采纳。

综上，地产公司的上诉请求依据不足，本院不予采纳。一审判决认定事实清楚，适用法律正确，应予维持。故判决如下：

驳回上诉，维持原判。

【法官后语】

本案涉及开发商对业主公共绿地的处分行为的效力认定，具有一定的典型性和示范性。

开发商是否有权通过合同将业主公共绿地约定归部分业主无偿长期专用？本案中开发商与一层房屋的业主在附件六第十七条约定："依规划建设的一层私家花园（以实际竣工后围栏明示范围为准），其使用权归与其单独相连通的一层房屋的业主无偿长期专用，但一层房屋业主禁止在其私家花园内违章搭建。"该条款是否有效？

首先，要明确绿地的权利人。根据《中华人民共和国民法典》第二百七十四条的规定，建筑区划内的绿地，属于业主共有，但属于城镇公共绿地或者明示属于个人的除外。建筑区划内的绿地的权利人原则上为全体业主，法律另有规定的除外。

其次，绿地明示属于个人所有的条件。本案的公共绿地不属于城镇公共绿地，但是否已经通过明示属于个人所有，则需要重点审查两个条件：其一为绿地规划必须经过规划部门事先批准，明确该绿地属于个人所有；其二为在销售商品房时，其他业主知道或者应当知道绿地按照规划和合同约定属于业主个人专有。两个条件缺一不可。本案中，两项条件均不符合。本案所涉绿地，经当地规划局明确回复，确认建设工程规划许可证批准的绿地均为公共绿地，归全体业主共有。开发商在销售时，通过与单个业主分别签订所谓“私家花园”归其无偿长期专用的使用权条款，意即明知该绿地不归个人所有。

最后，开发商擅自处分业主共有部分，侵害全体业主的利益，业主主张确认该条款无效，人民法院应予支持。本案开发商辩称除与一层业主有“私家花园”的约定外，与其他业主同样分别签订了补充协议，约定共有部分的绿地归与绿地单独相连的一层房屋业主“无偿长期专用”。所有业主既在合同中均有约定，应视为对该共有部分的处分已经取得全体共有权人的同意。这即涉及对于开发商与其他业主分别签订的针对公共绿地处分的补充条款的效力。开发商明知绿地所有权人并非业主个人，而以“无偿长期专用”的形式变相出售绿地的使用权。本案所涉楼盘一层楼的房价高于二层楼以上的房价，即因一层楼有所谓的“依照规划建设的一层私家花园”。后经评估，在购房时点，一层楼合法产权面积的价值与实际购房价相差近30万元。足以说明，开发商是通过该条款约定变相出售绿地的使用权。开发商在与所有业主签订的合同中，签订该格式条款，未尽提示义务，擅自处分公共绿地，损害其他业主的利益，该条款同样应被认定为无效条款。开发商不能以此抗辩其已经取得全体业主的“同意”，进而主张其处分公共绿地的行为有效。

编写人：福建省厦门市集美区人民法院　詹雪霞

四、房屋委托代理销售合同纠纷

34

中介公司对房屋购买人资格是否有实质审查义务

——孙某光诉付某、房地产经纪公司房屋买卖合同案

【案件基本信息】

1. 裁判书字号

北京市第三中级人民法院（2021）京03民终11508号民事判决书

2. 案由：房屋买卖合同纠纷

3. 当事人

原告（上诉人）：孙某光

被告（被上诉人）：付某、房地产经纪公司

【基本案情】

2020年10月17日，付某（出卖人、甲方）与孙某光（买受人、乙方）签订《北京市存量房屋买卖合同》，约定付某将其所有的涉案房屋出售于孙某光。双方另约定："……第三条经纪情况……具体权利义务，由出卖人、买受人与房地产经纪机构另签订居间服务合同，具体约定见居间服务合同和售后服务合同……第五条成交价格、付款方式及资金划转方式……定金为履行本合同所支付的定金，出卖人违约的，应当双倍返还定金；买受人违约的，无权要求返还

定金……第六条权属转移登记……（二）签订本合同时，买受人或者买受人指定的第三方应当确认其具备北京市购房资格，或最晚应当于本合同约定的购房资格审核时间或条件前取得北京市购房资格。因为买受人购房资格问题导致本合同迟延履行或不能履行的，买受人应当承担迟延履行或合同不能履行的违约责任……”

同日，孙某光（买受人、乙方）、付某（出卖人、甲方）、房地产经纪公司（居间方、丙方）签订《居间服务合同》，约定：“……第一条居间服务及标准。1. 甲乙双方确认，共同委托丙方作为交易居间方，促成了双方签订《北京市存量房屋买卖合同》，在居间过程中，丙方已经向甲、乙双方提供的居间服务包括：（1）为甲方房屋提供了市场推广，寻找潜在买家；（2）为乙方推荐市场上的待售房屋信息；（3）代领乙方实地看房；（4）为甲、乙双方提供房屋交易政策咨询；（5）为甲、乙双方提供房屋交易贷款咨询；（6）为甲、乙双方提供房屋过户税务咨询；（7）为甲、乙双方提供二手房市场分析；（8）参与甲、乙双方商谈，促成甲、乙双方签署《北京市存量房屋买卖合同》。2. 甲、乙双方签订《北京市存量房屋买卖合同》后，丙方的全部居间义务完成，甲、乙双方应向丙方支付本合同约定的居间服务费……5. 如甲、乙双方协商解除《北京市存量房屋买卖合同》，居间服务费尚未实际收取的，由甲、乙双方向丙方承担连带支付义务；已经收取服务费的，不予退还……”

2020年11月14日，房地产经纪公司退还孙某光手续费15000元，孙某光为房地产经纪公司出具《收条》。

另查一，付某、孙某光分别通过微信与房地产经纪公司员工任某敬沟通购房资格审核无法通过一事，孙某光要求宽限时间并通过任某敬转达，“以孩子没有户口本”为由，告知购房资格未通过审核。2020年11月6日和2020年11月7日，孙某光、付某、付某澜、任某敬通过微信沟通是否履行房屋买卖合同一事，付某希望孙某光继续履行合同，孙某光拒绝履行合同。

另查二，2020年11月14日，孙某光、付某在诉前调解阶段，协议解除双方签订的《北京市存量房屋买卖合同》，对合同解除后的其余争议问题，双方协商未果，进入诉讼阶段。庭审中，孙某光、付某认可双方签订的前述合同在2020年11月14日解除，房地产经纪公司主张该事实与其无关，未发表意见。

在本案审理过程中，本院依据付某申请，调取了住房和城乡建设委员会的核验资料，该资料显示2020年12月9日核验结果为核验不通过，2020年12月10日核验结果为核验通过并说明“经核实，孙某光婚姻状况为离异，与第二任妻子婚生子女没有户口，经市建委，区住建委，以及区派出所各单位部门沟通，允许孙某光在区政务服务局住建委窗口，办理购房资格审核业务”。

【案件焦点】

1. 孙某光是否具有违约行为；2. 房地产经纪公司的居间服务费是否应予退还。

【法院裁判要旨】

北京市密云区人民法院经审理认为：第一，孙某光是否具有违约行为。根据本案现已查明的事实，孙某光因购房资格审核未通过而未能按照约定履行与付某的合同义务，客观上已经构成违约。孙某光未履行合同约定并无法定免责事由，且其主动提起诉讼要求解除合同关系，明确拒绝履行合同，故本院对孙某光要求返还定金的诉讼请求不予支持。第二，房地产经纪公司的居间服务费是否应予退还。根据本案查明事实，房地产经纪公司促成了孙某光与付某的房屋买卖合同订立，房地产经纪公司已经履行了《居间服务合同》的约定义务，后孙某光、付某协商解除房屋买卖合同关系，房地产经纪公司不应退还已经收取的居间服务费。此外，《居间服务合同》系《北京市存量房屋买卖合同》附件之一，为便于解决当事人争议，减少当事人诉累负担，本案对孙某光该项诉讼请求一并予以处理。

北京市密云区人民法院依照《中华人民共和国合同法》第六十条、第九十一条、第九十三条、第九十七条、第一百二十一条、第四百二十四条、第四百二十六条，《中华人民共和国民事诉讼法》第六十四条第一款之规定，判决如下：

驳回原告孙某光的全部诉讼请求。

孙某光不服一审判决，提出上诉。

北京市第三中级人民法院经审理认为：同意一审法院裁判意见，二审法院关于孙某光提出房地产经纪公司未尽到资格审核职责造成其购房审核未通过一节，认为在没有明确法律、法规、政策规定的情况下，不能苛责中介机构在政策咨询阶段全面解答所有实际操作中可能遇到的特殊情况，孙某光提供的现有证据不足以证明房地产经纪公司未尽到资格审核职责。孙某光的上诉请求不能成立，应予驳回；一审判决认定事实清楚，适用法律正确，应予维持。

北京市第三中级人民法院依照《中华人民共和国民事诉讼法》第一百七十条第一款第一项的规定，判决如下：

驳回上诉，维持原判。

【法官后语】

本案争议焦点为房地产经纪公司是否应退还孙某光代理费 18000 元，即房地产经纪公司对孙某光的购房资格是否尽到审查义务。

二手房交易有着涉及面广、政策性强、交易流程复杂、履行周期长等特点，因此中介服务在二手房买卖中至关重要，然而从法院审理相关案件反映情况来看，中介机构提供的居间服务存在问题，包括但不限于没有充分告知房屋信息，没有对买受人购房资格进行初步审查及未对房产信息进行充分调查。

虽然中介机构提供的居间服务存在上述诸多问题，但我国法律、法规对中介机构提供服务内容的规定较少且多属原则性规定。

《中华人民共和国民法典》第九百六十一条规定，中介合同是中介人向委托人报告订立合同的机会或者提供订立合同的媒介服务，委托人支付报酬的合同；第九百六十二条规定，中介人应当就有关订立合同的事项向委托人如实报告。中介人故意隐瞒与订立合同有关的重要事实或者提供虚假情况，损害委托人利益的，不得请求支付报酬并应当承担赔偿责任。

在我国法律、法规及相关政策没有明确规定的情况下，应以居间服务合同约定认定中介机构的服务内容。

本案中，根据《居间服务合同》的约定，房地产经纪公司已经提供的居间服务包括为双方提供房屋交易政策咨询、参与双方商谈，促成双方签署《北京市存量房屋买卖合同》。孙某光在协议上签字确认并支付了居间服务费，可认为其认可房地产经纪公司已经向其提供了房屋交易政策咨询服务。房地产经纪公司对孙某光是否系北京户口及名下有无房屋情况等进行初步审查认定孙某光具有购房资格，在法律、法规没有明确规定和北京市限购政策并未对孩子户籍进行说明的情况下，应以居间服务合同约定认定房地产经纪公司对孙某光的购房资格尽到审查职责。

编写人：北京市密云区人民法院　杨聪哲

35

中介公司履行中介服务存在瑕疵的应承担赔偿责任

——余某君诉齐某祥等房屋买卖合同、中介合同案

【案件基本信息】

1. 裁判书字号

北京市第二中级人民法院（2021）京02民再131号民事判决书

2. 案由：房屋买卖合同纠纷、中介合同纠纷

3. 当事人

原告（反诉被告、被上诉人）：余某君

被告（反诉原告、被上诉人）：齐某祥、彭某欢

被告（上诉人）：房地产经纪公司

【基本案情】

2017年3月1日，齐某祥、彭某欢夫妇取得房山区某小区405号房屋（以

下简称涉案房屋）不动产权。该房屋为二人共有，用途为商务办公，建筑面积为 36.96 平方米。2016 年至 2019 年，科技公司使用该地址作为其登记住所地。本案房屋买卖合同签订前，涉案房屋处于出租状态。

2017 年 3 月 26 日，北京市住建委等 5 部门联合发布并实施京建发〔2017〕第 112 号《关于进一步加强商业、办公类项目管理的公告》（以下简称 3.26 限购政策）。公告第五条规定：本公告执行之前，已销售的商办类项目再次上市出售时，可出售给企事业单位、社会组织，也可出售给个人，个人购买应符合：（1）名下在京无住房和商办类房产记录。（2）在申请购买之日起，在京已连续 5 年缴纳社会保险或者连续 5 年缴纳个人所得税。

2017 年 8 月 6 日，房地产经纪公司安排余某君查看涉案房屋，并与卖方签署《看房确认单》。中介人员在买卖双方签字的《房屋状况编制说明书》上记载涉案房屋内无户口、出租中。当日，出卖人齐某祥、彭某欢与买受人余某君在房地产经纪公司居间下签订房屋买卖合同，双方约定：房屋总价 74 万元，房屋未出租，未设定抵押，房屋内无户口。合同第五条约定了买卖双方提供购房资格审核及房屋核验材料的时间以及逾期提供的违约金。第八条约定了违约责任，按总房价款的 20% 支付违约金。另，在房屋买卖合同“签约提示”第 1 条为“买受人应认真阅读《购房承诺书》并保证自己符合北京市有关住房限购政策的规定”。余某君当日在《购房承诺书》上签字，但上述承诺书中无 3.26 限购政策相关内容。

签订房屋买卖合同当日，又签订中介合同，随后余某君向卖方支付购房定金 5 万元，向房地产经纪公司支付中介服务费 16280 元。

本案房屋买卖合同签订前，中介人员告知余某君既可以个人名义也可以公司名义购买涉案房屋，余某君进一步询问其个人是否可以购买时，中介人员未予明确答复。2017 年 8 月 7 日晚，中介人员刘某田向余某君之子李某东询问余某君是否连续 5 年缴纳社保，李某东回复余某君在老家缴纳社保并向刘某田询问北京户籍全款购买商住房是否必须在京连续 5 年缴纳社保。次日晨，李某东称经咨询，京户个人购房不需要 5 年社保和纳税，刘某田称先提交余某君材料进行审核。

2017 年 8 月 17 日，涉案房屋房源核验结果为通过；2017 年 8 月 22 日，余某君购房资格核验结果为不通过，因余某君户籍于 2016 年才迁至北京，未在北京缴纳过社会保险和个人所得税。

在明确知晓无购房资格后，余某君欲以公司名义购买涉案房屋。但同一地址不能同时注册多个公司，让中介公司要求卖方将原公司从涉案房屋迁出。因余某君拒绝继续付款，卖方亦予拒绝，上述两份合同未继续履行。

重审中，余某君诉至一审法院要求卖房人和中介公司共同承担违约金，3 倍返还定金、3 倍返还中介费，并承担其他损失。诉讼中，齐某祥、彭某欢提出反诉，主张房屋买卖合同因余某君违约自动解除，并要求余某君承担违约责任。

本院二审期间，房地产经纪公司围绕上诉请求依法提交了一份书面告知书，欲证明其已向余某君告知了 3. 26 限购政策。

【案件焦点】

1. 本案房屋买卖合同的效力、各方当事人是否存在违约行为及应承担的法律责任；2. 在签订本案房屋买卖合同及居间合同前房地产经纪公司是否向余某君告知了 3. 26 限购政策。

【法院裁判要旨】

北京市房山区人民法院经审理认为：本案争议焦点在于本案房屋买卖合同效力、各方当事人是否存在违约行为及应承担的法律责任。

关于本案房屋买卖合同效力及其状态。余某君并非明知无购房资格而签订房屋买卖合同，而是在错误认知下所签，无购房资格直接导致合同目的不能实现，出卖人有权解除合同。

关于卖房人是否存在违约行为。房产中介所致，卖房人不存在隐瞒出租事项情况，关于户口问题，因合同并无约定，故不构成违约。

关于余某君是否存在违约行为。余某君构成违约，应承担违约责任。当事人既约定违约金又约定定金的，一方违约时，对方可以选择适用违约金或者定金条款。本案中，齐某祥、彭某欢既向余某君主张违约金又主张余某君无权要求返还定金，不符合法律规定。

关于房地产经纪公司是否存在违反法定、约定义务的行为。一是居间人有如实报告的义务，房地产经纪公司作为专业中介机构，应当知悉3.26限购政策，负有更高的注意义务。本案中，中介公司提供交易咨询服务存在瑕疵，且对购房资格以及涉案房屋实际情况未尽到核查义务。另外，中介公司拟定的本案中介合同有规避中介人如实报告义务的故意。上述格式条款是免除其责任、排除对方主要权利的条款，该条款无效。

北京市房山区人民法院判决如下：

一、房屋买卖合同于2018年1月24日解除；

二、房地产经纪公司退还余某君居间服务费16280元；

三、房地产经纪公司支付余某君5万元；

四、房地产经纪公司支付齐某祥、彭某欢88000元；

五、驳回余某君的其他诉讼请求；

六、驳回齐某祥、彭某欢的其他反诉请求。

房地产经纪公司不服一审判决，提起上诉。

北京市第二中级人民法院经审理认为：二审法院同意一审法院裁判意见，认为房地产经纪公司提交的证据不足以证明其向余某君实际告知了限购政策。另外，本案并列房屋买卖合同和中介合同两个案由。

综上，北京市第二中级人民法院判决如下：

驳回上诉，维持原判。

【法官后语】

随着我国市场经济建设逐步完善以及国家产业政策的调整，我国房产行业得到了长足发展，与此同时，房产中介行业发展活跃。房产中介机构扮演着重要角色，房产中介行业迅猛发展的最主要原因是房产市场中的信息不对称，而信息真实有效和及时准确对房屋交易双方非常重要，也是房产中介服务的重要内容。目前，房产中介水平参差不齐，有时出现传递信息错误或为促成交易，故意隐瞒或者故意含糊、掩盖相关交易信息等各种违规行为，最终给房屋买卖当事人造成经济损失，引起诸多纠纷。为此，需要厘清房产中介的法律地位、权利义务以及需要承担哪些法律责任。

一、房产中介的法律地位及其权利、义务

根据《中华人民共和国民法典》第九百六十一条的规定，中介合同是中介人向委托人报告订立合同的机会或者提供订立合同的媒介服务，委托人支付报酬的合同。中介服务为房产买卖双方提供咨询服务，目的是促成房产买卖和租赁，从而获取酬劳。因房屋买卖涉及标的巨大，也存在较大交易风险，所以当事人倾向寻找中介公司提供中介服务，中介公司不仅拥有大量获取发布房源信息的渠道，而且在房地产交易领域具有专业优势。也正因为中介公司的行业特殊性，中介公司更应履行“如实报告有关订立合同事项”的义务。

《中华人民共和国民法典》第九百六十二条第一款规定，“中介人应当就有关订立合同的事项向委托人如实报告”。虽然该条规范了中介如实告知的义务，但就如实告知事项没有清晰的界定。如实告知义务具体表现为以下几个方面：

1. 中介的信息审核和注意义务。中介公司提供中介服务时，急于促成交易，存在未尽审核和注意义务的情况。例如，对限贷限购政策不了解，未提前审核购房主体资格；合同条款约定不明，没有尽到提示义务；中介员工缺少必要的法律知识；对买卖合同双方传达具有引诱性和误导性的话语，导致履行过程中产生纠纷。本案中，3.26 限购政策公布后，在各大门户网站予以刊发，房地产经纪公司作为专业中介机构，应当知悉个人购买二手商办类房产必须名下在京无房产记录且需在京已连续 5 年缴纳社会保险或者连续 5 年缴纳个人所得税，其负有更高的注意义务。在限购政策下，房地产经纪公司对购房人购房资格有初步核查的义务。显然，房地产经纪公司并未履行该义务。

2. 中介如实告知相关事项的义务。中介人作为房屋买卖中介服务的专门机构，应当具备较强的专业性及提供信息的准确全面性，在其服务期间，当事人会对其产生强烈的信赖。但在房屋买卖交易过程中，中介在高额佣金的驱使下，往往会主动告知或夸大陈述有利于促成交易的信息，而对不利的瑕疵信息，选择不告知或虚假陈述。在这里强调一下，如实告知事项主要有两类：第一类是与签订合同有紧密联系的事项，如买房人的资信情况、房屋实际情况、房屋权属及租赁情况等基本状况。第二类是对房屋买卖有重大影响的其他重要事项，如“限贷政策”“限购政策”“房产税费”“资金监管”等房屋交易的流程以及政策性信息。以限购为例，司法实践中因限购问题引发的房屋买卖合同纠纷不在少数。由于购房资格是顺利履行房屋买卖合同必须具备的前提性条件。一旦丧失购房资格，将导致整个合同无法继续履行。本案中，房屋出租信息、其他企业在此登记注册信息，房产中介均未予以告知，另外，未告知3.26限购政策余某君不具备购房资格等事项。

二、房产中介需要承担的责任

本案争议的实质是由于中介公司履行中介服务合同的瑕疵引起的房屋买卖合同履行障碍。正常来说，房产中介只是受委托参与房产买卖交易中，其并非自身直接参与到买卖合同当中，大家普遍将中介的义务限于居间服务项下的报告交易机会、促成房屋买卖合同签订。因此在出现纠纷时，一般会把目光对准买卖双方，而忽视了中介公司的瑕疵行为所应承担的责任。但现实中，一般是按照中介公司的通知和要求，买卖双方提供所需材料，具体的购房流程环节多是由中介公司代为操作，买卖双方可能并不实际参与。如果中介公司的经纪服务出现瑕疵，会给房屋买卖合同的履行带来障碍，因此需要明确中介的责任。

房地产中介机构提供的中介服务行为存在瑕疵的情况下，如何承担法律责任，性质与范围如何确定？根据《中华人民共和国民法典》第九百六十二条的规定，中介人应当就有关订立合同的事项向委托人如实报告。中介人故意隐瞒与订立合同有关的重要事实或者提供虚假情况，损害委托人利益的，不得请求支付报酬并应当承担赔偿责任。上述条文规定了中介人的损害赔偿责任，前提是中介人存在过错。关于中介人应当承担多少比例的赔偿责任问题，笔者认为，应按照中介人的过错程度判断其赔偿责任的范围。本案中，房产中介公司没有尽到限购政策所要求的审查义务，也未尽到如实报告有关订立合同事项的义务，中介公司提供的中介服务存在明显瑕疵，基于中介的过错行为使委托人造成经济损失的，应承担相应的赔偿责任。故法院判决返还中介服务费并承担买卖双方因此遭受的损失符合法律规定。

需要强调的是，作为房屋的买受人和出卖人，双方都有义务对房屋标的的具体情况作全面、谨慎的调查，是否交易还是由买卖双方决定，故当事人也应对损失承担责任。本案合同签订前限购政策已经出台，买受人作为完全民事行为能力人，应当知道限购政策对自身购房的影响，并且购买像房屋这种价格较贵的大宗商品，与买卖双方切身利益密切相关，更应负谨慎注意义务。买受人却因错误认知直接使合同目的不能实现，最终导致房屋买卖合同不能继续履行，买受人自身存在过错，也应承担一定的责任。

三、定金和违约金的选择适用问题

定金的主要作用是通过合同当事人一方在履行合同主要义务前交付给对方的金钱，在不履行时发生不返还或双倍返还的效力，定金的性质在于担保。定金合同属于实践性合同，需要交付定金。依照《中华人民共和国民法典》第五百八十七条的规定，定金罚则主要表现在：1. 债务人履行债务后，定金应当抵作价款或收回；2. 给付定金一方不履行约定的债务的，无权要求返还定金；收受定金的一方不履行约定的债务的，应当双倍返还定金。

本案的处理重点在于当违约金和定金竞合时如何正确适用。根据《中华人民共和国民法典》第五百八十八条第一款的规定，当事人既约定违约金，又约定定金的，一方违约时，对方可以选择适用违约金或者定金条款。这种选择适用的实质是避免重复赔偿。此条款中约定的违约金性质实质上属于赔偿性违约金，而定金的性质实质上属于违约定金，二者的作用在于损害填补。另外，在定金不足以弥补损失的，也可以请求赔偿超过部分的损失。这两者之和不应高于因违约造成的损失。本案中，选择适用违约金，定金返还的处理方式。

有时法院裁判仅支持双倍返还定金给买房人，并不能弥补当事人的实际损失，也有可能造成大批卖房者通过违约来获取更大利益。对维护良好的交易市场秩序不利，就需要法院在审理案件时兼顾当事人的过错程度以及预期利益。正确适用好定金与违约金的关系，作出合法合理的裁判。

需要说明的是，为便于履行和执行，本院对余某君与齐某祥、彭某欢，房地产经纪公司之间应支付的款项相互折抵。

综上，房屋作为人们生活中特别重要的大宗商品，房屋买卖这一民事法律行为较之于其他商品交易行为，有其特殊性和复杂性。因此买卖双方会更加谨慎地对待交易行为。中介公司作为中介服务提供者，更应熟悉相关法律政策，提供高质量的服务，为房屋买卖合同的顺利履行添砖加瓦。

编写人：北京市第二中级人民法院　郭菁　王文庆

36

买房人已履行义务因中介导致履行障碍不构成违约

——李某诉忻某韬、房地产经纪公司房屋买卖合同案

【案件基本信息】

1. 裁判书字号

北京市第一中级人民法院（2021）京01民终1475号民事判决书

2. 案由：房屋买卖合同纠纷

3. 当事人

原告（反诉被告、被上诉人）：李某

被告（反诉原告、上诉人）：忻某韬

被告：房地产经纪公司

【基本案情】

李某某系李某之母，忻某系忻某韬之父。2015年6月5日，李某某（出卖人）与忻某（买受人）签订房屋买卖合同及补充协议，约定：忻某购买李某某名下涉案房屋；成交价格：总计1050万元。房屋交易具体事宜的约定：1. 定

金：乙方于2015年6月5日向甲方支付定金50万元。2. 关于购房款的支付，甲、乙双方同意按照下述方式履行：（1）乙方于网签合同的三个工作日内将第一笔购房款450万元（不包含前期支付的定金50万元）以建委资金监管的方式支付甲方；（2）乙方于2015年8月15日前的三个工作日内将第二笔购房款500万元以资金托管的方式支付甲方。（3）权属转移登记：甲、乙双方同意，在2015年8月15日前的三个工作日内，甲、乙双方应共同办理房屋所有权转移登记手续。合同履行过程中，李某某将房屋出卖人的权利义务转移至其子李某名下，忻某将房屋买受人的权利义务转移至其子忻某韬名下，双方另对房款支付、过户时间等事项进行了变更，并签署了《合同变更申请单》。

2015年7月14日，忻某向胡某的招商银行账户转账50万元。

2015年7月24日，李某某（甲方）、忻某（乙方）、Z公司（丙方）、房地产经纪公司（丁方）签订《托管协议》。约定：第二条［资金的托管］甲乙双方同意在L平台开设相应账户，授权由丙方及L平台对托管账户进行管理，并按本协议约定的条件对托管资金进行划转。购房款：经协商一致，各方同意，乙方将购房款450万元整存入托管账户内。乙方应于网签协议生成后，且办理涉案房屋产权转移登记手续（过户）前2个自然日将全部托管资金足额存入托管账户内。第三条［托管资金的划转］建委监管资金的划转：各方同意，乙方将托管资金存入托管账户后，丙方应将部分购房款450万元整划入海淀区建委资金监管账户。该笔资金的划转和退回均按建委规定执行，建委资金监管账户信息为空白。

同日，忻某在房地产经纪公司向L平台托管账户刷卡转入400万元。落款日期为2015年8月13日的《存量房自有交易资金划转协议》，首部载明甲方和房屋出卖人为李某某，乙方和房屋买受人为忻某，丙方为房屋管理局。有关约定为：乙方自愿将《北京市存量房屋买卖合同》中约定的乙方自有交易资金存入双方同意的账户名的账户作为存量房自有交易资金监管账户。在交易失败时，自有资金划付至乙方在银行开立的户名为郭某娜的账户。审理中，李某、忻某韬称郭某娜当时系胡某妻子，双方均未签署或同意过上述材料。2015年8月14

日，忻某转入L平台账户400万元中的300万元被转入建委资金监管账户内。另100万元购房款，胡某伪造《托管协议》，隐瞒、虚构事实，伪造李某某签字，与忻某签署《解除协议书》并退回该笔款项。

2015年8月25日，忻某向李某某银行账户转账500万元。

2016年7月28日，忻某向胡某银行账户转账60万元，摘要处注明物业保证金。

胡某因犯诈骗罪、合同诈骗罪，被北京市第一中级人民法院判处刑罚。

李某起诉请求判令解除《北京市存量房屋买卖合同（经纪成交版）》；判令忻某韬支付违约金并退还购房款。忻某韬反诉请求判令李某配合将涉案房屋过户登记至其名下。

【案件焦点】

1. 忻某韬是否由于己方原因未按约定履行支付购房款义务，是否构成根本违约；2. 2015年7月24日四方签署《托管协议》中约定的资金提前被划转至案外人账户，是否属于买受人因第三人原因违约；3. 本案房屋买卖合同未能履行的原因，以及出卖人有无解除权。

【法院裁判要旨】

北京市海淀区人民法院经审理认为：本案的争议焦点在于忻某韬是否依约向李某支付了涉案房屋剩余950万元购房款。根据本案查明事实，双方2015年6月5日的《补充协议》约定，第一笔购房款450万元在网签后三个工作日内以建委资金监管的方式支付，第二笔购房款500万元在2015年8月15日前的三个工作日内以资金托管的方式支付，另约定双方应于2015年8月15日前的三个工作日内办理过户手续。后双方2015年7月24日的《托管协议》对《补充协议》中第一笔购房款450万元的支付进行了变更，约定忻某在网签协议生成后，且过户前2个自然日将购房款450万元存入L平台托管账户，Z公司将该450万元划入海淀区建委资金监管账户，并约定协议的变更、解除需经四方一致同意，并签署书面协议。2015年8月17日的《合同变更申请单》对第二笔购房款500万元的支付亦进行了变更，将原条款“双方约定2015年8月16日过户，后续资金建委托管”变更为“2015年8月25日买卖双方缴税，缴税完成后，乙方向甲方支付房款500万元整，支付至李某某女士工行账户，2015年9月8日前进行过户手续”。根据上述约定，忻某韬应在2015年8月25日前完成对剩余950万元购房款的支付。忻某在明知上述约定的情况下，单方将购房款50万元转入胡某个人账户，并仅将400万元购房款存入L平台托管账户，而胡某亦从未将该50万元转入L平台托管账户或直接支付给李某某。此外，上述购房款400万元后被存入双方均不认可的第二份《托管协议》载明的账户名称为虚假网签合同的建委资金监管账户中，其中的300万元于2015年8月14日通过双方认为系伪造的上述虚假网签合同等文件转出至郭某娜账户中，忻某韬认为上述文件均系胡某伪造用于诈骗该300万元。剩余100万元后通过被李某认为系伪造李某某签名的《解除协议书》于2016年7月27日退回忻某账户。综上，忻某韬虽主张已在2015年8月25日前依约向李某支付了剩余购房款950万元，但其中的450万元由于案外人原因未依约完成支付，符合《补充协议》第四条第三款第三项约定的根本违约情形，构成根本违约，李某有权解除合同。法院综合考虑本案案情、李某的实际损失、忻某韬的过错程度及预期利益等综合因素，根据公平原则和诚实信用原则予以衡量，酌情判定忻某韬应向李某支付的违约金数额为50万元。忻某韬的反诉请求缺乏事实和法律依据，法院不予支持。判决如下：

一、解除李某与忻某韬于2015年6月5日签订的《北京市存量房屋买卖合同》；

二、李某于本判决生效后七日内向忻某韬返还购房款550万元；

三、忻某韬于本判决生效后七日内向李某支付违约金50万元；

四、驳回李某的其他诉讼请求；

五、驳回忻某韬的反诉请求。

一审判决后，忻某韬不服，提起上诉。

北京市第一中级人民法院经审理认为：四方签署的《托管协议》中约定的

资金被划转至案外人账户，是否构成买受人因第三人原因违约。李某某（甲方）、忻某（乙方）、Z公司（丙方）、房地产经纪公司（丁方）签订《托管协议》。约定甲乙双方授权由丙方及L平台对托管账户进行管理，并按本协议约定的条件对托管资金进行划转。乙方将购房款450万元整存入托管账户内，乙方将托管资金存入托管账户后，丙方应将部分购房款450万元整划入海淀区建委资金监管账户。根据协议签订的主体及权利义务的约定，该协议系一份四方协议，各方均根据合同享有权利、履行义务。其中Z公司有义务将购房款划入涉案合同的海淀区建委资金监管账户，根据本案查明的事实，忻某于签订《托管协议》前向胡某支付50万元，于签订合同当日向L平台托管账户转入400万元，后该笔款项中的300万元被转入与本案涉案合同无关的建委资金监管账户内。另100万元购房款，系胡某伪造《托管协议》，隐瞒、虚构事实，伪造李某某签字，与忻某签署《解除协议书》并退回该笔款项。故丙方未能如期将450万元整划入买卖双方的海淀区建委资金监管账户，导致该份《托管协议》不能继续履行。忻某韬作为购房人，已将约定的资金监管的购房款如期支付，在该《托管协议》的履行中不存在违约行为。

北京市第一中级人民法院判决如下：

一、撤销北京市海淀区人民法院（2019）京0108民初49406号民事判决；

二、忻某韬于本判决生效后十日内向李某支付剩余购房款500万元，李某在收到忻某韬上述购房款后三日内将涉案房屋过户至忻某韬名下；

三、驳回李某的全部诉讼请求。

【法官后语】

《中华人民共和国合同法》第一百二十一条规定："当事人一方因第三人的原因造成违约的，应当向对方承担违约责任。当事人一方和第三人之间的纠纷，依照法律规定或者按照约定解决。"《中华人民共和国民法典》第五百九十三条规定继续沿用该条。就法条表述而言，却没有明确限定"第三人原因"的适用范围及如何认定因第三人违约的具体情况。本案起因就是中介一方涉嫌诈骗，将买方支付的购房款转出，最终导致买卖双方未能如期履行房屋买卖合同。该案涉及如何认定中介方的法律地位，是否属于“第三人”，当中介不履行义务导致合同障碍，是否属于“第三人原因”导致一方违约的情形？

《中华人民共和国民法典》第五百九十三条的适用，应当在我国合同法采用严格责任归责原则的框架下，通过正确适用该条来避免加重的债务人责任，以期在合同相对性原则与公平原则中达到一个良性的平衡状态。

即使在严格责任为归责原则的体系下，债务人具有违约行为，亦是归责的原因，故在认定因第三人违约情形下违约责任的承担问题上，笔者认为，应从债务人本身是否违约出发适用违约责任。

因第三人原因导致给付障碍时，不能简单认定第三人行为等同于债务人行为，即使在第三人为债务人履行辅助人的情形下，仍需进一步判断履行辅助人的故意或者过失，按照合同约定，是否属于债务人自身应负担的注意能力范畴。也就是说，因第三人原因导致给付障碍时，应通过确定合同的内容来判断债务人承接了多大程度的合同义务，从而来判断债务人是否构成违约。准确认定债务人为第三人原因违约负责的前提是存在违约事实。而引起违约事实的原因有很多，除了第三人的原因，还可能是其他原因所致，什么原因导致违约事实并不关键，关键的是违约事实的成立。

在认定违约事实是否存在时，必然出现两种结果：如果存在违约事实，那么债权人要求债务人承担责任时，要认定导致违约事实的原因是否由于第三人引起，若属于则按照《中华人民共和国民法典》第五百九十三条的规定，由债务人承担相应的违约责任，除非证明该第三人原因构成了不可抗力等法定或约定的免责事由，债务人才能免责；若债务人不存在违约事实，那么不必再认定是否是第三人原因等引起的给付障碍，直接认定为债务人无须承担违约责任。在认定债务人是否存在违约事实时，如涉及第三人引起履行障碍的情形，应在债务人承担义务的范畴和注意范围内进行分析，进一步判断该第三人的行为是否可以归属于债务人，如果第三人属于履行辅助人，以债务人名义履行债务人的义务，则其行为的后果可归属于债务人，从而引致债务人违约行为事实的构成。

本案中，无论是依据房屋买卖合同还是依据《托管协议》，买受人忻某韬均如约履行了支付购房款的义务，丙方将款项划转至案外人账户，可能导致后续出卖人无法收到相应的购房款，但该情形不构成买受人因合同以外第三人的原因违反合同约定的情形。

从实践案例中观之，我国实践中债务人得以凭借免责事由免除违约责任的情形较少，本案从债务人是否违约的角度，对因第三人违约的违约责任的承担进行限制适用，将债务人承担的责任回归理性。

编写人：北京市第一中级人民法院　赵蕾

五、农村房屋买卖合同纷纷

37

农村房屋连环买卖最终回归集体内部应予肯定

——张某友诉闫某、唐某梅农村房屋买卖合同案

【案件基本信息】

1. 裁判书字号

北京市密云区人民法院（2021）京 0118 民初 3817 号民事判决书

2. 案由：农村房屋买卖合同纠纷

3. 当事人

原告：张某友

被告：闫某、唐某梅

【基本案情】

张某友系北京市密云区西田各庄镇某村村民，原在该村西区 61 号有宅院一处。2004 年 11 月 12 日，原告张某友与被告闫某签订《买卖房协议》，将房屋出卖给非本村村民且不具有北京市农村居民户口的被告闫某。2004 年 12 月 20 日，被告闫某与被告唐某梅登记结婚。后被告闫某、唐某梅于 2006 年将房屋进行部分修缮。2020 年 9 月 28 日，被告闫某、唐某梅与西田各庄镇某村村民雷某清签订《房屋转让协议》，将涉案房屋出售给雷某清。原告认为二被告并非

西田各庄镇某村经济合作社成员，不能享有本村宅基地，上述房屋系原告唯一宅基地，故诉至法院，要求确认原、被告于2004年所签订的房屋买卖合同无效并返还房屋及院落。

【案件焦点】

前后两手房屋买卖协议的效力以及房屋返还问题。

【法院裁判要旨】

北京市密云区人民法院经审理认为：首先，张某友将涉案房屋出卖给闫某，闫某、唐某梅又将房屋转售给雷某清，最终实现了宅基地使用权在村集体经济组织内部的流转，虽然张某友与被告闫某之间的交易有违《中华人民共和国土地管理法》的相关规定，但张某友起诉时涉案宅基地使用权及房屋已转让至雷某清处，雷某清作为某村村民，享有购买集体经济组织内部宅基地使用权的资格，且雷某清在受让涉案宅基地使用权及房屋时是善意的，并支付了合理对价。故，张某友与闫某之间前手交易的非法状态因闫某、唐某梅与雷某清之间的后手交易而消除，从连环交易的整体上予以考虑，不宜直接认定张某友与闫某之间的房屋买卖协议无效。其次，民事活动应当遵循平等自愿、诚实信用原则，依法成立的合同若不存在《中华人民共和国合同法》所规定的可撤销或无效情形，应当对当事人具有法律约束力，张某友与闫某之间以及闫某、唐某梅与雷某清之间的房屋买卖协议均系当事人的真实意思表示，不存在欺诈、胁迫或者恶意串通损害国家、集体或第三人的合法权益等无效情形，当事人亦按照合同约定履行了义务，所以本案前后两手房屋买卖协议均为合法有效，张某友要求返还房屋的请求不能成立。综上，张某友主张的其与闫某之间的房屋买卖协议无效及返还其房屋和宅院的诉讼请求，缺乏事实和法律依据，不予支持。

北京市密云区人民法院依照《中华人民共和国合同法》第五十二条、《中华人民共和国土地管理法》第六十二条、《中华人民共和国民事诉讼法》第六十四条之规定，判决如下：

驳回原告张某友的诉讼请求。

判决后，双方当事人均未上诉，本判决现已生效。

【法官后语】

农村房屋与宅基地具有不可分离性，因实践中“房随地走，房地一体”的格局，农村房屋的买卖亦涉及宅基地使用权的问题。农村宅基地及其地上房屋具有社会福利性质，与享有者的特定身份有关，其目的在于保障村集体经济组织成员的基本生活，因此，农村宅基地及房屋依法可以在本村集体经济组织成员内部流动，而禁止外部人员取得本村宅基地及房屋。在农村房屋连环买卖过程中，前手买受人系集体经济组织外部成员，而后手买受人则是村集体经济组织内部成员，农村宅基地及房屋经前后两手而最终流入村集体经济组织内部。关于前手房屋买卖合同是否有效，从不同角度来看有不同的结论。

从严格合同法及物权法的角度来看，农村宅基地及房屋只有特定身份者可享有，前手买卖合同因买受人资格问题违反了法律、行政法规以及相关国家政策的规定应属无效，最高人民法院《第八次全国法院民事商事审判工作会议（民事部分）纪要》第五部分第（一）方面第十九条之规定，现阶段，我国农村社会保障体系还有待进一步完善，宅基地还具有一定的社会保障和社会福利性质，完全放开对宅基地使用权限制的条件还不具备。在国家已确定的宅基地流转试点地区，可以按照国家政策及相关指导意见处理宅基地使用权因抵押担保、转让而产生的纠纷。在非试点地区，农民将其宅基地上的房屋出售给本集体经济组织以外的个人，该房屋买卖合同认定为无效。可见，单独地将农村房屋出售给非本集体经济组织成员的行为是被禁止的，但在连环买卖中农村房屋最终买受人回归到村集体经济组织成员内部，该合同能否当然认定无效应待商榷。

从我国土地管理法的立法目的、国家政策及农村集体经济组织的权益角度来看，农村房屋在连环买卖中虽曾流入外部人员手中，但最终被本村村民购回，该房屋买卖行为并没有导致宅基地及房屋流转给村集体经济组织成员之外的人员，而是最终回转给村集体经济组织成员所有，其实现了宅基地使用权在本案集体经济组织内部的流转，并未违反《中华人民共和国土地管理法》的相关规定，亦未使村集体经济组织的权益受损，因此，不宜认定前手买卖合同无效。在前手交易中，交易行为因前手买受人并非村集体经济组织内部成员而本应归于无效，但在房屋转售给具有村集体经济组织成员身份的买受人后，宅基地使用权又复原到法律、法规允许的范围之内，前手房屋买卖行为的非法性因后手交易而消除，最终回归合法状态。

在实践中，为了维护社会主义市场交易安全和秩序，保护善意第三人的合法权益，从农村房屋连环买卖的连贯性和当事人真实自愿的意思表示的角度出发，应当倾向认可前后两手合同的效力，从整体考虑认可前后两手行为的法律效果，在遵照土地管理法和维护集体经济组织权益的前提下作合理解释，从而在实现农村宅基地及房屋内部流转的目的下，使当事人的行为和后果恢复到法律允许的范围之内，以达到积极良好的社会效果。

编写人：北京市密云区人民法院　王子涵

38

农村土地性质改变后房屋买卖合同应认定有效

——汪某生诉邓某文、王某梅房屋买卖合同案

【案件基本信息】

1. 裁判书字号

重庆市第三中级人民法院（2021）渝03民终10号民事判决书

2. 案由：房屋买卖合同纠纷

3. 当事人

原告（被上诉人）：汪某生

被告（上诉人）：邓某文、王某梅

【基本案情】

汪某生系原重庆市南川区甲村村民，1991 年在该村拥有农村房屋一套，该房屋 2004 年被征用拆除。邓某文、王某梅系重庆市南川区乙村村民。2004 年 8 月 1 日，汪某生（乙方）与邓某文、王某梅（甲方）签订了《房屋买卖协议书》，该协议书约定，甲方有房屋一幢两楼一底进行公开买卖。经甲、乙双方共同协商达成如下协议：(1) 甲方纯收 16 万元人民币。(2) 乙方付清现金后，甲方将现有的《土地使用证》《房屋产权证》及建房时使用吴某明包产地《协议》交给乙方。乙方自愿去交纳其他一切税费及变更房屋使用所需用的手续。(3) 房屋买卖以现金收条日期三个月内交房给乙方。(4) 甲、乙双方买卖后不得反悔，违约者拿 20%违约金。(5) 四至界见《土地使用证》。协议签订后，汪某生将购房款 16 万元全部支付给了邓某文、王某梅，邓某文、王某梅也将房屋及产权证等交给了汪某生，汪某生在该房屋居住至今，并对该房屋进行了改建。

涉案房屋坐落地原南川县隆化镇某村 1 组因合并后现为重庆市南川区某街道 6 组。2019 年 12 月 27 日，因南川区城市建设的需要，经重庆市人民政府的批准，对南川区某街道北郊居委 6 组等 2 个居委 2 个组集体用地转为建设用地并予以征收，涉案房屋在被征收范围之内。因该房屋至今未过户仍登记在邓某文、王某梅名下，邓某文、王某梅拒不配合汪某生领取拆迁款，汪某生起诉至法院请求确认其与邓某文、王某梅于 2004 年 8 月 1 日签订的《房屋买卖协议书》有效。

【案件焦点】

汪某生与邓某文、王某梅于 2004 年 8 月 1 日签订的《房屋买卖协议书》的效力问题。

【法院裁判要旨】

重庆市南川区人民法院经审理认为：汪某生与邓某文、王某梅均是具有民事行为能力的公民，双方签订的《房屋买卖协议书》系双方的真实意思表示，合同签订后，邓某文、王某梅已将涉案房屋交付给汪某生居住使用，汪某生已向邓某文、王某梅支付了全部房屋价款，双方已经履行了主要合同义务。虽然涉案房屋的土地性质在签订合同时属于集体土地，且至今未取得审批手续，但由于该房屋现在已经属于拆迁范围，且该房屋所在区域已纳入城镇规划范围，已不再具有原农村宅基地的本来属性。因此，双方所签订的《房屋买卖协议书》依法应当有效，故对汪某生的诉讼请求，依法予以支持。对邓某文、王某梅以涉案房屋登记性质为集体土地以及双方并非同一集体经济组织成员为由，请求确认双方所签订的《房屋买卖协议书》无效的辩解，与查明的事实不符，依法不予采纳。

重庆市南川区人民法院依照《中华人民共和国合同法》第五十二条之规定，判决如下：

汪某生与邓某文、王某梅于 2004 年 8 月 1 日签订的《房屋买卖协议书》有效。

邓某文、王某梅不服一审判决，提出上诉。

重庆市第三中级人民法院经审理认为：集体经济组织成员向本集体经济组织以外的农村村民或城镇居民转让农村住房和宅基地的，因违反集体经济组织的成员权属性，应当认定无效；但涉案房屋坐落地的集体土地已纳入城镇规划范围，涉案房屋亦属于拆迁范围，已不再具有原农村宅基地的属性；且双方签订涉案房屋买卖协议十五年来无争议，只因涉案房屋涉及征地拆迁补偿款而引发争议，遵循诚实信用原则，确定涉案房屋买卖协议有效更能维护经济秩序。因此，一审法院确认涉案《房屋买卖协议书》有效并无不当。

重庆市第三中级人民法院依照《中华人民共和国民事诉讼法》第一百七十条第一款第一项之规定，判决如下：

驳回上诉，维持原判。

【法官后语】

在我国，城市市区的土地属于国家所有，农村和城市郊区的土地，除了由法律规定属于国家所有的以外，属于农民集体所有；宅基地和自留地、自留山属于农民集体所有。用于建造房屋的土地，分为建设用地和宅基地，建设用地属于国家所有，宅基地属于集体所有。农村宅基地的使用主体是本集体经济组织的农村居民，本集体经济组织以外的人员不能申请并取得宅基地使用权。因此宅基地使用权是一项与特定身份相关联的权利，即需要拥有该集体经济组织成员的身份，才能申请并取得宅基地使用权。

按照我国现行的房地产制度，出卖农村房屋的，宅基地使用权也一并转让。实践中，对于集体经济组织成员向本集体经济组织成员以外的城镇居民或农村居民转让农村住房和宅基地的，因违法集体经济组织的成员权属性，一般应认定合同无效。

本案中，汪某生与邓某文、王某梅均为完全民事行为能力人，汪某生因其原本房屋被征收需购房居住，邓某文、王某梅将其闲置的农村房屋出售给汪某生，是其真实意思表示，双方实际履行了买卖合同，汪某生一直居住该房屋十五年之久并对该房屋进行了改建。虽然集体经济组织成员向本集体经济组织以外的农村村民或城镇居民转让农村住房和宅基地，买卖合同因违反集体经济组织的成员权属性，应当认定无效，但本案所涉房屋坐落的集体土地已纳入城镇规划建设范围，土地性质改变，不再需要特定身份，导致合同无效的情形已经消失，该合同成立并生效。

再则，民事主体从事民事活动，应当遵循诚实信用原则。汪某生与邓某文、王某梅在签订买卖合同并实际履行后，双方十五年以来一直无争议，现因案涉房屋被纳入拆迁范围，涉及征地拆迁补偿款引发争议，依据诚实信用原则，确认买卖双方合同有效并未损害国家利益、社会公共利益以及他人的合法权益，更有利于维护社会经济秩序。

编写人：重庆市第三中级人民法院　梁婧媛

39

确认之诉是否适用诉讼时效及个人印章的法律效力认定

——王某赞等诉邱某耀等农村房屋买卖合同案

【案件基本信息】

1. 裁判书字号

福建省厦门市中级人民法院（2021）闽 02 民终 1710 号民事判决书

2. 案由：农村房屋买卖合同纠纷

3. 当事人

原告（被上诉人）：王某赞、邱某强、王某勇、王某敏、邱某缎、王某霞、许某忠、王某华

被告（上诉人）：邱某耀、邱某龙、邱某南、苏某兰、邱某明、邱某云、邱某彬、张某菊

第三人：邱某发

【基本案情】

被告邱某明等八人持有的、形成于 1993 年 6 月 9 日的《土地房产所有证》载明：邱某教（人口 3 人）名下有六间房产，均位于某村社围仔内。

原告王某赞等八人举证一份《立杜卖尽根底契字》，据此主张王某成（已故）于 1974 年 4 月 29 日向邱某血（已故，系邱某教侄子）购买上述《土地房产所有证》的一套房屋中的南侧护厝两间房屋。该份契约手写载明："立卖尽根底契字人邱某血承先人遗下房屋贰间，坐落于某村社围仔内，原土地证填写户主为邱某教、弟邱某坤、侄邱某血，在社教工作组处理后，邱某坤从这两间房厝交给邱某血掌管为业，目前固倒环破漏无法修理。因生活困难，今从这房

屋两间出卖给王某成为业……。中华人民共和国公元1974年4月29日、农历甲寅年四月初八。立杜卖尽根底契字人邱某血，介绍人邱某平，知见人锦某，代书人邱某政。”契约的背部有“立杜卖尽根底契字人邱某血，知见锦某，介绍人邱某平”手写内容，其中“邱某血”名字上及名字下方盖有若干个“邱某血”印章，“锦某”上盖有红手印，“邱某平”名字下方盖有“邱某平”印章。

邱某平于2007年12月5日向厦门市鹭江公证处公证人员述称，1974年，邱某血将其所有的位于惠佐社围仔内的祖厝两间卖给王某成，并由邱某政代书订立契约；《立杜卖尽根底契字》上的印章、指印均属实。公证处据此形成《公证书》。

原告王某赞等八人系王某成（已故）的后代子孙；被告邱某明等八人系邱某血（已故）的后代子孙，邱某血系邱某教（已故）的侄子，邱某教未有在世直系亲属。

原告王某赞等八人依上述《立杜卖尽根底契字》及《公证书》向法院起诉，请求确认王某成与邱某血于1974年4月29日签订的房屋买卖合同《立杜卖尽根底契字》有效。

【案件焦点】

1. 案涉农村房屋买卖合同双方当事人均已故、合同签订时间距今已近50年，当事人的后代在50年后主张确认合同的效力，确认之诉是否适用诉讼时效；2. 合同上仅有个人印章、未有当事人签名，个人印章的法律效力如何认定。

【法院裁判要旨】

福建省厦门市海沧区人民法院经审理认为：王某赞等八人持王某成签订的农村房屋买卖合同向法院请求确认合同有效，本案应系农村房屋买卖合同纠纷。王某赞等八人作为王某成的继承人，向合同相对方邱某血的继承人提起确认合同有效之诉，程序合法，各方主体适格。邱某明等八人辩称王某赞等八人曾公证声明不会因《立杜卖尽根底契字》主张任何关于案涉房屋的权利，此说明王某赞等八人已放弃了实体权利，故其无权提出诉讼请求。本院认为，不管王某赞等八人与邱某助的后人就案涉房屋的处置达成何种协议，此也仅系其两方的内部关系，与本案无关，邱某明等八人的上述辩称缺乏依据，不予采信。

本案当事人争议焦点在于案涉房屋买卖契约是否合法有效。《中华人民共和国民法总则》第一百四十三条规定，民事法律行为有效要件包括行为人具有相应的民事行为能力、意思表示真实以及不违反法律、行政法规的强制性规定，不违背公序良俗。根据该法律规定，结合上述查明的事实，本院认为案涉房屋买卖契约合法有效，理由如下：首先，案涉房屋买卖契约记载的买方为王某成、卖方为邱某血，买卖双方在签订契约时均系成年人，在无相反证据的情况下，应推定其二人为完全民事行为能力人。其次，买卖契约指向的买卖标的为农村宅基地上的房屋，根据《中华人民共和国土地管理法》第六十二条第四款的规定，农村村民可以出卖住房，且王某成与邱某血为同一集体经济组织成员，故其二人之间的农村房屋买卖合同内容不违反法律、行政法规的强制性规定，也不违背公序良俗。再次，案涉房屋虽登记于邱某教名下，出卖人邱某血非登记所有权人，本案也难以查清案涉房屋是否如王某赞等八人所主张的在四清运动中被划归邱某血所有，然依照《最高人民法院关于审理买卖合同纠纷案件适用法律问题的解释》第三条的规定可知，出卖人在缔约时对标的物没有所有权或者处分权的，并不影响合同的效力。因此，即便邱某血非案涉房屋的实际所有权人，也不影响其以出卖人身份所签订的房屋买卖合同的效力。最后，案涉房屋买卖契约上虽未有出卖人邱某血的签字，但加盖有邱某血的个人印章。邱某平作为案涉契约上载明的介绍人，在公证机关的公证下明确作证称其参与了案涉契约的签订过程，亲眼所见邱某血的个人印章系邱某血自己所盖。鉴于邱某平因亡故无法到庭接受质询，而公证机关是在经医生确认邱某平意识清楚的情况下对邱某平进行询问并制作了证人证言，且无证据表明邱某平与本案原、被告存在利害关系，邱某平的证人证言可与案涉契约相互印证，故邱某平的证人证言可以采信。此外，另一证人邱某添也当庭述称邱某助曾于 1974 年告知其案涉房屋买卖之事并雇用其对案涉房屋进行部分拆除，而邱某血还曾去现场查看要求拆房不得影响邻居。鉴于邱某明等八人未举证表明邱某添与本案原、被告存在利害关系，且邱某添的证人证言可与案涉契约相互印证，因此邱某添的证人证言亦可以采信。根据邱某添的证人证言，其虽未亲临案涉契约签订现场，但其受雇于王某成兄弟拆除案涉房产时邱某血前往监督并要求小心拆房的行为可佐证邱某血作为房产出卖人的身份。因此，在邱某明等八人无相反证据证明1974年4月29日邱某血个人印章有被他人盗用的情况下，结合邱某平及邱某添的证人证言，以及个人印章通常由本人持有并使用的常理，应认定案涉房屋买卖契约上的邱某血印章系邱某血个人所盖。而根据《中华人民共和国合同法》第三十二条“当事人采用合同书形式订立合同的，自双方当事人签字或者盖章时合同成立”之规定，公民的个人印章亦具有法律效力；且案涉契约签订于20世纪70年代，当时受文化水平的限制，尤其在农村地区，确存在使用个人印章而非个人手写签名立字据的习俗，此从本案契约上载明的见证人邱某平亦是加盖个人印章而无签字这一事实中可得到印证。由此，邱某血在案涉契约上用个人印章替代签字不违反法律规定，亦符合农村风俗习惯，其盖章行为应视为对契约内容的确认，案涉契约应为邱某血的真实意思表示。综合以上几点，案涉房屋买卖契约具备了《中华人民共和国民法总则》第一百四十三条所规定的民事法律行为有效的全部要件，邱某明等八人并无证据证明该契约存在着《中华人民共和国合同法》第五十二条所规定的无效情形。因此，王某赞等八人诉求确认王自成与邱某血于1974年4月29日签订的房屋买卖合同《立杜卖尽根底契字》有效，有相应的事实和法律依据，本院予以支持。邱某明等八人还抗辩称王某成在购买案涉房屋后未实际占有、使用房屋，也未持有房屋产权证书，然此三个因素并不影响房屋买卖契约的法律效力，故邱某明等八人以此作为抗辩契约效力的理由，依据不足，不予采信。

关于邱某明等八人所抗辩的本案诉讼时效问题。本院认为，根据《最高人民法院关于审理民事案件适用诉讼时效制度若干问题的规定》第一条以及《中华人民共和国民法总则》第一百九十六条的规定可知，诉讼时效的客体为债权请求权，主要适用于给付之诉，并非所有实体请求权都可以适用诉讼时效的规定。而本案中，王某赞等八人系诉求确认合同效力，属于确认之诉，而非一方当事人向对方当事人主张债权请求权的给付之诉。确认之诉虽表示为当事人以提出请求的方式要求国家裁判机关对相关民事法律关系存在与否作出司法裁判，但确认请求权属于程序请求权，而非实体请求权，更非债权请求权，自无适用诉讼时效的余地。因此，邱某明等八人作为确认之诉的相对方，无权援引诉讼时效进行抗辩，其关于王某赞等八人的诉讼请求已过诉讼时效的抗辩，本院不予采信。

综上，福建省厦门市海沧区人民法院判决如下：

驳回原告的诉讼请求。

一审宣判后，邱某耀、邱某龙、邱某南、苏某兰、邱某明、邱某云、邱某彬、张某菊不服，向厦门市中级人民法院提起上诉。

福建省厦门市中级人民法院经审理认为：上诉人上诉主张《立杜卖尽根底契字》不能成立。虽邱某血并非案涉房屋登记所有权人，但如一审判决所分析，出卖人在缔约时对标的物没有所有权或者处分权的，并不影响合同的效力。故即便邱某血非案涉房屋的实际所有权人，也不影响其以出卖人身份所签订的房屋买卖合同的效力。关于《立杜卖尽根底契字》是否真实成立问题，被上诉人据此提交了《立杜卖尽根底契字》及证人证言特别是经公证的讼争房产买卖介绍人邱某平的证言予以证明，对此一审法院从证人证言内容分析、立契时的农村风俗习惯等角度充分论证，认定案涉契约为邱某血的真实意思表示并无不当，本院不再赘述。同时，证人证言对于买卖房屋时邱某血妻子某治在场及讼争房产因破旧欲进行拆建等情况亦作出说明，上诉人以王某成在购买案涉房屋后未实际占有、使用房屋，也未持有房屋产权证书，知见人某治并不存在，证人与被上诉人存在利害关系等推断讼争房产交易不真实依据尚不充分，本院不予采信。

上诉人主张案涉房屋买卖契约依法无效。由于王某成与邱某血系同一集体经济组织成员，其二人之间的农村房屋买卖合同内容不违反法律、行政法规的强制性规定，且即使邱某血出卖案涉房屋时对案涉房屋没有所有权或者处分权的，并不影响合同的效力。故一审法院据此认定案涉房屋买卖契约合法有效并无不当，上诉人该上诉主张缺乏依据，本院不予采信。

综上所述，邱某耀、邱某龙、邱某南、苏某兰、邱某明、邱某云、邱某彬、张某菊的上诉请求均不能成立，应予驳回。福建省厦门市中级人民法院作出如下判决：驳回上诉，维持原判。

【法官后语】

按照诉讼请求的内容不同，诉可分为确认之诉、给付之诉、变更之诉。确认之诉，是指原告要求人民法院确认其主张的法律关系存在或不存在的诉讼请求。

本案中，案涉农村房屋买卖合同双方当事人均已故，合同双方当事人的后代诉请确认合同效力，故本案系确认之诉。然该合同签订时间距今已近50年，合同当事人的后代在此时提起确认之诉是否适用诉讼时效；且合同上只有个人印章、未有当事人签名，当事人已故无法查清该印章是否系其本人加盖，此种情形下的合同效力如何认定？此系本案两个争议焦点。

争议焦点之一，关于确认之诉的诉讼时效问题。

首先，关于确认之诉的认定。确认之诉系围绕法律关系进行的诉讼，表现为当事人以提出请求的方式要求人民法院对相关民事法律关系存在与否作出裁判，主要有以下特点：一是当事人之间的法律关系具有现实意义；二是双方当事人就该法律关系是否存在产生争议；三是诉请人民法院确认该法律关系是否存在。本案中，案涉农村房屋买卖合同一方当事人的继承人诉请确认案涉房屋买卖合同有效，该诉求符合确认之诉的规定，其提起的系请求人民法院确认案涉房屋买卖合同有效的确认之诉。

其次，关于确认之诉是否适用诉讼时效的问题。诉讼时效，是指能够引起民事法律关系发生变化的法律事实，如权利人在法定期间内不行使权利，即在某种程度上丧失请求利益的时效制度，以权利不行使的事实状态为要件，作为阻却权利行使的原因。《中华人民共和国民法典》第一百九十六条规定，下列请求权不适用诉讼时效的规定：（一）请求停止侵害、排除妨碍、消除危险；

（二）不动产物权和登记的动产物权的权利人请求返还财产；（三）请求支付抚养费、赡养费或者扶养费；（四）依法不适用诉讼时效的其他请求权。可见，诉讼时效的客体为债权请求权，主要适用于给付之诉，并非所有实体请求权都可以适用诉讼时效的规定。确认之诉仅是由人民法院对诉争的民事法律关系存在与否作出司法裁判，诉讼对方不负有承认的义务，不存在通过强制执行方式强制诉讼对方当事人履行判决主文的必要，故在诉讼法意义上，确认请求权属于程序请求权，而非实体请求权，更非债权请求权，不受诉讼时效的限制。因本案系确认之诉，邱某明等八人作为确认之诉的相对方，无权援引诉讼时效进行抗辩，其关于王某赞等八人的诉讼请求已过诉讼时效的抗辩，应不予采信。

争议焦点之二，个人印章的法律效力问题。

个人印章的刻制并无专门管理规定约束、无备案要求，其与单位公章对外公示效力不同。《中华人民共和国民法典》第四百九十条第一款规定，当事人采用合同书形式订立合同的，自当事人均签名、盖章或者按指印时合同成立。在签名、盖章或者按指印之前，当事人一方已经履行主要义务，对方接受时，该合同成立。可见，在法律规定上赋予了签字和盖章在合同成立上同等的法律效力，但因生活及交易习惯的变迁、市场经济时代的发展等因素影响，个人印章的信用能力与个人签名有所不同，认定个人印章的法律效力应更为慎重。认定个人印章的有效一般应满足以下条件：一是不存在盗用、冒用他人印章的情形；二是印章真实，印章的使用系印章所有人的真实意思表示；三是符合案件发生时的时代背景、交易习惯；四是如存在争议，有其他证据予以佐证，足以补强个人印章的取信能力。

本案中，案涉房屋买卖契约上的邱某血印章具有法律效力，理由如下：一是案涉契约签订于 1974 年，当时受文化水平的限制，存在使用个人印章而非个人手写签名立字据的农村风俗习惯，邱某血在案涉契约上用个人印章替代签字符合当时的生活、交易习惯；二是邱某平作为案涉契约上载明的介绍人，在公证机关的公证下明确作证称其参与了案涉契约的签订过程，亲眼所见邱某血的个人印章系邱某血自己所盖，其证人证言可与证人邱某添证言及案涉契约相互印证；三是邱某明等八人无相反证据足以证明1974年4月29日邱某血个人印章有被他人盗用的情况。因此，邱某血的盖章行为应视为对契约内容的确认，案涉契约应为邱某血的真实意思表示。

因此，案涉确认之诉不适用诉讼时效的规定，邱某血在案涉房屋买卖合同上的盖章行为有效，案涉房屋买卖契约确认合法有效。

编写人：福建省厦门市海沧区人民法院　郭碧娥　王欣

六、房屋借贷与担保纠纷

40

二手商品房买卖中因办理银行抵押贷款导致违约责任的认定

——曹某榕诉蔡某房屋买卖合同案

【案件基本信息】

1. 裁判书字号

湖北省宜昌市中级人民法院（2022）鄂05民终结230号民事判决书

2. 案由：房屋买卖合同纠纷

3. 当事人

原告（上诉人）：曹某榕

被告（被上诉人）：蔡某

【基本案情】

2020年8月26日，曹某榕与蔡某通过房地产营销策划公司居间签订《存量房买卖合同》，合同约定曹某榕将其坐落于房屋以90万元价格出售给蔡某。合同第二条第一项约定：出售方应在签订本合同后3个工作日内将房屋权属证明原件交给居间方保管，办理房产交易相关手续。合同第二条第四项约定：该房屋已经设定抵押，出售方最迟应于2020年9月20日前办理完毕所有解除抵押登记手续。合同第五条第一项约定：购买方应于本合同签订当日将第一笔定金1万元支付给出售方。合同第五条第二项约定：购买方应在贷款审批通过且出售方预约银行还款当日，将第一笔款项20万元支付给出售方。购买方拟贷款金额为68万元，买卖双方应于本合同签订后7个工作日内共同前往贷款机构办理贷款申请手续。合同第八条约定：买卖双方应共同到房屋登记机构申请办理房屋权属转移登记手续，若房屋登记机构要求预约的则以预约时间为准，若本合同第六条第四款约定的解封截止时间超过本条款的权属转移登记截止时间，则买卖双方应于卖方按期解封后10个工作日内办理权属转移登记手续。如购买方为商业贷款/组合贷款的，其应在办理出不动产权证书且银行出具抵押资料后3个工作日内办理按揭贷款的抵押登记手续。合同第十一条第一项：买卖双方任何一方逾期履行本合同约定义务的，每逾期一日，违约方应当按房屋转让价的万分之五向守约方支付违约金。合同第十一条第五项约定：买卖双方在合同履行过程中，因任何一方违约，守约方以诉讼形式向违约方主张权利的，违约方须承担守约方所支出的诉讼费、保全费、执行费、律师代理费及交通费等相关费用。合同签订后，2020年8月26日，曹某榕收到蔡某支付的定金及房款22万元。2020年9月17日，曹某榕将孝子岩路房屋过户给蔡某。2020年10月13日，蔡某与某银行宜昌分行签订《个人住房组合借款/担保合同》。该合同约定：贷款人同意向借款人发放个人组合贷款，金额为68万元，其中商业性贷款18万元，公积金贷款为50万元。2020年10月19日，蔡某与某银行宜昌分行将抵押登记资料递交给宜昌市不动产交易和登记中心。2020年10月22日，宜昌市不动产交易和登记中心为案涉房屋办理他项权利登记，权利人为某银行宜昌分行，被担保债权数额为68万元。2020年11月17日，曹某榕收到某银行所放贷款。2021年9月2日，曹某榕诉至法院，请求法院判令蔡某支付违约金31950元（2020年9月6日至2020年11月17日）、律师费5000元和诉讼费。

【案件焦点】

1. 如何确定二手商品房买卖中买卖双方各自的合同义务；2. 因办理银行抵押贷款审批手续导致的银行放款时间延长购房者是否应当承担违约责任。

【法院裁判要旨】

湖北省宜昌市点军区人民法院经审理认为：曹某榕与蔡某签订的《存量房买卖合同》，系双方当事人的真实意思，且不违反法律禁止性规定，应认定合法有效。上述购房合同及协议签订后，曹某榕已经按照约定履行了自己的合同义务，并于 2020 年 9 月 17 日将房屋产权转移登记为蔡某。2020 年 10 月 13 日，房地产营销策划公司工作人员通知蔡某去某银行宜昌分行签订抵押贷款合同，当日，蔡某与某银行宜昌分行签订《个人住房组合借款/担保合同》。因此，蔡某至迟应于 2020 年 10 月 17 日前将相关资料送交产权登记部门，2020 年 10 月 19 日，与某银行宜昌分行将抵押登记资料递交给宜昌市不动产交易和登记中心，逾期 2 天，蔡某应按照协议约定向曹某榕支付相应的违约金。关于蔡某提出违约金计算标准过高请求调整的请求，本院予以支持，对于违约金按照 2020 年 10 月全国银行间同业拆借中心发布的一年期贷款市场报价利率（LPR）四倍计算。因《存量房买卖合同》已约定违约方须承担守约方律师费，曹某榕亦提交证据证实，故应予以支持。

湖北省宜昌市点军区人民法院依照《中华人民共和国合同法》第六十条、第一百一十四条第二款的规定，判决如下：

蔡某支付曹某榕违约金 770 元及律师费 5000 元。

曹某榕不服一审判决，提出上诉。

湖北省宜昌市中级人民法院经审理认为：案涉房屋办理他项权利登记需要银行和蔡某共同向不动产交易和登记中心提交相关的抵押登记资料，而其中一项重要的资料就是抵押贷款合同。涉案房屋虽然于 2020 年 9 月 17 日过户登记到蔡某名下，但房屋买卖合同约定的是“应在办理出不动产权证书且银行出具抵押资料后 3 个工作日内办理按揭贷款的抵押登记手续”，并未约定必须在多长时间内签订抵押贷款合同，按照交易习惯，应当给予银行和蔡某一个合理的签订抵押贷款合同的准备期间。银行和蔡某于 2020 年 10 月 13 日签订抵押贷款合同，尚属合理期间范围内。且《房屋交易按揭、过户服务合同》约定：甲、乙双方同意委托丙方为乙方提供向银行申请办理按揭贷款手续的服务。蔡某按照房地产营销策划公司通知的时间去签订了抵押贷款合同，并未拖延。故签订抵押贷款合同之前的期间不能认定为违约。2020 年 10 月 13 日，抵押贷款合同签订后，抵押登记资料已准备齐全。按照合同约定，蔡某应当在 3 个工作日内（即 2020 年 10 月 16 日内）将相关资料送交产权登记部门，但蔡某于 2020 年 10 月 19 日才提交资料，一审据此认定蔡某违约三天并无不当。曹某榕主张应当从 2020 年 9 月 20 日开始计算违约天数的上诉请求不能成立，本院不予支持。综上所述，曹某榕的上诉请求不能成立，应予驳回。

湖北省宜昌市中级人民法院依照《中华人民共和国民事诉讼法》第一百七十七条第一款第一项之规定，判决如下：

驳回上诉，维持原判。

【法官后语】

房屋属于不动产范畴，其交易规则有别于一般动产的交易规则。房屋产权及相关权利的发生、变更等均需要到有关政府部门进行登记。出卖人仅将房屋交付买受人使用并不足以产生房屋所有权变动、出卖人亦不当然获得银行发放给购房尾款等法律效果，而只有当房屋交易手续齐全、合法时，登记机关、银行才予以审批登记放款。若手续不全或交易违法，权属变更将无法登记，房屋交易也将无效。本案涉及二手商品房买卖合同中因买受人在办理银行抵押贷款手续时，因其他原因导致放款时间延长，致使买卖双方对合同履行的义务及违约责任的承担产生不同意见，故如何确定买卖双方对应的合同义务及责任是办理二手商品房买卖案件的关键。

一方面，应从二手商品房买卖环节来确定违约责任。二手商品房买卖存在《居间合同》《存量房买卖合同》两种，《居间合同》主要约定中介与买卖双方的权利义务关系，《存量房买卖合同》主要约定买卖双方的权利义务关系。而《存量房买卖合同》则体现了整个二手商品房买卖的主要流程：签订存量房买卖合同→支付首付款或全款→办理解抵押及房屋产权变更手续→办理银行贷款手续（出具银行抵押资料、评估等）→签订按揭贷款合同→办理房屋产权抵押手续→银行放款。不难看出，二手商品房出卖人在收到首付款并第一次到不动产管理部门办理解抵押及房屋产权变更手续后，二手房出卖人便已经履行了所有的义务，即将房屋产权交付并变更产权为买受人名下，剩余的交易环节则均是买受人为支付购房尾款与银行之间产生的权利义务，从合同内容及对象上出卖人已无法掌控买受人的行为，仅能通过之前签订的《存量房买卖合同》内容，约束买受人的行为并催促其按照合同约定实践支付相应尾款。因此，法院在此类案件中可以从买卖二手房的流程环节上来确定双方的责任，即以出卖人办理解抵押及产权变更手续为流程节点，之后的流程均属于买受人的付款义务及责任，未按期付款的均属于买受人的违约责任，与房屋出卖人无关。

另一方面，应从买卖双方主观能动性来确定违约责任。房屋买卖中双方虽然约定了具体的履行时间，但一些环节是买卖双方无法掌控的，如出卖人在不动产管理部门办理解抵押手续及产权变更手续，是需要根据当地主管部门制定的制度规则进行，同时也涉及原房屋贷款银行的剩余房款还贷手续，其中的时间大多经中介机构根据日常交易习惯进行预估，但实际操作起来难免产生意外。而买受人办理按揭银行贷款手续更是受银行的各方条件约束，如贷款金额、还贷能力、诚信记录等，本案系买受人前往银行申请办理按揭贷款手续，在提交银行需要的抵押贷款资料后，由银行进行审批核准后通知买受人到银行签订按揭贷款合同，因买受人与银行工作人员沟通不畅，导致签订按揭贷款合同时间延长以及之后银行审批核准房贷时间较长，致使出卖人收到购房尾款的时间超过了合同约定时间，引起本案诉讼的发生。故法院在遇见此类案件时，还应当以买卖双方主观能动性来确定，不以双方意志或主观过错转移的客观情形及审核放贷银行、不动产主管部门制定的相应制度规则文件，来综合判断违约行为的出现是否与买卖双方的主观因素有关，同时参考中介机构对房屋交易环节预估期限的依据及日常交易习惯，来确定各自违约责任归属。

总之，二手商品房买卖合同纠纷中，应当综合考虑买卖双方在履行买卖二手商品房流程环节中的角色定位，以及各自的主观能动性来确定双方的合同义务及违约责任。对于双方均无法掌控的第三方审批、评估、贷款抵押等环节，应当审核相应部门、银行之间的制度、规则、政策文件的差异，判定是否应属于买卖双方发挥主观能动性便可以改变的；对于不能主观改变的情形，应当审视合同是否有具体的约定，没有约定或者约定不明确的，则可以根据《中华人民共和国民法典》等法律法规司法解释中合同约定不明的情形处理。正确判断买卖双方的违约责任及义务，可以引导二手商品房买卖交易规则习惯进一步完善，从而保障交易安全，切实保护买卖双方的合法权益，亦维护了市场经济秩序的稳定。

编写人：湖北省宜昌市点军区人民法院　望鹏飞

41

抵押登记在抵押权实现前灭失的抵押权效力认定

——惠某鑫诉房地产开发公司、投资发展公司房屋买卖合同案

【案件基本信息】

1. 裁判书字号

广东省高级人民法院（2021）粤民再 83 号民事判决书

2. 案由：房屋买卖合同纠纷

3. 当事人

原告（上诉人、再审申请人）：惠某鑫

被告（被上诉人、再审被申请人）：房地产开发公司、投资发展公司

第三人：某银行福田支行、陆某

【基本案情】

1996 年，陆某购买物业公司开发的 A 座房屋，并在某银行福田支行办理按揭贷款，某银行福田支行于 1996 年 6 月 24 日办理房屋抵押登记。此后，某银行福田支行与陆某、物业公司因按揭贷款合同纠纷成讼，深圳市福田区人民法

院作出（1997）深福法经初字第375号生效民事判决，判决终止陆某和某银行福田支行签订的按揭贷款合同，某银行福田支行对依法拍卖或变卖抵押房产A座房屋所得价款享有优先受偿权。

1998年3月6日，浙江省台州市中级人民法院裁定将被执行人物业公司所有的深圳市龙岗区布吉镇某村436套房屋（注：含前述陆某所购房屋）以房屋评估价作价，抵债归房屋开发总公司所有。

2004年9月6日，深圳市国土资源和房产管理局龙岗分局复函某银行福田支行，确认A号房屋在该局办理抵押登记，抵押权人为某银行福田支行，经竣工测绘查丈，A号房屋已经变更为J栋。J栋于2003年3月5日办理初始登记，登记权利人为房地产开发公司，土地所有权来源为协议。

2004年9月27日，惠某鑫与房地产开发公司、投资发展公司先后签订认购书和房屋买卖合同，惠某鑫购买J栋×号房屋。惠某鑫已付清房款，并自2004年10月1日占有使用该房屋。根据惠某鑫提交的J栋×号建设房屋开发总公司、房地产开发公司、投资发展公司签订的《协议书》复印件，三方约定为取得贷款，由投资发展公司以购买J栋房屋形式在银行申请购房按揭。投资发展公司协助房地产开发公司为房屋买受人办理转移登记手续。

前述（1997）深福法经初字第375号民事判决执行过程中，深圳市福田区人民法院于2006年6月5日裁定中止执行，主要理由是抵押物已经办理预售备案登记，备案登记权利人为投资发展公司，与抵押人不一致，无法处理。2012年4月10日，深圳市福田区人民法院裁定终结执行程序，同时载明如发现新的财产线索可申请恢复执行。

一审时，深圳市不动产登记中心向一审法院发函称：×房屋存在抵押记录，待注销抵押后相关当事人可申请办理房地产转移登记。

惠某鑫起诉请求办理涉×房屋所有权转移登记。某银行福田支行主张其享有房屋抵押权，抵押登记未经依法涂销，应驳回惠某鑫的诉讼请求。

【案件焦点】

某银行福田支行是否对涉案×房屋享有抵押权。

【法院裁判要旨】

广东省深圳市龙岗区人民法院经审理认为：根据深圳市不动产登记中心复函，惠某鑫办理产权登记的前提系注销抵押登记，因抵押权尚未实现，抵押人陆某主张该房为其所有，惠某鑫亦不同意涤除抵押权，惠某鑫尚不具备办理房地产权登记的前提条件。广东省深圳市龙岗区人民法院依照《中华人民共和国物权法》第九条，《中华人民共和国合同法》第四十四条第一款、第六十条第一款、第一百三十条，《中华人民共和国民事诉讼法》第六十四条第一款、第一百四十四条之规定，判决如下：

驳回惠某鑫的诉讼请求。

惠某鑫不服一审判决，提起上诉。

广东省深圳市中级人民法院经审理认为：登记机关已明确涉案房产设有抵押，同意一审法院裁判意见，判决如下：

驳回上诉，维持原判。

惠某鑫申请再审。

广东省高级人民法院经再审审理认为：本案的争议焦点是惠某鑫请求办理涉案房屋所有权转移登记是否存在法律上的障碍，某银行福田支行对涉案房屋是否有抵押权。

1995 年 10 月 1 日施行的《中华人民共和国担保法》第四十一条规定，当事人以本法第四十二条规定的财产抵押的，应当办理抵押物登记，抵押合同自登记之日起生效。根据 2007 年 10 月 1 日施行的《中华人民共和国物权法》第一百八十七条规定，以房屋抵押的，抵押权自登记时设立。抵押权是具有优先受偿效力的物权，依法以办理不动产抵押权登记为生效要件。相关行政部门出具函件表示涉案存在抵押记录，但行政机关的函件并不具有登记效力。J 栋所在小区经依法办理初始登记，×号房屋已经办理预售备案登记，从不动产查询信息可见，涉案房屋并无抵押登记。也正因如此，某银行福田支行在申请执行生效判决时遇到障碍，未能在执行程序中实现其抵押权。二审判决根据行政机关复函，认定涉案房产存在抵押权，并据此认定办理产权登记的前提条件不具备，属于适用法律错误。

惠某鑫的再审请求理据充分，应予支持。广东省高级人民法院依照《中华人民共和国合同法》第一百三十五条，《中华人民共和国民事诉讼法》第二百零七条第一款、第一百七十一条第一款第二项之规定，判决如下：

一、撤销广东省深圳市中级人民法院（2019）粤03民终2890号民事判决；

二、撤销广东省深圳市龙岗区人民法院（2017）粤0307民初11217号民事判决；

三、房地产开发公司、投资发展公司应当自判决发生法律效力之日起十五日内协助办理×房屋（初始登记土地位置：龙岗区布吉镇某村）所有权转移登记至惠某鑫名下。

【法官后语】

本案中，购房人以房地产开发企业为被告请求判决协助办理不动产转移登记，但案件症结实则存在于购房人与抵押权人之间，争议核心在于不动产抵押权的设立要件和效力规则。案涉争议虽属于我国房地产市场发展初期发生的个别事件，但案件的处理揭示了不动产抵押登记有关法律规定的意旨和法理，对不动产抵押权制度的法律适用具有参考意义。

首先，不动产抵押权以登记为生效要件。物权是对世权，具有绝对排他性的效力。为保护不特定第三人的利益，维护交易安全和秩序，物权的设立、变动应遵循公示原则。所谓公示，是指物权的设立和变动应以适当的方式表现出来，为社会公众所知晓。《中华人民共和国民法典》采用了以公示要件主义为原则，公示对抗主义为例外的立法模式，并被民法典所沿用。公示具体依何种方法进行，应根据法律规定确定。本案是民法典施行前已经终审的案件，涉案抵押权于1996年即《中华人民共和国物权法》施行前办理抵押登记，在适用法律上存在法的溯及力的判断问题。根据《最高人民法院关于适用〈中华人民共和国民法典〉时间效力的若干规定》第五条的规定，本案不适用《中华人民共和国民法典》，对抵押权效力的判断则应适用抵押权设立时施行的《中华人民共和国担保法》。该法第四十一条规定："当事人以本法第四十二条规定的财产抵押的，应当办理抵押物登记，抵押合同自登记之日起生效。”《中华人民共和国物权法》将“抵押合同自登记之日起生效”修改为“抵押权自登记时设立”，将登记作为担保物权的设立要件，而非担保合同的生效要件，是以对物权变动与其基础关系相区分为基础，更有利于保护担保权人的利益。但在适用法律的结果上，新旧法是一致的，均可得出不动产抵押权未经登记不发生效力的结论。

其次，不动产抵押权公示应依法定方式进行，行政机关书面确认不具有公示的效力。不动产抵押权最主要的效力在于赋予担保物权人就不动产优先受偿的权利，对第三人交易安全和利益实现关系至为重大。公示使不动产权利负担成为公开信息，以便市场主体在充分知情的基础上作出交易决定，这是意思自治原则的当然要求。因此，公示的方式也应当以法律规定进行，不能由当事人自行创设、变更。不动产统一登记制度于《中华人民共和国物权法》施行后推行，在此之前的《中华人民共和国担保法》虽未对不动产登记簿作出规定，但该法亦贯彻公示原则，第四十二条对办理抵押物登记的部门作出具体规定。第四十五条规定：“登记部门登记的资料，应当允许查阅、抄录或者复印。”同样强调了不动产抵押登记的统一性、法定性、公开性。行政机关的书面函件不具有抵押登记的功能，不发生公示的效力。本案一、二审以行政机关对法院作出的复函为依据，认定案涉房屋存在抵押权，是对登记制度的误读，违背了物权公示原则的价值理念。

最后，不动产抵押权登记要件应贯穿于抵押权持续期间。本案中，抵押权人已经依法办理了抵押登记，并经过生效判决认定其对抵押房产拍卖所得价款具有优先受偿权。通常而言，抵押权设立后应存续至抵押权消灭的法定事由发生之日，具体包括：主债权消灭、担保物权实现、债权人放弃担保物权、抵押物灭失。本案并不存在上述情形，一、二审也是以抵押权未实现为判决理由之一。但案件特殊性在于，包括抵押房产在内的开发项目整体经过了抵债、重新出让、开发后，作为一手楼对外公开预售。房地产开发企业在预售初期为了取得贷款，在另一个公司配合下，已经将争议房屋在内的房产办理了预售备案。

正因如此，关于确认抵押权人优先受偿权生效判决的执行程序陷入僵局。抵押房产虽在物理状态上并未灭失，但在法律关系、性质上已经发生根本改变。再审充分考虑了个案具体情况，未将审理思路局限于抵押权成立后是否消灭的问题，而是以登记公示要件为切入点解决利益冲突。从不动产抵押权公示原则的宗旨出发，登记要件作为抵押权的生效要件，应当在抵押权设立后贯彻始终，不论抵押登记具体是因何种原因消失，无登记的抵押权均不应具有物权效力。从此角度，在公开市场上信赖登记购买该不动产的买受人应得到优先保护，这符合不动产物权公示原则的内在逻辑，也体现了不动产物权登记制度蕴含的价值导向。

编写人：广东省高级人民法院　郭尔绚

42

涉破产企业的消费性购房者的法律认定

——房地产开发公司诉陈某荣商品房销售合同案

【案件基本信息】

1. 裁判书字号

江苏省盐城市中级人民法院（2021）苏09民终3677号民事判决书

2. 案由：商品房销售合同纠纷

3. 当事人

原告（被上诉人）：房地产开发公司

被告（上诉人）：陈某荣

【基本案情】

2013年9月8日，赵某清（甲方）与任某华、熊某银（乙方）签订《保息分红合作协议》，该协议主要约定：甲方成立独资房地产开发公司以开发实验小学东南角地块住宅项目（公寓项目工程），甲乙双方按照保息分红的原则进行合作，乙方于2013年10月10日前付给甲方人民币5000万元，具体保息分红的实施方法为：（1）甲方按月利率2%计算，即每月结算利息为100万元整，以最终还款时间计算为准。（2）甲方工程结束后税后净利润的50%支付给乙方。具体结算时间和步骤要求为：甲方地块开盘时间约为2014年4月，开盘后除优先支付税款外，全部用于归还乙方的借款及利息，直至还清为止。回笼款项支付顺序为：第一支付开票及相关税金；第二支付乙方借款及利息；第三支付工程款；第四支付甲方投入资金；余额按税后50%作为分红利润支付给乙方。甲方夫妇用自己的全部财产为归还乙方5000万元借款及利息承担全部还款的法律责任。甲方不得用房产、股本等其他商品归还乙方，只能使用人民币归还乙方的投资款及利息。2013年9月12日，赵某清成立公司，后名称变更为房地产开发公司。2013年10月14日，任某华、熊某银分别转入2500万元至房地产开发公司账户。2015年4月23日，赵某清为甲方、任某华和熊某银为乙方、房地产开发公司为丙方签订《协议》，其主要内容为：（1）甲乙双方保证严格履行《保息分红合作协议》，丙方对甲方履行合作协议提供连带保证责任。（2）甲方通过由丙方向乙方汇款等方式已支付部分投资款本息，甲方尚欠乙方本金2820万元，截至2015年4月30日，甲方尚欠乙方利息为1670万元，之后的利息继续按《保息分红合作协议》约定计算支付。（3）为确保乙方投资款本息等得以回收，甲方确认且丙方同意将清华源小区内的98套房屋预售给乙方，并办理商品房预售合同备案手续或办理商品房预售合同网上登记备案。预售合同中的购房人为乙方或乙方书面指定的自然人或法人。预售合同上的价格仅为备案价并非实际成交价。（4）丙方可以对外销售房屋，乙方配合丙方办理预售合同备案撤销手续，所得房款扣除税费后用于偿还乙方本金及利息。（5）如果没有办理房屋产权过户手续，则预售合同所对应的房款不能抵算甲方应支付给乙方的款项，甲方仍须按《保息分红合作协议》的约定归还乙方投资款本息。为履行上述《协议》，任某华、熊某银委派陈某荣于2015年7月20日至7

月24日，与房地产开发公司签订多份《商品房买卖合同》，每份合同涉15套房屋，计90套房屋。2015年7月25日，房地产开发公司为甲方、陈某荣为乙方签订《补充协议》，约定陈某荣所购90套房屋中的6套解除买卖合同，其余房屋乙方按房屋总价款的92%向甲方以现金方式交付购房款。同日，赵某清就案涉任某华、熊某银的借款本息经结算后分别向任某华、熊某银出具“结算清单”，该清单载明赵某清应付任某华现金21300534元、应付熊某银现金21212267元，赵某清在该清单确认人落款处手书“以上本息已结清，2015年7月31日起再不计本计息”。在此期间，承建由被告房地产开发公司开发的公寓楼施工工程的建筑安装工程公司因房地产开发公司欠付工程款而于2015年7月21日向本院提起诉讼，其诉讼请求为：“请求法院判令解除原、被告签订的《建设工程施工合同》；房地产开发公司给付工程款3182.92万元；房地产开发公司退还履约保证金100万元；房地产开发公司承担违约责任，给付违约金295.70万元，并赔偿停工损失35.68万元；确认我公司对承建的1号、2号住宅公寓楼享有优先受偿权。”2015年11月22日，该案经调解结案。2015年11月29日，房地产开发公司为甲方、陈某荣为乙方、赵某清为丙方签订《修订协议》，协议主要内容为：“鉴于2015年7月甲乙方签订买卖合同，乙方购买90套房屋。以2015年7月25日丙方与熊某银、任某华签署的结算清单中丙方结欠合计为42562934元抵算；2015年11月22日，在法院房地产开发公司与建筑安装工程公司达成调解协议，房地产开发公司提供60套房屋交法院查封。据此，房地产开发公司要求陈某荣解除18套房屋的预售买卖合同网签登记，双方就房地产开发公司的上述要求达成了一致意见。”嗣后，陈某荣与房地产开发公司基于以上《补充协议》《修订协议》办理了以上24套房屋注销预售网签备案登记手续。后陈某荣与房地产开发公司于2016年11月办理了15套房屋注销预售网签备案手续。2017年8月1日至11月29日，又对21套房屋进行了销售处置，并办理了注销网签备案手续。至此，案涉陈某荣90套房屋尚有30套房屋仍然预售网签备案在其名下。2017年5月31日，建筑安装工程公司又因房地产开发公司欠付工程款向本院提起诉讼。2017年11月11日，本院作出

(2017) 苏0982民初3121号民事判决书，判决主文为“一、被告房地产开发公司于本判决生效后十日内给付原告建筑安装工程公司工程款1982.98882万元，承付700万元自2017年1月11日起、1000万元自2017年1月27日起、282.98882万元自2017年3月3日起均至实际给付之日止按年利率12%计算的利息。二、被告房地产开发公司返还原告建筑安装工程公司保证金100万元，并承付此款自2016年12月27日起至实际返还之日止按中国人民银行同期贷款利率计算的利息。三、被告房地产开发公司于本判决生效后十日内给付原告建筑安装工程公司工程款700万元自2017年1月11日起、1000万元自2017年1月27日起、282.98882万元自2017年3月3日起均至本判决生效之日止按年利率12%计算的违约金。四、原告建筑安装工程公司对其承建的1号、2号公寓楼工程折价或者拍卖的价款在1982.98882万元范围内优先受偿。五、驳回原告建筑安装工程公司的其他诉讼请求”。2018年3月23日，房地产开发公司将上述30套房屋交付于陈某荣。上述房屋因房地产开发公司开发的公寓项目工程未竣工验收，至今未获不动产权属登记。2020年5月6日，经申请人陈某荣、任某华、熊某银的申请，本院于2020年5月6日作出（2019）苏0982破申1号民事裁定，受理房地产开发公司破产清算案。2020年6月4日，本院就该案作出（2020）苏0982破2号决定书，指定某律师事务所担任房地产开发公司破产清算管理人。2020年7月31日，房地产开发公司第一次债权人会议对债权人进行核查，已确认建筑安装工程公司享有建设工程优先债权为17689888.2元。2020年7月15日，管理人向被告送达了《通知书》，要求被告协助管理人办理案涉30套房屋的注销网签备案手续，遭其拒绝。原告遂向本院提起诉讼。

另查，2020年6月11日，案涉由房地产开发公司开发的公寓项目施工单位建筑安装工程公司施工负责人王某成向公安局举报熊某银等人涉嫌高利转贷刑事犯罪。2020年6月19日，公安局向王某成发出立案告知单，内容为：“你于2020年6月11日向我局举报的熊某银等人涉嫌高利转贷一案经我局审查认为，符合刑事案件立案条件。根据《中华人民共和国刑事诉讼法》之规定，已决定立案。”

【案件焦点】

陈某荣能否基于涉案商品房买卖合同享有优于其他债权的利益。

【法院裁判要旨】

江苏省盐城市大丰区人民法院经审理认为：赵某清与任某华、熊某银于2013 年 9 月 8 日所签《保息分红合作协议》的法律性质为民间借贷范围内的借款合同，根据该合同约定，任某华、熊某银已履行出借人的出借资金义务。从赵某清为甲方、任某华和熊某银为乙方、房地产开发公司为丙方于 2015 年 4 月 23 日所签《协议》的内容分析，该协议的法律实质为任某华、熊某银以与房地产开发公司签订商品房买卖合同并办理商品房预售合同网上登记备案为赵某清的尚欠借款提供不动产担保，任某华、熊某银与房地产开发公司当时并不存在真实商品房买卖的意思表示。此后，任某华、熊某银委派陈某荣与房地产开发公司于 2015 年 7 月 20 日至 7 月 24 日签订案涉公寓 90 套《商品房买卖合同》，赵某清就此向任某华、熊某银出具“结算清单”，表示所欠借款本息已结清。上述行为系赵某清向任某华、熊某银偿还尚欠借款的方法由“以房担保”变更为“以房抵债”。本案争议的焦点为被告房地产开发公司为偿还任某华、熊某银的借款而由任某华、熊某银的债权代持人原告陈某荣与被告房地产开发公司所实施的“以房抵债”行为是否合法有效。对此，本院认为，案涉“以房抵债”的协议行为（2015 年 4 月 23 日双方签订的以房抵债《协议》）及网签行为发生在建筑安装工程公司以诉讼方式向被告房地产开发公司主张公寓项目工程优先受偿权期间，尽管该“以房抵债”在任某华、熊某银的债权代持人陈某荣向房地产开发公司释放返还及代为销售部分房屋后，所剩案涉 30 套房屋得到交付履行，但该“以房抵债”行为并不属于消费者的个人生活消费行为。现行法律规定中，仅有购房人系消费者的个人生活消费行为在具备一定条件下，方可对抗房屋建筑工程承包人的优先受偿权。《最高人民法院关于人民法院办理执行异议和复议案件若干问题的规定》第二十九条“金钱债权执行中，买受人对登记在被执行的房地产开发企业名下的商品房提出异议，符合下列情形且其权利能够排除执行的，人民法院应予支持：（一）在人民法院查封之前已签订合法有效的书面买卖合同；（二）所购商品房系用于居住且买受人名下无其他用于居住的房屋；（三）已支付的价款超过合同约定总价款的百分之五十”的规定，是对消费者购房人物权期待权的特别保护，系基于消费者购房人的生存权优先的理念而为。而以房抵债属于原先金钱之债的履行方法，权利人可以请求对方履行该协议和交付房屋。但在房屋权属变更登记之前，其不能基于案涉商品房买卖合同形成优于其他债权的利益。因此，依照《最高人民法院关于建设工程价款优先受偿权问题的批复》第一条“人民法院在审理房地产纠纷案件和办理执行案件中，应当依照《中华人民共和国合同法》第二百八十六条的规定，认定建筑工程的承包人的优先受偿权优于抵押权和其他债权”和第二条“消费者交付购买商品房的全部或者大部分款项后，承包人就该商品房享有的工程价款优先受偿权不得对抗买受人”的规定，应予认定该“以房抵债”的行为效力不能对抗建筑安装工程公司所享有的房地产开发公司开发的公寓建设工程价款的优先受偿权，该“以房抵债”行为应为无效。综上，被告陈某荣基于无效的“以房抵债”行为所取得的案涉30套房屋应予返还给原告房地产开发公司，原告房地产开发公司关于被告陈某荣协助其办理公寓30套房屋网签备案注销手续的诉讼请求应予支持。江苏省盐城市大丰区人民法院依照《中华人民共和国合同法》第五十二条、第五十六条、第五十八条，《最高人民法院关于建设工程价款优先受偿权问题的批复》第一条、第二条之规定，判决如下：

陈某荣协助房地产开发公司办理公寓30套房屋网签备案注销手续。

陈某荣不服一审判决，提起上诉。

江苏省盐城市中级人民法院同意一审法院裁判意见，判决如下：

驳回上诉，维持原判。

【法官后语】

《最高人民法院关于人民法院办理执行异议和复议案件若干问题的规定》第二十九条“金钱债权执行中，买受人对登记在被执行的房地产开发企业名下的商品房提出异议，符合下列情形且其权利能够排除执行的，人民法院应予支持：（一）在人民法院查封之前已签订合法有效的书面买卖合同；（二）所购商品房系用于居住且买受人名下无其他用于居住的房屋；（三）已支付的价款超过合同约定总价款的百分之五十”的规定，是对消费者购房人物权期待权的特别保护，系基于消费者购房人的生存权优先的理念而为。

一、对于《最高人民法院关于人民法院办理执行异议和复议案件若干问题的规定》第二十九条的基本理解

1. 对于消费者购房人如何认定，司法实践中存在不同意见

消费者购房人是否仅仅指没有住房的人。买受人名下有一套面积不大的房屋，后来又买了一套涉案房屋，是否应认定为消费者购房人。一种观点认为，在赋予消费者购房人优先权的同时应当对此严格进行把握。消费者购房人应当严格限定于“一套房”购房者，对于一套以上的购房者，不应认定为消费者购房人。另一种观点认为，符合《最高人民法院关于人民法院办理执行异议和复议案件若干问题的规定》第二十九条第一项和第三项规定的条件，如果查明买受人家人较多，确为适当改善居住条件，也应支持买受人阻却执行的请求。笔者倾向第二种观点。

2. 对于名下无其他用于居住的房屋的范围的认定问题

一种观点认为，对于消费者购房人的认定应当严格把握。只要购房人名下有房屋，又在其他地域购房，第二套房屋的买受人都不是基于消费需求购房，而是基于投资需求购房，因此，都不应当认定为消费者购房人。另一种观点认为，应当在地域上予以限定。但是，名下无其他用于居住的房屋是限定在同一省份还是同一个市，也存在争议。笔者认为，对于名下一套房的把握问题，由于房屋所属区域不同，导致价格相去甚远，“买受人名下无其他用于居住的房屋”一般情况下可以理解为买受人名下在与涉案房屋同一设区的市和县级行政区（不包括设区的市的“区”）无其他用于居住的房屋。

3. 对于支付的价款没有达到50%是否一概不支持，司法实践中亦存在不同意见

一种观点认为，不应支持。理由是消费者购房人的权利由于缺乏公示，本身对于现有的交易秩序就会造成冲击，应当严格适用，不应扩大。只要支付的

价款没有达到50%，就不应支持购房人。另一种观点认为，对于《最高人民法院关于人民法院办理执行异议和复议案件若干问题的规定》第二十九条中价款的支付数额不能做机械的理解，如果支付的价款接近于合同约定总价款的50%，但商品房买受人已按照合同约定将剩余价款支付给抵押权人或者按照人民法院的要求交付的，人民法院还不予支持购房人的主张有失公平。笔者支持第二种观点。

二、消费者购房人的权利优先于抵押权

从房屋买受人享有的权利性质来看，其享有的是物权期待权，其优先于抵押权有理论依据。物权优先于债权，本来是民法的一项基本原则，当基于生存利益至上的考虑，可以有例外规定。为了保护房屋买受人的权益，民法理论将本来属于一般债权的房屋买受人的权利，定性上升为物权期待权。物权期待权的本质仍然为债权，房屋买受人对于成为房屋的所有权人享有很大的期待利益，法学理论将其定义为物权期待权，当涉案房屋并未办理过户登记，买受人享有的是请求出卖人将涉案房屋过户至其名下的债权请求权，其本质应为债权。本来抵押权人享有的权利类型是物权，根据“物权优于债权”的原则，应当是抵押权优先于买受人的权利，但是基于生存利益至上的考虑，法学理论上将买受人的权利定性为“物权期待权”，赋予其优先于抵押权的效力。

实务中，应当准确把握《全国法院民商事审判工作会议纪要》第一百二十五条与第一百二十七条的区别。建设工程优先受偿权属于法定优先权，法律赋予其很强的效力，若排除享有优先受偿权的债权的执行，自无纪要第一百二十七条适用的余地，因为该条规范的是一般不动产买受人的物权期待权，而一百二十五条是来源于《最高人民法院关于建设工程价款优先受偿问题的批复》，按照该批复，建设工程价款的优先受偿权优先于抵押权，滞后于消费者购房人的物权期待权。该规定是法律基于生存权至上考虑所作的特殊规定，应当严格把握，不宜扩大适用。对于房屋的性质应当限定在居住用房，商业用房不在保护之列。若要阻却普通金钱债权的执行，则既可以适用纪要第一百二十五条的规定，也可以适用纪要第一百二十七条的规定。

“以房抵债”属于原先金钱之债的履行方法，权利人可以请求对方履行该协议和交付房屋。但在房屋权属变更登记之前，其不能基于案涉商品房买卖合同形成优于其他债权的利益。因此，依照《最高人民法院关于建设工程价款优先受偿权问题的批复》第一条“人民法院在审理房地产纠纷案件和办理执行案件中，应当依照《中华人民共和国合同法》第二百八十六条的规定，认定建筑工程的承包人的优先受偿权优于抵押权和其他债权”和第二条“消费者交付购买商品房的全部或者大部分款项后，承包人就该商品房享有的工程价款优先受偿权不得对抗买受人”的规定，应予认定该“以房抵债”的行为效力不能对抗建设工程价款的优先受偿权。

编写人：江苏省盐城市大丰区人民法院　戴青华　杨月红

七、其　他

43

商铺回购协议的正确认定

——吴某诉某经营管理公司、江某房屋买卖合同案

【案件基本信息】

1. 裁判书字号

山东省淄博市中级人民法院（2021）鲁03民终1063号民事判决书

2. 案由：房屋买卖合同纠纷

3. 当事人

原告（上诉人）：吴某

被告（被上诉人）：某经营管理公司、江某

【基本案情】

2015年9月9日，吴某、某经营管理公司签订《购房协议》，约定合同标的为某商铺，吴某的权利义务：（1）自实际交房之日起满5年，若吴某欲出售该商铺，则可按购买该商铺时的合同总价252751元（与实际购买金额不一致的，以实际购买金额为准）的150%的金额379127元作为出售价格，某经营管理公司购买该商铺。（2）吴某欲出售该商铺，须自实际交房之日届满5年后7个工作日内到某经营管理公司处，以书面形式通知某经营管理公司（其他通知

形式无效)，否则某经营管理公司不再购买吴某的商铺。(3)某经营管理公司权利义务：本协议第2条第2款约定的期限内，若吴某通知某经营管理公司出售，且符合本协议规定的各项条件的，某经营管理公司购买该商铺；吴某根据本协议第2条第2款、第3款、第4款、第5款的约定按时办理过户手续的，某经营管理公司于过户之日起45个工作日内向吴某支付该商铺房款。2015年9月9日，吴某、某经营管理公司签订商铺《租赁协议》一份，约定合同标的：吴某将其拥有的商铺，建筑面积25.89平方米，套内面积17.61平方米，出租给某经营管理公司；租赁期限：自2015年9月1日起至2020年8月31日止，约定前两年年租金为0，第三年到第五年，每年租金为25275元。2015年9月7日，吴某与某置业公司签订商铺认购协议书，约定认购铺号，双方签订《商品房预售合同》时认购协议书由卖方收回作废，其后一切条款以《商品房预售合同》为准。2015年9月9日，吴某缴纳房款252751元。2016年7月25日，吴某与某置业公司签订《商品房买卖合同(预售)》，合同约定：预售许可证号、出卖人、买受人、商品房基本情况，房屋竣工后，如房号发生改变，不影响该商品房的特定位置，合同约定交房时间是2016年7月31日，商品房交付条件：该商品房已取得建设工程竣工验收备案证明文件；该商品房已取得房屋测绘报告。

以上合同中所约定的标的物系同一套房产，且序号特定。某经营管理公司系一人有限公司，唯一股东为江某。某经营管理公司提供的某置业公司竣工综合验收备案表中的开发项目基本情况一览表中注明涉案房屋的开工日期为2014年10月1日，竣工日期为2015年7月30日；被告提供的竣工验收备案表，证明涉案工程的开工日期为2014年10月1日，实际竣工验收日期为2017年11月16日。

吴某提起本案诉讼要求判令：(1)某经营管理公司继续履行双方签订的《购房协议》；(2)某经营管理公司按《购房协议》约定支付吴某房产回购款379127元；(3)某经营管理公司以379127元为基数，按同期全国银行间同业拆借中心公布的贷款市场报价利率计算，赔偿自起诉之日起至实际付清之日止的利息损失；(4)江某对上述二、三项债务承担连带清偿责任。某经营管理公司辩称吴某与某经营管理公司签订的购房合同系附期限的合同，目前尚未到履行的期限，吴某要求其支付购房款和赔偿利息无合同和法律依据。江某辩称吴某与某经营管理公司签订的购房协议与其无关，根据合同相对性，吴某与其没有任何关系；其作为某经营管理公司的一人有限公司的股东，不存在与公司财产混同的情况，公司与股东之间财产完全独立，吴某无法突破合同相对性。

【案件焦点】

涉案商铺是否已经符合双方约定的回购条件。

【法院裁判要旨】

山东省淄博市淄川区人民法院经审理认为：吴某、某经营管理公司并没有涉案房产的交接手续，根据吴某、某经营管理公司于2015年签订商铺租赁协议约定，支付租金期限为被告在合同签订后第三年即2017年开始向吴某支付租金，租赁合同是出租人将租赁物交付承租人使用、收益，承租人支付租金的合同，支付租金的前提是承租物已实际交付，吴某只有向某经营管理公司交付了涉案房屋，某经营管理公司才会向吴某支付租金；吴某向某经营管理公司交付涉案房屋的前提是，某置业公司必须先向吴某交付涉案房屋，某置业公司向吴某实际交付涉案房屋的日期，均未提供证据证实。根据某置业公司与吴某签订的商品房买卖合同（预售），合同约定交房时间是2016年7月31日，某经营管理公司提供竣工验收备案表注明涉案房屋竣工验收日期为2017年11月16日，商铺租赁协议中约定前两年租金为0，印证了涉案房屋在2015年、2016年是没有交付的，2015年9月7日的商铺认购协议书证明当时吴某有购买涉案商铺的意向，也印证了涉案商铺2015年并未实际交付，以上两份合同与涉案楼盘商铺认购协议书、竣工验收备案表相互印证，吴某向某经营管理公司实际交付涉案房屋的日期应在2017年11月16日。根据吴某、某经营管理公司提供的购房协议，明确约定自实际交房之日起满5年某经营管理公司购买吴某的涉案房屋，从2017年11月16日起算，涉案房产到2022年11月15日才实际交付满5年。因此，吴某于2020年12月9日起诉要求某经营管理公司支付回购商铺款379127

元，并不符合购房协议中关于“自实际交房之日起满5年，被告购买该商铺”的约定。吴某主张以商铺租赁协议来确定涉案房屋的交付时间为2015年，无证据支持，不予采信，某经营管理公司不存在违约行为。据此，一审判决如下：

驳回吴某的诉讼请求。

吴某持原审起诉意见提起上诉。

山东省淄博市中级人民法院经审理认为：吴某与某置业公司签订的《商品房买卖合同（预售）》约定的交付时间与交付条件是对开发商交房义务的约定，该约定与《购房协议》中约定的“自实际交房之日”不具有必然关联。根据双方签订的《租赁协议》，涉案商铺的租赁期限自2015年9月1日起至2020年8月31日止，即租期5年；而双方同一时间签订的《购房协议》，某经营管理公司购买涉案商铺的时间为实际交房之日起满5年，两份合同约定的履行时间相互衔接；涉案商铺2015年7月30日即已竣工，某经营管理公司亦陈述涉案楼盘2015年即已经开始运营；商铺租赁协议中虽约定前两年租金为0，但吴某对此作出了说明，系以前两年的租金折抵购房款，吴某的该陈述与涉案商铺认购协议书中约定的总价、合同总价的内容亦能相互印证。综合考虑上述情况以及商铺返租、回购的经营模式，应当认定涉案商铺在双方签订商铺租赁协议、购房协议时即已交付。现购房协议约定的由某经营管理公司购买涉案商铺的时间已经届满，吴某业已在购房协议约定的期限内以书面方式通知某经营管理公司其欲出售涉案商铺，故某经营管理公司应当按照购房协议的约定购买涉案商铺。但按照购房协议的约定，吴某需协助完成交易、办理过户手续，某经营管理公司在过户后45个工作日内支付房款。某经营管理公司未按照合同约定回购涉案商铺，构成违约，吴某要求其支付自2020年12月1日（该时间已超购房协议约定的过户之日起45个工作日内支付商铺房款的履行期限）起至实际付清之日止的利息损失不违反法律规定，予以支持。据此，山东省淄博市中级人民法院判决如下：

一、撤销一审判决；

二、某经营管理公司与吴某继续履行于2015年9月9日签订的《购房协议》；某经营管理公司于本判决生效之日起十五日内向吴某购买涉案商铺，吴某协助某经营管理公司办理涉案商铺权属变更登记手续；

三、某经营管理公司自涉案商铺过户之日起四十五个工作日内向吴某支付商铺房款 379127 元；

四、某经营管理公司于本判决生效之日起十五日内支付吴某资金占用期间的利息损失，以 379127 元为基数，自 2020 年 12 月 1 日起至实际清偿之日止，按照同期全国银行间同业拆借中心公布的贷款市场报价利率计算；

五、江某对上述第三项、第四项付款义务承担连带清偿责任；

六、驳回吴某的其他诉讼请求。

【法官后语】

本案涉及商铺回购协议的相关认定。所谓商铺回购实际上是一种所有权和经营权相分离的房地产销售形式，开发商在出售商铺时与业主约定在一定期限内由开发商承租或代为出租业主所购商铺，对外经营，并承诺满足一定年限后开发商以市场价格回购商铺。这种返租、回购的经营模式也被称为产权式商铺，开发商以定期的高利润回报促使消费者来购买房产，其中存在多种法律关系，开发商与业主间不仅有房屋买卖法律关系，还有房屋租赁法律关系，包含了商铺出售、商铺租赁、商铺回购三个阶段，也是生活中容易发生纠纷的领域。

一、商铺出售阶段业主的不完整物权

在商铺返租回购模式下，业主作为商铺的所有权人，实际上并不享有完整的独立物权。在合同约定的返租期间内，开发商享有对商铺的占有、使用权利，负责商铺的租赁经营事宜。在此阶段内，业主的物权属性在理论上有建筑物区分所有权说和按份共有说两种观点。这两种观点虽然略有差异，但并不影响业主对于商铺所产生的收益享有权利。

二、商铺租赁、回购阶段开发商的商铺交付认定

开发商与业主在签订商铺买卖合同的同时会签订商铺租赁合同，不同于一般的房屋买卖合同业主与开发商在房屋竣工后需要进行实际交付，才能占有使用该房屋，商铺在出售行为完成时，后续业主不会直接参与商铺经营过程，而

是由开发商全权负责经营管理，因此，实质意义上的交房过程往往被省略。在司法实践中因此而产生的纠纷并不少见。就本案而言，吴某与某经营管理公司签订的《购房协议》中约定了“自实际交房之日起满5年”由公司回购该商铺，交付时间影响了后续的回购时间认定，双方矛盾争议由此产生。此时，应该认为双方在签订购房协议、租赁协议时商铺即已交付完成。一方面，该商铺在2015年7月30日已竣工，双方在2015年9月9日签订购房协议、租赁协议，商铺的实际物理状态已达到满足交付的条件；另一方面，根据相关证据，双方在租赁协议中约定的前两年0租金系以租金抵扣房款，证明在租赁期限开始时，某经营管理公司即获得商铺经营权、使用权，作为商铺实际所有人的吴某对商铺开始享有不完整的物权，从商铺的权属状态来看亦满足了交付的条件，虽未发生交付的行为，但产生了实际交付的后果，理应认定交付时间自此开始。

在本案中还产生了约定交付时间与实际交付之日的分歧，吴某与某置业公司签订的《商品房买卖合同（预售）》中约定的商铺交付时间要晚于吴某与某经营管理公司签订的购房协议、租赁协议，但约定交房时间与实际交房之日并不具有必然联系。实务中开发商委托经营公司与业主签订包租协议，开发商与经营公司构成委托代理关系，并不以商铺先由开发商交付业主房屋为前提。

三、商铺返租、回购模式中的法律风险

商铺返租、回购因其高额固定的利润回报吸引了购房者的青睐，但是其中的法律风险必须引起重视。对于普通购房者，要求开发商承担相应的责任，在这种销售模式下因为法律关系的复杂而变得更加困难，特别在包租行为中，对商铺开发商和经营管理者公司人格混同的举证困难就是实务中经常会遇到的难题。在业主主张公司人格混同产生举证责任时，因业主并非公司相关证据的持有者，因此难以在此取得优势证据。同样，在商铺返租期届满需要开发商回购商铺时，因时间跨度长，无法确保开发商最终履行承诺，业主的权益也就无法被保障。

编写人：山东省淄博市中级人民法院　荣明潇　杨富元

山东省淄博市淄川区人民法院　苏晓阳

44

房屋买卖合同中适用委托人介入权制度的裁判规则

——曹某勇诉薛某峰房屋买卖合同案

【案件基本信息】

1. 裁判书字号

北京市第二中级人民法院（2021）京02民再159号民事判决书

2. 案由：房屋买卖合同纠纷

3. 当事人

原告（被上诉人）：曹某勇

被告（上诉人）：薛某峰

第三人：薛某洁

【基本案情】①

2012年1月，原告曹某勇通过国有土地房屋征收补偿，获得涉案803号房屋的购买资格。2012年9月9日，被告薛某峰委托案外人陈某与曹某勇签订《北京市存量房屋买卖合同》《补充协议》《购房协议》，约定：因曹某勇无力购买涉案房屋，故向薛某峰出售涉案房屋，薛某峰须向开发商支付购房款项247万余元，并向曹某勇支付转让费20万元。2013年9月，曹某勇与开发商签订涉案房屋买卖合同。2013年8月至9月，薛某峰之母于某向开发商支付购房款项247万元。陈某向曹某勇支付转让费20万元，房屋出售方出具收条，表示将配合陈某办理过户手续。上述款项交付后，涉案房屋交付陈某，由陈某之女

---

① 本案经过多个审判程序，程序较为复杂。为行文简洁，仅就再审发回重审后的审理程序做介绍，当事人信息也基于此列明。

薛某洁装修并居住使用。薛某洁 2015 年 12 月留学回国后取得北京市购房资格，薛某峰签订合同时不具有北京市购房资格。2016 年 4 月，曹某勇起诉薛某峰要求解除合同，北京市西城区人民法院以薛某峰无购房资质为由，判决解除合同。薛某峰不服上诉，二审法院将本案发回重审。重审中，薛某洁作为有独立请求权第三人参加诉讼，主张其系涉案房屋实际购房人，请求曹某勇将涉案房屋过户至其名下。2016 年 7 月，薛某洁以委托合同纠纷另案起诉薛某峰，北京市西城区人民法院生效判决确认双方就涉案房屋买卖存在委托合同关系。2017 年 4 月，涉案房屋登记至曹某勇名下。2019 年，北京市西城区人民法院就本案作出一审判决，判令曹某勇协助薛某洁办理房屋过户手续①。曹某勇不服上诉至北京市第二中级人民法院，二审法院改判解除双方房屋买卖合同②。薛某洁不服，向北京市高级人民法院申请再审。2019 年 12 月，本案进入再审程序，再审撤销一、二审判决，将本案发回北京市西城区人民法院重新审理③。西城法院一审判决解除双方房屋买卖合同。薛某峰不服上诉，二审期间，薛某峰于取得北京市购房资格。④

【案件焦点】

本案第三人薛某洁是否为实际购房人，在售房人曹某勇不履行房屋转移登记义务时，薛某洁是否能够以实际购房人身份行使委托人介入权，请求曹某勇向其直接履行合同义务。

【法院裁判要旨】

北京市西城区人民法院经审理认为：薛某洁与薛某峰之间委托合同关系的诉讼系形成于曹某勇起诉解除合同之后，且未向曹某勇披露过薛某洁，该委托关系并不必然对曹某勇产生约束力。本案合同的相对方应为曹某勇与薛某峰，

---

① 参见北京市西城区人民法院（2017）京 0102 民初 28379 号民事判决书。

② 参见北京市第二中级人民法院（2019）京 02 民终 5201 号民事判决书。

③ 参见北京市第二中级人民法院（2020）京 02 民再 110 号民事裁定书。

④ 本案裁判要旨部分介绍的即为发回重审后的一审、二审判决。

现薛某峰不具有北京市的购房资格，合同无法继续履行，应予解除。曹某勇的诉讼请求，法院予以支持。

北京市西城区人民法院依据《中华人民共和国合同法》第九十四条等规定，判决如下：

一、解除曹某勇与薛某峰于2012年9月9日签订的《北京市存量房屋买卖合同》《购房协议》及《补充协议》；

二、驳回薛某洁的全部诉讼请求。

薛某洁不服原审判决，提起上诉。

北京市第二中级人民法院经审理认为：本案争议的焦点是薛某洁是否为803号房屋的实际购房人，其是否有权要求曹某勇履行合同约定义务。有生效判决已经确认，薛某洁与薛某峰就本案争议房屋存在委托合同关系。结合薛某洁的出入境记录、涉案房屋的居住情况等能够认定薛某洁为涉案房屋的实际买受人。现曹某勇以受托人薛某峰无北京市购房资格为由要求解除合同，薛某峰无法履行委托合同的义务，在此情况下，薛某洁作为委托人，有权行使介入权，薛某洁行使介入权后，取得了涉案合同项下的买受人的权利义务，薛某洁要求曹某勇协助办理涉案房屋所有权过户手续的诉讼请求，应予支持。合同履行过程也反映出曹某勇对房屋可能存在其他实际购买人具有预期，不存在曹某勇知道薛某洁是购房人后就不会订立合同的情形。

北京市第三中级人民法院依照《中华人民共和国合同法》第四百零三条等规定，判决如下：

一、撤销北京市西城区人民法院（2020）京0102民初34035号民事判决；

二、判决生效之日起七日内，曹某勇协助薛某洁办理803号房屋的所有权过户手续；

三、驳回曹某勇的诉讼请求；

四、驳回薛某洁的其他诉讼请求。

【法官后语】

间接代理制度在商事交易中较为常见，受限于政策及自身条件限制，商事主体常常会将交易事项委托给受托方，由受托方出面与第三方签署合同。此种交易模式下，第三人违约行为将直接导致委托人权利受到损害。对此，《中华人民共和国民法典》第九百二十六条规定了委托人介入权，即："受托人以自己的名义与第三人订立合同时，第三人不知道受托人与委托人之间的代理关系的，受托人因第三人的原因对委托人不履行义务，受托人应当向委托人披露第三人，委托人因此可以行使受托人对第三人的权利，但是，第三人与受托人订立合同时如果知道该委托人就不会订立合同的除外。"上述规定简要规定了在何种情况下，委托人可以行使介入权，介入到原本是受托人和第三人订立的合同之间，直接向第三人主张权利。

在传统民事案件中，委托人介入权制度的行使有助于高效解决纠纷。本案是一起典型的房屋买卖合同纠纷，历经多个审判程序，案件事实反复多变，终审法院在传统民事案件中，创新适用委托人介入权的规定，判决房屋出卖人直接向委托人履行合同义务，高效解决当事人纠纷。结合委托人介入权的适用要件，对本案裁判规则进行简要分析：

一、委托人介入权所涉及的委托合同、房屋买卖合同均应有效

委托人介入权制度涉及两层法律关系，一是委托人与受托人之间的委托法律关系，二是受托人之间与第三人之间的合同法律关系。两个合同的性质和效力，均应是人民法院主动审查的范围。对委托法律关系的审查中，如果委托人与受托人之间还涉及买卖、借贷以及担保等多重法律关系的，要考虑委托人介入权的立法本意谨慎衡量、正确适用。对于受托人与第三人之间合同的效力，亦应在案件处理时谨慎审查。

本案中，在薛某洁与薛某峰之间委托法律关系已有生效判决确认有效，本案重点要审查曹某勇与薛某峰之间的房屋买卖合同效力。特别本案还涉及借名买房等行为，应主动审查借名行为本身是否存在规避法律、政策的情况。根据查明的事实，涉案房屋系国有土地上的房屋，原房屋的所有人对该房屋被拆迁而获得的安置房及安置房指标，属于一种财产性的权利，可以转让。在曹某勇、薛某峰就安置房或者安置房指标转让事宜协商一致、签订合同的情况下，该转让合同系给予双方当事人真实意思表示，不违反法律、行政法规的强制性规定，

属有效合同。故本案存在适用委托人介入权的空间。

二、委托人介入权排除显名代理、隐名代理相关规范的适用

委托人介入权行使前提是“受托人以自己的名义与第三人订立合同时，第三人不知道受托人与委托人之间的代理关系的”。此要件与显名代理、隐名代理具有规范前提上的牵连性[①]，实践中应当注意避免混合适用。本案中，薛某峰与曹某勇签订合同时，并未告知薛某洁的存在，亦无证据证明曹某勇知道薛某洁系实际购房人的情况，本案系间接代理的情形，符合委托人介入权的行使要件。

此外，为避免当事人利用间接代理制度进行事后投机，在认定委托人与受托人之间是否存在代理关系时，不仅应审查是否有书面的委托合同，还应对受托人是否享有授权进行判断。本案中，薛某洁与薛某峰之间签订了书面委托合同，该合同经过生效判决确认。房屋买卖合同中关于产权登记的约定、购房款及转让费的给付、房屋的交付及实际使用等事实，可证明双方同时存在关于委托购买房屋的授权，符合委托人介入权的行使要件。

三、受托人对委托人不履行义务仅限于第三人原因引起

间接代理制度以突破合同相对性为代价，赋予委托人介入权的立法目的在于更好地保护委托人的利益。该要件要求因第三人原因，是对第三人利益的保护，如果不要求因第三人原因，只要受托人对委托人违约，委托人就可行使介入权，这导致第三人成为受托人履约的担保提供者。[②] 如果受托人因自己原因对委托人违约，则不符合委托人介入权的行使要件。

本案重审一审中，薛某峰仍未取得购房资格，合同无法履行的原因系由受托人引起，委托人无法行使介入权，一审判决解除双方合同并无不当。但二审中，薛某峰取得北京市购房资格，涉案房屋未能过户的原因不能归责于购买人一方，这使二审得以适用委托人介入权的规定。终审法院直接改判房屋过户至委托人名下，有利于维持民事主体交易秩序的稳定，平衡双方当事人的利益保护。

---

① 胡东海：《〈合同法〉第402条（隐名代理）评注》，载《法学家》2019年第6期。

② 朱虎：《代理公开的例外类型和效果》，载《法学研究》2019年第4期。

四、受托人以适当方式向委托人披露第三人

一般来讲，受托人应当向委托人披露第三人的身份以及第三人的违约事实，披露的方式法律没有明确规定，实践中多为将合同权利凭证交给委托人。如果通过其他途径知道第三人，也可以发生与受托人披露相同的法律效果，因为披露义务在于让委托人知道第三人的存在，委托人通过其他途径亦可实现其目的。[①] 本案中，在曹某勇起诉后，薛某洁作为有独立请求权第三人的身份参加诉讼，要求行使委托人权利。此种情况下，可以视为受托人薛某峰已经将未能与第三人曹某勇履行合同的情况告知委托人薛某洁，已完成其披露义务。

五、不存在《中华人民共和国民法典》第九百二十六条第一款“但书”规定的情况

第三人与受托人订立合同时如果知道该委托人就不会订立合同的，不适用委托人介入权的规定。基于对第三人利益的保护，具体判断，可以参照禁止债权让与的角度进行理解，包括两种情形：第一种是对于第三人和受托人明确约定不愿与受托人之外的人签订合同的，第二种是如果第三人向委托人履行义务将显著提高履约成本的。[②] 从本案房屋买卖合同的性质本身来看，对合同相对方身份并无限制，合同签订及履行过程中存在多个案外人参与，亦未明确约定排斥他人的加入。曹某勇向委托人履行合同，并未提高履约成本，本案委托人介入权行使的消极要件并不存在。

综上，本案判决房屋出卖人直接向委托人履行协助房屋过户的义务，符合法律规定，节约当事人诉讼成本，高效解决纠纷，为在房屋买卖合同纠纷中规范适用委托人介入权提供了有益借鉴。

编写人：北京市第二中级人民法院　吴宏　闵蕾

---

① 胡东海：《〈民法典〉第926条（间接代理）评注》，载《苏州大学学报法学版》2021年第2期。

② 胡东海：《〈民法典〉第926条（间接代理）评注》，载《苏州大学学报法学版》2021年第2期。

45

房屋买卖应遵循“房地一体”的规则

——叶某华、冯某波诉郑某德房屋买卖合同案

【案件基本信息】

1. 裁判书字号

湖南省永州市中级人民法院（2021）湘 11 民终 3484 号民事判决书

2. 案由：房屋买卖合同纠纷

3. 当事人

原告（上诉人）：叶某华、冯某波

被告（被上诉人）：郑某德

第三人：肖某

【基本案情】

1993 年，第三人肖某取得了某组的集体土地使用权，并在该土地上建房。后被告郑某德对第三人肖某的房屋进行旧房改造，约定在该土地上建设房屋，房屋建成后分配给第三人肖某一套房屋及一个门面，其他房子全部归被告郑某德所有。被告交纳了土地款将该集体土地的性质转变为国有出让性质，土地使用证原件一直由被告郑某德保管，第三人肖某只有复印件，该土地使用权面积为 126 平方米，第三人肖某占三分之一为 42 平方米，郑某德占三分之二为 84 平方米。

2007 年 7 月 4 日，原告冯某波作为乙方与被告郑某德作为甲方签订《卖房合同》，约定乙方自愿购买本楼五楼住房套房，本套房面积为 126 平方米。甲方负责为乙方办理房产证原件及土地使用权证的复印件，当甲方交付房产证时乙

方需将购房款全部付清。后被告为原告办理了房产证并将房产证原件交付原告，该房产证登记在原告叶某华名下，原告叶某华与冯某波系夫妻关系。2008年11月29日，原告叶某华、被告郑某德、第三人肖某及案外人潘某芽、邓某签订《房屋土地使用面积分配协议》，约定肖某占三分之一为42平方米，郑某德占28平方米。四楼邓某占18.7平方米，五楼叶某华占18.7平方米。六楼潘某芽占18.7平方米。国有土地证原件归郑某德保管。现原告诉至法院要求被告分割土地使用权证并办理不动产权证。

【案件焦点】

房屋部分转让给买受人的，买受人是否有权请求房屋占用的建设用地一并转让，并要求办理单独的建设用地使用权证。

【法院裁判要旨】

湖南省永州市冷水滩区人民法院经审理认为：原告冯某波与被告郑某德签订的《卖房合同》系当事人的真实意思表示，合法有效。双方在《卖房合同》中明确约定，被告负责为原告办理房产证原件及土地使用权证的复印件。原告作为完全民事行为能力人，在签订合同的当时已经明确知晓该办理土地使用权证的义务仅为复印件，仍同意签订合同，系原告对其权利的处分。故原告要求被告为其分割办理土地使用权证的诉求不符合合同约定，不应予以支持。

综上，湖南省永州市冷水滩区人民法院判决如下：

驳回原告的诉讼请求。

叶某华、冯某波不服一审判决，提出上诉。

湖南省永州市中级人民法院经审理认为：上诉人叶某华、冯某波与被上诉人郑某德签订的《卖房合同》及《房屋土地使用面积分配协议》系当事人的真实意思表示，不违反法律、行政法规的强制性规定，不违背公序良俗，合法有效。按照《房屋土地使用面积分配协议》的约定，上诉人占有土地使用权证中的18.7平方米的土地使用权。依据《中华人民共和国物权法》第一百四十七条之规定，建筑物、构筑物及其附属设施转让、互换、出资或者赠与的，该建筑物、构筑物及其附属设施占用范围内的建设用地使用权一并处分；以及《中华人民共和国房地产管理法》第三十二条之规定，房地产转让、抵押时，房屋的所有权和该房屋占用范围内的土地使用权同时转让、抵押。被上诉人既然出售了房屋给上诉人，那么依照上述法律规定应当将其出售房屋占用的建设用地使用权一并转让。虽然双方当事人在《卖房合同》中约定，被上诉人为上诉人办理房产证原件及土地使用权证的复印件，但该约定与上述法律规定相悖，亦不符合房地产交易的交易习惯。依照交易习惯和法律规定，作为房屋出售方的被上诉人应当将其出售的房屋占用土地范围内的土地使用权过户登记至上诉人名下；上诉人要求被上诉人为其办理土地使用权证的上诉请求，符合法律约定，应当予以支持。二审法院判决如下：

一、撤销湖南省永州市冷水滩区人民法院（2021）湘 1103 民初 5738 号民事判决；

二、被上诉人郑某德在收到本判决之日起三十日内将土地使用权证中的 18.7 平方米的土地使用权分割至上诉人叶某华名下，并办理不动产登记证给上诉人叶某华，原审第三人肖某予以协助。

【法官后语】

本案是一起房屋买卖合同纠纷，但不同于常见的当事人对于房屋质量或面积等发生争议，本案的核心焦点在于出卖人是否应当为房屋买受人一起办理建设用地的使用权证。一审法院以买卖合同仅约定出卖人要为买受人办理房屋所有权证和建设用地使用权证的复印件为由驳回了原告诉求，明显违反了法律的规定和房地产市场的交易习惯。房屋买卖合同应当遵循“房地一体”的规则，二审法院的改判兼具合理性与合法性。

一、“房地一体”交易习惯的形成与适用

“房地一体”的交易习惯由来已久。由于我国实行土地的社会主义公有制，在房地产市场发展初期，为促进该行业的发展，以深圳为首的城市开始允许国有土地有偿使用，将土地的所有权的部分权能分离出来设立建设用地使用权，建设用地使用权作为个人或组织建造及保有建筑物所有权的权源基础。取得房屋所有权之人即可取得建设用地使用权，反之亦然。“房地一体”的设计一方面简化了房地关系，当事人在交易前可节省对权利的探知和甄别成本，房屋受让人也能更加放心地利用土地投产，从而达到保护交易安全、鼓励交易的目的；另一方面“房地一体”也可减少房地分离造成的纠纷，在房地分别出售的情况下，可能会导致房地权利主体的分离，地上建筑物出现无所依归的局面，这些产权纠纷或权利冲突会减弱房屋土地的利用效益。“房地一体”简单、明确、实用，其推行大大助力了房地产市场的发展。

二、“房地一体”的强制性法律效力

“房地一体”也是具有强制性的法律规定。随着该交易习惯在全国范围内推广，其价值理念也被吸收于法律之中，先后被《中华人民共和国城市房地产管理法》《中华人民共和国物权法》《中华人民共和国民法典》所确定。根据法律规定，在静态层面上，“房地一体”是指通常情况下房屋所有权人与建设用地使用权人主体一致。目前实践中已将建筑物所有权与建设用地使用权的登记部门合二为一，采取统一登记制度，产权证上能更直观地反映两权利的同一权利主体。在动态层面上，“房地一体”要求房屋所有权和建设用地使用权一同处分，也即常说的“房随地走，地随房走”。如仅转让或抵押房屋所有权或建设用地使用权中的某一个权利的，该规则强制另一个权利同时变动；法院仅查封或处置一个权利的结果，等同于同时查封或处置了两个权利。但值得注意的是，“房地一体”规则的强制性属于管理性强制规定，其目的在于减少权利冲突、降低交易成本，以达到物的有效利用，故法律会对违反“房地一体”的交易予以纠正，而非否认其效力。比如，对于抵押人分设抵押权的情形，2019年发布的《全国法院民商事审判工作会议纪要》第六十一条的要求是：即使当事人约定分别抵押，仍应当将建筑物所有权与建设用地使用权视为一并抵押，在债务人无力清偿的情况下按照抵押权登记的先后顺序将房屋土地整体变价清偿；同时登记的，则应当按照债权比例清偿。即承认分设的抵押权的效力，只是在就抵押财产实现权利时应遵循房地一体的规则。

三、从法律与交易习惯两方面对“房地一体”规则在本案中适用的演绎

在本案中，上诉人从被上诉人处购买房屋，即使双方在买卖合同中仅约定了办理房屋所有权证与建设用地使用权证的复印件，根据法律的规定，也应当认定房屋所有权与建设用地使用权一同转让给上诉人。双方后续又对房屋占有土地的使用面积进行了分配，该分配为双方当事人的意思自治，也与法律规定相符，被上诉人应当为上诉人办理建设用地使用权的产权证。另外，法官在援引法律的基础上，将交易习惯作为裁判理由，论证案件事实与裁判结果之间具有因果关系：第一，房随地走、地随房走已经是房地产流转市场中普遍适用的做法，几十年来被公众所知悉、接受和遵守；第二，该交易习惯与法律并不相悖，甚至已被法律所确定；第三，买卖双方应当知道或者知道该交易习惯的存在，从案件事实来看，买卖双方后续又重新对房屋土地使用面积进行了分配，双方应当知道房屋所有权与土地使用权是一体的；第四，该交易习惯并未被买卖双方在合同中明文排斥，即使是对于第一份签订的买卖合同，双方也是明确了出卖方要为房屋受让人办理房屋所有权证原件与土地使用权的复印件。综上，二审法院的裁判结果符合房地产交易市场的习惯。

本案中，法官对于“房地一体”的规则既援引了法律进行说理，又阐明了该规则作为交易习惯之存在。根据现行的法律规范，即使买卖双方在合同中明确排除了“房地一体”交易习惯之运用，该规则作为法律强制性规范，此案的裁判结果也不会有所不同。该案的处理保障了房地产市场交易的安全性和稳定性，对于地方房地产交易具有示范作用。

编写人：湖南省永州市双牌县人民法院　谢琼　何卉一

46

开具发票义务的权利基础和裁判考量

——某广场处诉房地产公司房屋买卖合同案

【案件基本信息】

1. 裁判书字号

福建省福州市中级人民法院（2021）闽01民终6724号民事裁定书

2. 案由：房屋买卖合同纠纷

3. 当事人

原告（上诉人）：某广场处

被告（被上诉人）：房地产公司

【基本案情】

原告某广场处为解决职工林某无住房的问题，于1998年11月27日转款78000元给被告房地产公司购房。房地产公司在2021年3月1日出具情况说明内容如下：1998年原告出资78000元、1999年林某出资44341元购买位于×单元及配套附属间房屋，总价款为122341元。原告认为，根据《中华人民共和国发票管理办法》第十九条之规定，销售商品、提供服务以及从事其他经营活动的单位和个人，对外发生经营业务收取款项，收款方应当向付款方开具发票；特殊情况下，由付款方向收款方开具发票。被告房地产公司作为收款方，应当向作为付款方的原告某广场处开具金额为78000元的购房发票，但被告收款后至今未向原告开具发票，明显违反法律规定。因被告未向原告开具与付款金额等额的发票将导致原告付款行为无法入账，甚至将造成国有资产流失的严重问题。故原告诉至法院请求判令被告房地产公司向原告某广场处开具金额为

78000元的购房发票。

被告房地产公司答辩称：第一，原告非案涉《商品房预售合同》的签订主体，与被告不存在房屋买卖合同关系，原告非本案适格原告，依法应当驳回原告的起诉。第二，被告已按合同约定全面履行义务，向案外人林某开具全部购房款发票并配合林某办理案涉房屋的不动产权属登记，原告要求被告向其开具购房发票，没有任何依据。第三，原告要求被告开具购房发票的诉请已经超过法定诉讼时效期间，且案涉项目已清盘十余年，被告事实上亦无法开具购房发票，应依法驳回原告全部诉讼请求。

【案件焦点】

对开具发票义务的权利属性的界定。

【法院裁判要旨】

福建省福州市鼓楼区人民法院经审理认为：原告某广场处诉请被告房地产公司开具购房款发票，但原告某广场处与被告房地产公司未成立房屋买卖合同关系，双方之间也未对开具购房款发票作出约定。根据《中华人民共和国发票管理办法》的规定，国务院税务主管部门统一负责全国发票管理工作，未按规定开具发票的，属于违反发票管理法规的行为，由税务机关依法进行行政处罚，如责令限期改正、罚没等，因此，被告房地产公司是否有开具购房款发票的义务属于行政法律关系，不是民事法律关系，故本案原告某广场处要求被告房地产公司开具购房款发票不属于人民法院民事诉讼的受案范围，原告某广场处可以向税务机关申请解决。

福建省福州市鼓楼区人民法院依照《中华人民共和国民事诉讼法》第一百一十九条、第一百二十四条第三项、第一百五十四条第一款第三项，《最高人民法院关于适用〈中华人民共和国民事诉讼法〉的解释》第二百零八条第三款之规定，作出如下裁定：

驳回原告某广场处的起诉。

原告某广场处不服向福州市中级人民法院提起上诉。

福建省福州市中级人民法院经审理认为：双方提交的案涉房屋《商品房预售合同》中的购房人明确载明为林某，某广场处提交的《购房证明书》上载明的购房人亦为林某，故与房地产公司成立房屋买卖合同关系的为林某，一审认定某广场处与房地产公司未成立房屋买卖合同关系，并无错误。在无证据证明本案双方就由房地产公司开具购房发票给某广场处作有约定的情况下，某广场处要求房地产公司向其开具购房发票，缺乏依据，一审裁定驳回其起诉，并无不当。

福建省福州市中级人民法院依照《中华人民共和国民事诉讼法》第一百七十条第一款第一项、第一百七十一条之规定，裁定如下：

驳回上诉，维持原裁定。

【法官后语】

开具发票事项已然成为近年来合同领域重要的焦点，由于涉及法律和财税知识的交叉，同案不同判的结果频发，司法工作亟须理论指导的加强和法律规范的统一。本案涉及开具发票义务的权利基础认定，对此，结合一、二审法院判决分析如下：

第一，开具发票义务可通过行政手段救济，但不当然排除民事诉讼程序救济的途径。发票是指单位或者个人在购销商品、提供或接受服务以及从事其他经营活动中，所开具和收取的业务凭证，是会计核算的重要依据，也是审计机关、税务机关执法检查的重要依据。《中华人民共和国发票管理办法》第十九条规定：销售商品、提供服务以及从事其他经营活动的单位和个人，对外发生经营业务收取款项，收款方应当向付款方开具发票；特殊情况下，由付款方向收款方开具发票。《中华人民共和国税收征收管理法》第二十一条第一款及第二款规定：税务机关是发票的主管机关，负责发票印制、领购、开具、取得、保管、缴销的管理和监督。单位、个人在购销商品、提供或者接受经营服务以及从事其他经营活动中，应当按照规定开具、使用、取得发票。由此可见，税务机关是发票的主管机关，与具有开具发票义务的收款人之间是管理者和被管理者的行政法律关系，开具发票是一种行政义务。对拒不开具发票的行为，付款人可以向主管的税务机关举报，要求税务机关进行管理、督促、处罚。但是，付款人具有以上行政手段的救济途径，并不当然意味着其丧失了通过民事诉讼程序救济的途径。原因在于发票不仅是税务机关征收税款和纳税人申报纳税、抵扣税款的重要凭据，也是合同付款方购买商品或服务的凭证，亦是其主张权利的依据。

第二，开具发票义务的权利基础在于主合同关系。《中华人民共和国民法典》第五百九十九条规定，出卖人应当按照约定或者交易习惯向买受人交付提取标的物单证以外的有关单证和资料。根据《最高人民法院关于审理买卖合同纠纷案件适用法律问题的解释》第四条之规定，民法典第五百九十九条规定的“提取标的物单证以外的有关单证和资料”，主要应当包括保险单、保修单、普通发票、增值税专用发票、产品合格证、质量保证书、质量鉴定书、品质检验证书、产品进出口检疫书、原产地证明书、使用说明书、装箱单等。基于上述规定，买卖合同付款人诉请合同相对人履行开具发票义务，其权利基础在于主合同关系。本案中，原告某广场处与其职工林某共同出资购买涉案房屋，由林某与被告房地产公司签订《商品房预售合同》，后被告房地产公司向林某开具全部购房款发票并配合林某办理案涉房屋的不动产权属登记。因原告某广场处与被告房地产公司未产生商品房买卖合同关系，其不具有要求被告房地产公司履行开具发票义务的权利基础，一审法院认为其诉请不属于民事诉讼范围合理有据，而若本案职工林某诉请被告房地产公司履行给付发票义务，因其作为商品房买卖合同关系付款方，具有主合同关系的基础，应属于民事诉讼受理范围。

第三，开具发票义务的权利属性兼具从合同义务和附随义务特征，应结合合同约定、合同性质、合同目的等因素综合考量。关于开具发票义务的权利属性是什么，一种观点认为，开具发票是从合同义务，是辅助合同主给付义务功能而产生的，确保债权人履行利益得到实现的义务，其法律责任的承担方式应当按照违反合同给付义务的规定处理。另一种观点认为，开具发票是合同附随义务，是基于诚实信用原则产生，为保护合同相对方的固有利益不受损害的给付义务以外的义务，其法律责任的承担方式为缔约过失的损害赔偿。两种观点看似矛盾，其实在一定程度上都有其合理性。例如，在本案中，被告房地产公司是否向房屋买受人职工林某交付购房款发票，将直接影响房屋权属登记进而决定商品房买卖合同的根本目的能否实现，应认定为从合同义务。又如，在日常生活小额商品的购买中，此时应认定为附随义务为宜。原因在于此时合同主要义务是一方交付标的物；另一方交付价款，而卖方是否向买方交付发票不影响合同目的的最终实现。由此可见，在对开具发票义务的权利属性进行定性的过程中，不能单一地、片面地、绝对地认定其为从合同义务或者附随义务，应结合合同约定、合同性质、合同目的等因素综合考量。

编写人：福建省福州市鼓楼区人民法院　方宇

47

因法院执行错误导致的“一房二卖”如何确定房屋差价损失

——苏某险诉建设公司房屋买卖合同案

【案件基本信息】

1. 裁判书字号

重庆市第三中级人民法院（2021）渝03民终1664号民事判决书

2. 案由：房屋买卖合同纠纷

3. 当事人

原告（被上诉人）：苏某险

被告（上诉人）：建设公司

【基本案情】

建设公司承建房地产公司与质检中心联合建设的某项目工程，施工完毕后双方对工程款进行结算，经法院判决，房地产公司支付建设公司工程款为

9005076.04元。执行过程中，三方达成和解协议，由房地产公司用其所有的位于涪陵区某项目工程的建筑面积为10654.49平方米的商业用房折价9005076.04元抵偿给建设公司，2007年7月17日法院据此作出（2007）涪法执字第386-3号裁定，附件明确抵偿房屋的范围为某项目工程负一层、二层、三层及夹层，后办理了过户手续。2011年11月30日，苏某险向建设公司购买某项目工程部分房屋，其中包含诉争的房屋某项目工程负三层与负二层之间的夹层，双方单独签订了《重庆市房屋买卖合同》，约定苏某险向建设公司购买的该房屋建筑面积为262.74平方米，价值为222065元；签约当日付清全款。次日，双方办理所有权转移登记。2014年3月17日，法院作出裁定，认定（2007）涪法执字第386-3号裁定附件文字上有笔误，应予补正，将诉争房屋某项目工程负三层与负二层之间的夹层房屋为262.74平方米在原裁定书附件里扣除，并补正了抵债房屋的总面积。后房地产公司更名为Y公司。

张某国与Y公司房屋买卖合同纠纷案，法院认定张某国与Y公司（原房地产公司）于2004年6月1日签订了房屋买卖合同，Y公司将诉争房屋以312195元的价格出售给张某国；并于2019年2月18日作出判决，Y公司在判决书生效后30日内将诉争的某项目工程负三层与负二层之间的夹层房屋办理房屋产权登记手续给张某国。2019年8月5日，本案诉争的涪陵某项目工程负三层与负二层之间的夹层房屋办理产权过户登记给张某国。

苏某险起诉至法院，要求解除与建设公司于2011年11月30日签订的《重庆市房屋买卖合同》，由建设公司返还已支付的购房款222065元，并要求其赔偿房屋差价损失839435元。

【案件焦点】

建设公司是否应赔偿苏某险房屋差价损失。

【法院裁判要旨】

重庆市涪陵区人民法院经审理认为：案涉《重庆市房屋买卖合同》系双方当事人的真实意思表示，其内容不违反法律法规的强制性规定，系有效合同。

本案诉争房屋在被告取得前，已由Y公司出售给案外人张某国，后张某国通过司法诉讼及执行程序，将过户登记到原告名下的该房产取消登记而于2019年8月5日重新登记到张某国名下，导致原告丧失对诉争房屋的权利，双方签订合同目的已不能实现，原告请求解除该合同，于法有据，予以支持，被告应退还原告已支付的购房款。因原告于2011年11月按约支付购房款，诉争房屋于2019年8月5日依法转移登记到案外人名下，即使其获得了退还购房款，但该房产在2019年8月的价值已不同于2011年11月，经司法评估，诉争房产在2019年8月的价值为1061500元，扣除购房款，其差价为839435元，原告主张需弥补该差价损失，合情合理；该合同现依法解除，被告作为合同的相对方，房屋差价损失只能由被告赔偿原告。

重庆市涪陵区人民法院依照《中华人民共和国合同法》第四十四条、第九十三条、第九十七条之规定，判决如下：

一、解除原告苏某险与被告建设公司于2011年11月30日签订的《重庆市房屋买卖合同》；

二、被告建设公司在本判决生效后十日内退还原告苏某险已付购房款222065元；

三、被告建设公司在本判决生效后十日内赔偿原告苏某险房屋差价损失839435元；

四、被告建设公司在本判决生效后十日内支付原告苏某险鉴定费5600元。

建设公司不服，提出上诉。

重庆市第三中级人民法院经审理认为：建设公司作为（2007）涪法执字第386-3号民事裁定书的当事人，在双方达成的执行和解书中明确载明了不含夹层（包含本案案涉房屋），其应当知晓双方实际抵偿房屋中并不包含案涉房屋，而将案涉房屋出售给苏某险，该行为存在过错，由建设公司退还购房款及房屋差价损失，并无不当。

重庆市第三中级人民法院依照《中华人民共和国民事诉讼法》第一百七十条第一款第一项之规定，判决如下：

驳回上诉，维持原判。

【法官后语】

实践中，出卖人因对原先订立房屋买卖合同价格不满意，不予履行或刻意违约等造成的“一房二卖”时有发生，房屋差价损失的确定有利于制衡严重违约方、实现合约公正。本案特殊之处在于，一房二卖系由法院执行裁定错误衍生，在出卖人客观存在违约情况下，法院执行错误对于出卖人主观存在何种程度的影响，合同解除后出卖人应否承担房屋差价损失，值得探讨。

一、房屋差价损失的确定标准

房屋差价损失是典型的机会成本损失、期待利益损失，对于其法律渊源，《中华人民共和国民法典》第五百八十四条规定：“当事人一方不履行合同义务或者履行合同义务不符合约定，造成对方损失的，损失赔偿额应当相当于因违约所造成的损失，包括合同履行后可以获得的利益；但是，不得超过违约一方订立合同时预见到或者应当预见到的因违约可能造成的损失。”从规范角度来看，《中华人民共和国民法典》确立对期待利益应坚持全部赔偿的原则，即违约方对其违约行为所造成的包含直接损失和期待利益损失在内的全部损失，应承担赔偿责任；合同即使因违约而解除，但合同当事人在订立合同时所能预见到的合理受益未曾实现，合同解除后的赔偿范围亦应包含期待利益损失。本案合同签订于2011年，买受人按约履行了支付购房款义务，但案涉房屋于2019年移转登记至他人名下，买受人对于享有房屋所有权的合同根本目的已不能实现；在房屋价格跌宕起伏的数年间里，其已丧失了以原先同等购房款拥有现今对等价值房屋的机会，因此买受人存在现实的期待利益损失。

二、明知执行错误而订立合同具有可预见性

可预见性原则与全部赔偿原则互相作用，其预见的对象为违约后的损失，《中华人民共和国民法典》第五百八十四条“但书”部分对此作规制；对于可预见性的判断实则也包含对违约方是否存在主观过错的判断，目的在于对违约方全部补偿作一定限制。具体而言，可预见性应结合违约方主体类型、市场地位、专业知识程度等方面予以判断。本案中，建设公司与房地产公司、质检中心达成的三方和解协议，明确载明抵偿范围不含案涉房屋，三方主体盖章确认，可以得出建设公司应当知晓协议具体内容。即使后续法院据此作出的执行裁定存在笔误，但案涉房屋达200余平方米，可冲抵的价值并非小数目，况且建设公司本就作为某项目工程的施工单位，其应知晓执行裁定所载房屋具体情况。因此，即使法院执行裁定存在错误，但并不能据此对建设公司造成认识错误，无法成为掩盖其顺势故意变卖案涉房屋的理由，其明知而故意为之具有主观过错。作为与房地产市场密切相关的专业施工单位，建设公司在签订案涉合同时，对于今后房屋可能会被执行回转而造成买受人期待利益的受损具有可预见性。

此外，合同中的违约责任作为绝对责任，只要合同违约方存在违反合同义务行为即应承担相应违约责任，而遑论第三方是否存在过错行为。因此，本案判决由合同相对方建设公司赔偿买受人房屋差价损失具有合法性、正当性。

编写人：重庆市第三中级人民法院　吴小

48

实际履行行为对变更或补充合同内容的效力认定

——李某琳诉张某倩、孙某慈房屋买卖合同案

【案件基本信息】

1. 裁判书字号

河南省焦作市山阳区人民法院（2021）豫0811民初4536号民事判决书

2. 案由：房屋买卖合同纠纷

3. 当事人

原告（反诉被告）：李某琳

被告（反诉原告）：张某倩、孙某慈

第三人：赵某芳、张某军

【基本案情】

被告孙某慈和张某倩，第三人赵某芳和张某军分别系夫妻关系，张某军与张某倩为堂兄妹关系。

2018 年 8 月 1 日张某倩、孙某慈作为出卖方与购买方李某琳之间签订二手房买卖合同。该合同约定，李某琳应于合同签订日先向张某倩、孙某慈支付首付款 50000 元，剩余首付款 95000 元，李某琳应于 2020 年 8 月 1 日前支付完毕。剩余房屋款项，李某琳以银行按揭方式将每个月待还房款存入张某倩、孙某慈指定的银行账户。合同签订后双方中途不得违约，如单方违约，违约方按实际评估总房价百分之二十赔付对方。赵某芳、张某军作为证明人在该房屋买卖合同上签字。合同签订后，李某琳按照约定于合同签订当日向张某倩支付 50000 元首付款。剩余首付款 95000 元，李某琳于 2019 年 1 月 26 日起至 2021 年 8 月 3 日止分五次向张某倩、赵某芳足额支付。合同履行期间，李某琳亦按照合同约定将每个月的待还房款足额转至张某倩指定的银行账户。

2021 年 6 月，张某倩以案涉房屋使用其公积金账户向银行按揭贷款，对其购房造成客观障碍为由，要求李某琳一次性结清剩余房屋贷款。李某琳经了解情况，得知案涉房屋因没有房产证而无法进行贷款，遂告知对方自己无能力一次性结清剩余房款。张某军、张某倩兄妹与李某琳双方由此产生了矛盾。2021 年 8 月 15 日，张某军联系开锁公司到案涉房屋处卸下原来的门锁，安装了新锁，新锁钥匙由张某军持有。李某琳发现门锁被换后报警处理。后李某琳起诉至法院要求解除案涉房屋买卖合同，判决张某倩、孙某慈返还其已支付的购房款 206196 元及利息损失。庭审中张某倩、孙某慈提起反诉，亦要求法院解除案涉房屋买卖合同，并以李某琳未按期向其支付案涉房屋首付款为由，要求李某琳向其支付违约金 110000 元。

【案件焦点】

合同一方当事人的实际履行行为和具体合同约定不一致，但另一方当事人长期未提出异议，后者能否以宽泛的违约责任约定追究前者的合同履行违约责任。即当合同约定内容与当事人实际履行行为不一致时，能否认定合同双方以实际行为补充或变更了合同约定。

【法院裁判要旨】

河南省焦作市山阳区人民法院经审理认为：当事人协商一致，可以解除合同。合同解除后，尚未履行的，终止履行；已经履行的，根据履行情况和合同性质，当事人可以要求恢复原状、采取其他补救措施，并有权要求赔偿损失。现原、被告双方均要求法院解除房屋买卖合同，双方就解除合同事宜意见一致，合同应予解除。因案涉合同已解除，本诉原告李某琳有权要求本诉被告向其返还其已支付的购房款 207850. 13 元。至于利息损失，因李某琳已对房屋进行了占有使用，故对该利息损失不予支持。关于反诉原告张某倩、孙某慈要求反诉被告李某琳向其支付违约金的诉请，根据案件事实，李某琳已将双方约定的首付款 145000 元足额支付给了张某倩与赵某芳，其虽未在约定时间内将首付款 145000 元付清，但该款项在双方形成本案诉讼前已足额支付，仅是支付时间有延迟，不属于严重违约。故对于反诉原告该违约金要求不予支持。

河南省焦作市山阳区人民法院依照《中华人民共和国合同法》第九十三条第一款、第九十七条，《最高人民法院关于适用〈中华人民共和国民法典〉时间效力的若干规定》第一条第二款、第二十八条，《中华人民共和国民事诉讼法》第六十四条第一款之规定，判决如下：

一、原告李某琳与被告张某倩、孙某慈于 2018 年 8 月 1 日签订的二手房买卖合同解除；

二、被告张某倩、孙某慈应于本判决生效之日起十日内向原告李某琳返还购房款 207850 元；

三、驳回原告李某琳的其他诉讼请求；

四、驳回反诉原告张某倩、孙某慈的其他反诉请求。

判决后，双方当事人均未上诉，本判决现已生效。

【法官后语】

一、民事主体的有限理性和对民事主体真实意思表示的探寻决定了以实际履行行为补充、变更合同内容的必要性

民事主体的有限理性决定其拟定的合同内容不可能穷尽合同履行可能出现的所有情况，民事主体在合同履行的过程中往往会以其实际履行行为达成新的合意对合同内容进行补充或对合同已约定的内容进行相应变更。所以当笼统宽泛的合同约定与当事人实际履行行为不一致时，应尊重合同当事人意思自治原则，探寻当事人的真实意思表示，在不违反法律、法规强制性规定的情况下，应认定合同双方对合同内容进行相应补充或实际变更了合同义务。这也是合同作为民事主体实现意思自治的工具的应有之义。

本案中，原、被告双方签订的二手房买卖合同明确约定，“合同签订后双方中途不得违约，如单方违约按实际评估总房价百分之二十赔付对方”。如果严格按照合同文义解释，原告李某琳未严格按照合同约定支付首付款的行为显然构成违约，其应当按照合同约定向被告支付相应的违约金。但本案在适用该违约责任时存在一个前提，原、被告的实际履行行为是否对合同的内容进行了相应的补充或者变更。即在合同只有笼统宽泛的违约责任规定的情况下，仅以原告未严格按照合同约定时间支付购房款，就要求原告承担违约责任是否为原、被告双方的真实意思表示体现

原、被告双方约定原告应于2020年8月1日前向被告清偿完毕首付款。据此可知，原告早在2020年8月1日未向被告支付完毕首付款时就已经违约，但截至原告起诉时，被告始终未提出异议，亦未以原告违约为由要求其承担违约责任。结合本案纠纷形成的直接原因和整个事实可知，被告事实上默认了原告未及时但足额支付购房款的行为，双方以其实际履行行为对合同未明确约定的事项达成了新的合意，该合意对双方均具有约束力，故被告不能在诉讼中违反其先前作出的真实意思表示要求原告承担违约责任。

二、对以实际履行行为补充、变更合同内容的效力认定应持审慎态度

虽然基于民事主体的有限理性，法院需要结合民事主体的实际履行行为和整

个案件事实探寻其真实意思表示，以维护当事人对双方法律状态的合理预期，实现实质正义。但裁判者在探寻当事人真实意思表示以补充或变更合同内容时也要慎之又慎，以免曲解当事人的内心真意，避免越俎代庖。以合同变更为例，《中华人民共和国民法典》第五百四十三条规定，当事人协商一致，可以变更合同。依法成立的合同一经有效成立，即对当事人具有法律约束力，当事人必须严格遵守合同约定，履行各自的义务，非依法律规定或者取得对方同意，任何一方不得擅自变更合同的内容。关键在于，当事人变更合同内容的方式是否包括默示方式。由于不提出异议的行为至少存在"保留异议权利"或"予以默认"两种可能性的解释，且《中华人民共和国民法典》第五百四十四条规定，当事人对合同变更的内容约定不明确的，推定为未变更。因此，当一方当事人未按合同约定履行义务，另一方当事人亦未提出异议的，不能当然的认定为合同内容发生了变更，而是应结合案件事实，探寻当事人的真意以作出令人信服的认定，对补充合同的认定亦是如此。

编写人：河南省焦作市中级人民法院　李小源

河南省焦作市山阳区人民法院　樊媛媛

49

买卖合同中"以房抵款"的效力及履行

——发展公司诉建设公司买卖合同案

【案件基本信息】

1. 裁判书字号

北京市第二中级人民法院（2021）京02民终12524号民事判决书

2. 案由：买卖合同纠纷

3. 当事人

原告（上诉人）：发展公司

被告（被上诉人）：建设公司

【基本案情】

建设公司因承建项目工程二期（40号-45号楼、47号楼）的需要，与发展公司于2017年11月8日签订《商品砼供应合同》。合同约定建设公司向发展公司购买商品混凝土，并对商品混凝土价格、货款结算及支付方式、违约责任、争议解决方式等事项进行了约定。合同签订后，发展公司严格按合同约定供应商品混凝土，认真履行合同，但建设公司未按合同约定支付货款。截至2021年3月25日，建设公司尚须依约支付所欠货款本金共计3789306元。另建设公司拖欠货款的行为已构成严重违约，建设公司应向发展公司支付利息，建设公司应承担发展公司为实现债权支出的律师代理费170 000元。发展公司随后起诉至法院。

【案件焦点】

1. 案涉《商品砼供应合同》中关于“以房抵款”的约定是否有效；2. “以房抵款”是否具备履行条件。

【法院裁判要旨】

北京市丰台区人民法院经审理认为：发展公司与建设公司签订的《商品砼供应合同》系双方当事人的真实意思表示，并未违反有关法律、行政法规的强制性规定，合法有效，双方均应按照合同约定履行相应的义务。依据合同约定，发展公司履行供货义务后，建设公司应在主体结构封顶且双方办理结算后1年内付至货款的80%，余款在办理完结算后18个月内以抵房形式付清。发展公司需全力配合建设公司与业主办理抵房手续，如因建设公司的责任抵房未能履行，建设公司应付清余款。本案的争议焦点之一在于，双方合同中关于“余款在办理完结算后18个月内以抵房形式付清”的条款是否有效。对此，本院认为，该种约定并非为双方之间的债务履行提供担保，而是以特殊建筑行业为背景实现双方权利义务平衡的交易安排，该种约定未侵害其他债权人的利益，也不属于《中华人民共和国物权法》第一百八十六条规定的禁止情形，亦不适用《最高人民法院关于审理民间借贷案件适用法律若干问题的规定》第二十三条规定，未违反法律、行政法规的强制性规定，应属有效，法院亦应尊重当事人之间的意思自治和契约自由。根据合同约定，“如因建设公司的责任抵房未能履行，建设公司应付清余款”，故本案的争议焦点之二在于，是否因建设公司原因致使双方尚未办理抵房手续，建设公司是否据此应付清余款。对此，本院认为，依法成立的合同，对当事人具有法律约束力。当事人应当按照约定履行自己的义务，不得擅自变更或者解除合同。发展公司与建设公司于 2019 年 9 月 20 日办理结算，根据合同约定，应在“办理完结算后 18 个月内”，即 2021 年 3 月 20 日前办理完抵房手续。根据法庭查明的事实，就抵房事宜建设公司一直与发展公司相关工作人员积极沟通，双方也一直在商议中。2021 年 2 月 27 日，在履行清偿期届满前，建设公司还书面发函要求发展公司到项目部选房。发展公司收到函件后未去选房，并在函件中自认在 2020 年 10 月就诉至法院要求给付现金，在回函中亦要求建设公司给付现金，即在合同履行期到来之前已明确表示并以自己的行为表明不履行合同义务。根据合同约定，发展公司亦有义务“全力配合甲方与业主办理抵房手续”。因此，根据查明的事实，法院无法认定系由建设公司的责任导致抵房未能履行，故发展公司要求建设公司付清余款的条件并未成就。在庭审过程中，经法庭释明，发展公司不变更诉讼请求为继续履行合同，坚持要求支付现金，故本院对其主张难以支持，依法予以驳回。对于发展公司要求建设公司给付利息的诉讼请求，本院认为，依据《商品砼供应合同》约定，如建设公司发生缓付、迟付本合同项下工程款时，发展公司不计取延期利息，亦不向甲方主张支付违约金及赔偿金，故对于发展公司要求给付利息、律师费的请求，本院亦不予支持。

北京市丰台区人民法院依照《中华人民共和国合同法》第四条、第八条，《中华人民共和国民事诉讼法》第六十四条之规定，判决如下：

驳回发展公司的诉讼请求。

发展公司不服原审判决，提起上诉。

北京市第二中级人民法院二审法院同意一审法院裁判意见。

北京市第二中级人民法院依照《中华人民共和国民事诉讼法》第一百七十条第一款第一项之规定，判决如下：

驳回上诉，维持原判。

【法官后语】

近年来，在建筑行业领域“以房抵款”的情形越来越常见。本案系以特殊建筑行业中商品砼供应领域为背景，围绕当事人双方签订合同中的“以房抵款”条款约定如何认定而产生的买卖合同纠纷。本案的争议焦点为案涉合同中关于“以房抵款”的约定是否有效以及“以房抵款”是否具备履行条件。

关于买卖合同中约定的“以房抵款”条款的效力问题。

一、“以房抵款”条款的效力分析

1. 以物抵债协议效力认定的代表观点

第一种观点为“诺成契约说”。其认为对于只有双方当事人的合意而无债权人现实受领给付事实的以物抵债合同，若按照代物清偿制度的规格衡量，则它们会因债权人未现实地受领抵债之物而没有成立，从而不具有合同有效及履行的法律效力，如此处理，会损害债权人的合法权益，也削弱了意思自治的原则功效，故在其不违反法律行政法规的前提下，当认定为有效。①

第二种观点为“代物清偿说”。其认为以物抵债设置的目的是清偿债务，故而合意与受领是债之清偿的必备要件，同时，强调以物抵债的实践性，对债权人、债务人均是公平的。如果将以物抵债作为诺成性合同，会引发虚假诉讼的产生。就常见性和普遍性而言，当事人达成以房抵债的意见却未现实交付是产生纠纷的真正原因。

2. 司法实践中关于“以房抵债”条款的效力认定

实践中，关于以房抵款究竟应当属于代物清偿，还是遵从诺成合同的非要物性，司法实务中有着不同的认识。部分案例中，法院认为，只要双方意思表示一致，以房抵款协议即已成立并生效；而在有些案例中，法院则认为“以房

---

① 崔建远：《以物抵债效力的司法裁判规则》，载《人民法治》2015 年第 9 期。

抵债协议的成立不仅需要当事人双方的合意，还需要为特定的给付。不可否认，笔者上述列出的两种代表观点各有其可取之处。

“代物清偿说”赋予了当事人在履行前以反悔的权利，但容易违反诚实信用原则；同时，实践中，常常因为房价的波动而导致乙方不愿再继续履行以房抵款协议，此时违约责任如何承担，双方利益如何平衡都有待探讨。而“诺成契约说”充分尊重了当事人的意思自治，解决了要物说的缺陷。笔者认为，在一般情况下，以房抵款协议应以诺成合同的非要物性标准来审视，除非当事人在合同中有明确的相反约定。这也是要求法官严格探讨当事人在订立以房抵款协议时的真实意思表示，是尊重私法自治原则的具体表现。

3. 本案中“以房抵款”与流质、流押条款的区分

双方合同中关于“余款在办理完结算后18个月内以抵房形式付清”的条款效力的认定，采取了“诺成契约说”的观点，该条款系以特殊建筑行业为背景实现双方权利义务平衡的交易安排，该种约定未侵害其他债权人的利益，也不属于《中华人民共和国民法典》第四百零一条规定禁止流押、流质的情形，亦不适用《最高人民法院关于审理民间借贷案件适用法律若干问题的规定》第二十三条规定，未违反法律、行政法规的强制性规定，应属有效，法院亦应尊重当事人之间的意思自治和契约自由。而针对发展公司主张该条款系属于债务未届清偿期前约定的以物抵债，应属无效。本案中的以房抵债条款与流质契约本质上不同，该条款的约定并非为双方之间的债务履行提供担保，而是对付款方式的约定，系以项目房屋折抵工程款。而如果债务清偿期届满之前的以物抵债协议具有担保债权实现的目的，债权人是不能据此取得物的所有权的，但是协议中约定了清算条款的，并没有排除债权实现时对物的折价、清算程序，则应认可其法律效力。因此，本案中对于涉案合同中“以房抵款”的效力认定，除了采取“诺成契约说”的代表观点，同时还与流押、流质条款进行了区分。

二、本案买卖合同中约定的“以房抵款”条款是否具备履行条件

1. 发展公司负有继续履行合同中约定“以房抵款”相关条款的义务

继续履行以房抵款协议还是支付工程款，对当事人而言，利益是引起纠纷

的重要导火索。在以房抵款中，当房屋价格上涨或者债务人清偿能力堪忧时，债权人倾向主张继续履行以物抵债合同，反之，当房屋价格下跌或者房屋滞销时，则债务人对主张继续履行以物抵债合同持积极态度。一般情形下，只要不存在合同不成立、无效、撤销、解除或者履行不能的特殊情形，债务人主张按以房抵款合同履行债务或者债权人主张继续履行以房抵款的合同，都应当得到支持。本案中，发展公司作为提供涉案合同货物一方在收到建设公司电话微信甚至书面发函通知选房后，依然未去选房，并在函件中自认在2020年10月就诉至法院要求给付现金，在回函中亦要求建设公司给付现金，即在合同履行期到来之前已明确表示并以自己的行为表明不履行合同义务。根据合同约定，发展公司亦有义务“全力配合甲方与业主办理抵房手续”。同时发展公司并未提供充分证据证明“以房抵款”的约定缺乏履行条件，以及责任在建设公司，故应当承担不利后果。在庭审过程中，经法庭释明，发展公司亦不变更诉讼请求为继续履行合同，坚持要求支付现金，故对其主张难以支持，依法予以驳回。

2. 建设公司已经尽到其履行“以房抵款”条款的举证责任

本案中，根据法庭查明的事实，就抵房事宜建设公司一直与发展公司相关工作人员积极沟通，双方也一直在商议中。建设公司提供相应的微信聊天记录以及涉案抵房的房源信息，在履行清偿期届满前，建设公司还书面发函要求发展公司到项目部选房。因此根据查明的事实，法院无法认定系由建设公司的责任导致抵房未能履行，故发展公司要求建设公司付清余款的条件并未成就。

综上，要判断“以房抵债”的性质与效力、最根本的方法是探寻双方当事人的真实意思表示，在当事人达成以房抵款协议时，如果已经明确约定，或者可以明显推知，对于以房抵款的履行，只要双方意思表示一致，协议即生效，此时法院应该尊重当事人的意思自治，以判决的形式确定协议的效力，判决未履行方依据协议及时交付，并协助办理登记手续，逾期未履行者，依据以房抵款协议承担违约责任。若因为房价变动等原因，当事人事后反悔要求确认合同无效的，根据诚实信用和司法自治的原则，法院应当不予支持。

编写人：北京市丰台区人民法院　倪燕　付晨晨

ISBN 978-7-5216-3274-3

图书在版编目（CIP）数据

中国法院2023年度案例. 房屋买卖合同纠纷/国家法官学院，最高人民法院司法案例研究院编.—北京：中国法制出版社，2023.5

ISBN 978-7-5216-3274-3

Ⅰ.①中… Ⅱ.①国… ②最… Ⅲ.①房地产-买卖合同-经济纠纷-案例-汇编-中国 Ⅳ.①D920.5

中国国家版本馆CIP数据核字（2023）第026349号

策划编辑：李小草　韩璐玮（hanluwei666@163.com）
责任编辑：孙静　　封面设计：李宁

中国法院2023年度案例. 房屋买卖合同纠纷

ZHONGGUO FAYUAN 2023 NIANDU ANLI. FANGWU MAIMAI HETONG JIUFEN

编者/国家法官学院，最高人民法院司法案例研究院
经销/新华书店
印刷/三河市紫恒印装有限公司
开本/730毫米×1030毫米　16开　　印张/16.75　字数/231千
版次/2023年5月第1版　　2023年5月第1次印刷

中国法制出版社出版
书号ISBN 978-7-5216-3274-3　　定价：78.00元

北京市西城区西便门西里甲16号西便门办公区
邮政编码：100053　　传真：010-63141600
网址：http://www.zgfzs.com　　**编辑部电话：010-63141787**
市场营销部电话：010-63141612　　**印务部电话：010-63141606**

（如有印装质量问题，请与本社印务部联系。）